Fabrice Drouelle est journaliste à France Inter. Rédacteur en chef adjoint et producteur de l'émission « Affaires sensibles », il a présenté successivement les journaux de 8 heures et de 13 heures, la revue de presse, le 13-14 et le 7-9 du week-end.

DU MÊME AUTEUR

Terrorisme, l'impasse des armes
Un demi-siècle d'attentats à travers le monde
(avec Claire Laux)
Robert Laffont, 2016

Fabrice Drouelle

AFFAIRES SENSIBLES

40 ans d'histoires qui ont secoué la France

Avec la collaboration de Adrien Carat,
Jean Bulot, Simon Maisonobe,
Christophe Barreyre

Préface de Marc Dugain

France Inter / Robert Laffont

Cet ouvrage est une coédition Robert Laffont/France Inter.

TEXTE INTÉGRAL

ISBN 978-2-7578-5955-1
(ISBN 978-2-221-15931-6, 1re publication)

À Leah et Lolita

« Le temps est père de la vérité. »

François Rabelais

Sommaire

Années 2000

Préface

La France s'est toujours voulu le pays de la liberté d'expression, un pays où chacun peut formuler sans crainte ce qu'il croit, ce qu'il pense. Peut-on pour autant tout dire ? Les drames récents de *Charlie Hebdo* et de l'Hyper Cacher de la porte de Vincennes ont montré que les forces visant à réduire cette liberté fondamentale sont puissantes de par le monde, et par contagion, au sein même de notre nation. Les grands principes que nous revendiquons n'excluent pas non plus une certaine opacité quand des affaires touchent des hommes ou des intérêts qui fuient la transparence, affaires qui ont été nombreuses au cours des quatre dernières décennies.

Les cas dont parlent ce livre ne concernent pas uniquement « le politique » même s'il y figure en bonne place.

L'affaire des micros du *Canard enchaîné* nous ramène à une époque où le pouvoir giscardien s'en est pris à une icône de la presse pour savoir comment ce média diabolique parvenait à obtenir des informations qui contrariaient la « version officielle » – dont on sait qu'elle est souvent une fabrication. C'est d'ailleurs le *Canard enchaîné* qui a fait éclater « les diamants de Bokassa », révélation d'un don en nature d'un empereur autoproclamé au président de la République qui lui a valu en partie de ne pas être réélu.

En 1980, la candidature de Coluche à l'élection présidentielle reste dans toutes les mémoires, surtout dans celles des tenants du très sérieux pouvoir politique, effrayés un temps par les prétentions de ce bouffon génial.

Giscard parti, Mitterrand s'est installé et avec lui, nombre d'affaires dont certaines sont relatées ici. Des financements douteux organisés par le « Carrefour du développement » au suicide de Pierre Bérégovoy qui, à peine évincé de Matignon, se tire une balle dans la tête au bord d'un canal, les deux septennats du plus florentin de nos chefs d'État ne sont pas exempts de sourds arrangements, d'amitiés occultes, de complots obscurs et de manipulations comme celle qui a conduit à l'arrestation des Irlandais de Vincennes.

Cette époque est aussi étudiée à travers une opération ratée de services secrets qui coulent en Nouvelle-Zélande un bateau de Greenpeace, restée célèbre sous le nom d'« affaire du *Rainbow Warrior* ». Affaire qui, comme la tragique histoire du *Bugaled Breizh*, probablement aspiré dans les profondeurs maritimes par la croche d'un sous-marin nucléaire anglais, montre la difficulté qu'a la justice à faire la lumière sur des disparitions lorsque se dresse devant elle le secret-défense qui, en quelques années, est devenu le rempart derrière lequel notre démocratie cache ses propres turpitudes.

S'attaquer aux magistrats, c'est s'en prendre aux piliers de la démocratie. L'assassinat des juges Renaud, en 1975, et Michel, en 1981, fut un choc d'importance en France, à une époque où la pratique était courante en

Italie lors de la lutte contre la mafia. Quant au meurtre de Yann Piat, députée du Front national, c'est le seul exemple dans notre République de l'élimination d'un élu de la représentation nationale en exercice. S'être confronté au phénomène d'imbrication des intérêts politiques et mafieux dans le Var lui a été fatal, car il s'agit bien là d'une gangrène qui n'a cessé de se répandre depuis.

Le match truqué OM-Valenciennes en 1993 n'a pas eu les mêmes conséquences tragiques mais il a permis de faire la lumière sur Bernard Tapie, un personnage aussi burlesque que déprimant, géniale imposture d'une époque où l'argent s'est installé en maître pour infiltrer toutes les sphères du pouvoir. Cette même année, l'affaire de la « bombe humaine » qui a pris en otage des enfants à Neuilly a, elle, révélé une forme de terreur inconnue jusque-là, occasion pour un futur président, Nicolas Sarkozy, de montrer un certain courage largement valorisé par la suite.

Le quintuple meurtre de Jean-Claude Romand nous ramène dans la sphère judiciaire et criminelle, celle d'êtres dissociés dont il est difficile de cerner la personnalité, comme Patrick Dils, condamné peut-être à tort pour des crimes commis par un autre. Et il était difficile de ne pas pénétrer cette sphère sans rappeler l'exécution de Ranucci et les doutes qui ont pesé sur sa culpabilité, lesquels ont conduit pour partie à l'abolition de la peine de mort.

Raconter la chute d'Action directe c'est revenir à une époque où l'on a cru à la fin du terrorisme politique. Et la prise d'otages de l'Airbus Alger-Paris à

Marseille en 1994 nous montre l'avènement héroïque d'une nouvelle phase de ce terrorisme qui perdure aujourd'hui.

Enfin, même si son crash a fait l'objet d'un long épisode judiciaire, la disparition du Concorde restera dans les mémoires comme le seul exemple de l'abandon d'une avancée technologique fondamentale. Le plus bel avion commercial du monde et le plus rapide a dû céder aux pressions financières et écologiques dans des circonstances dramatiques.

De toutes les affaires sensibles évoquées, une seule touche à la littérature grâce à Romain Gary qui par son immense talent et une espièglerie non moins considérable est parvenu sous le nom d'Émile Ajar à se faire décerner une seconde fois le prix Goncourt. En cela, en plus de bien d'autres qualités, il restera unique.

La réalité ne saurait se suffire à elle-même. Il faut l'examiner attentivement et la creuser. Fabrice Drouelle nous plonge dans l'histoire récente, en révélant combien l'enchaînement des faits qui débouchent sur des drames ne tient chaque fois qu'à un ou deux détails. Les grandes affaires sensibles de ces quarante dernières années, racontées avec vie et précision grâce au travail d'une équipe de France Inter, radio qui a la vigilance dans ses veines, et de Fabrice Drouelle, journaliste et homme de théâtre dont la chaleur de la voix rejaillit dans son style, éclairent notre présent d'une lumière incontournable.

Marc Dugain

1973

Les micros du *Canard*
Watergaffe

C'est une histoire de plomberie, d'espions et de journal, dont on ne sait pas s'il s'agit d'un drame ou d'une comédie, s'il faut en rire ou en pleurer. On pourrait a priori avoir envie d'en sourire, tant le scénario paraît pathétique et stupide, mais aussi grincer des dents, car il y va de la liberté de la presse et de la démocratie.

Or des événements récents nous ont prouvé que dans notre pays, il reste des entraves à l'information. Le préjudice touche à la fois les journalistes et le public. Des confrères du quotidien *Le Monde* qui ont découvert leurs ordinateurs piratés par la police il n'y a pas si longtemps pendant qu'ils enquêtaient sur l'affaire Bettencourt peuvent en témoigner. Les mauvaises habitudes ne se perdent pas.

Cet événement se déroule dans les années soixante-dix, sous la présidence de Georges Pompidou. Aussi surréaliste que cela puisse paraître, on a installé des micros dans les locaux du *Canard enchaîné* pour espionner les journalistes et tenter de débusquer leurs sources.

LES PROTAGONISTES

André Escaro, dessinateur du *Canard enchaîné* qui a découvert les micros
Roger Fressoz, directeur du *Canard enchaîné*
Claude Angeli, rédacteur en chef du journal
Georges Pompidou, président de la République de 1969 à 1974
Raymond Marcellin, ministre de l'Intérieur de 1968 à 1974
Pierre Messmer, Premier ministre de 1972 à 1974
Juge Bernard et juge Pinsseau, les magistrats successivement chargés de l'enquête
Inspecteur Laborde et commissaire Neveu, deux faux plombiers qui ont installé les micros au journal
Roland Dumas, l'avocat du *Canard enchaîné*

Des plombiers qui bafouillent

Le lundi 3 décembre 1973, André Escaro, dessinateur et administrateur du *Canard enchaîné*, sort d'un cinéma des Grands Boulevards à Paris. Il vient récupérer sa voiture aux abords du 173, rue Saint-Honoré. Un pur hasard. Il passe ainsi devant l'immeuble où l'hebdomadaire satirique s'installera à la fin des travaux. Il fait nuit, le dessinateur lève la tête vers les fenêtres, jette un coup d'œil machinal vers le troisième étage où emménagera la rédaction. Or, il y perçoit de la lumière, des éclats comme des lampes torches. Que se passe-t-il ? S'agit-il d'ouvriers ? De visiteurs, à 22 heures passées ? De voleurs ?

André Escaro décide d'entrer dans l'immeuble. Il

tombe alors nez à nez avec deux agents de police en uniforme qui semblent faire le guet. Une fois au troisième, il sonne, et derrière la porte des futurs bureaux, il surprend une équipe d'ouvriers qui bredouillent des explications vaseuses sur des travaux de chauffage en cours. Dans la pièce principale, le dessinateur aperçoit des lames de plancher soulevées, des câbles et des boîtiers électriques. Tout un arsenal qui n'a pas grand-chose à voir avec les outils habituels des plombiers. André Escaro redescend en courant, croise à nouveau les policiers en faction sur le trottoir. Que surveillent-ils ? Le dessinateur parvient à joindre le directeur du journal et certains de ses confrères au téléphone. Ensemble, ils reviennent dans les locaux du *Canard* et constatent que tout a disparu. Mais les trous dans le mur hâtivement rebouchés et les traces sur le parquet montrent qu'à l'évidence, ces étranges ouvriers plaçaient des micros.

André Escaro raconte : « [Quand] je suis tombé sur l'équipe en train d'installer les fils (...), j'ai demandé quel était le nom de l'entreprise. Le type a été incapable de me le dire. Tout d'abord, il a prétendu qu'il venait pour le chauffage, qui fonctionne pourtant depuis quinze jours. Alors je suis redescendu, j'ai appelé le rédacteur en chef et une demi-heure plus tard, (...) on a rouvert les lattes de plancher et on a trouvé les trous. C'était vraiment des micros. Je ne sais pas si on va déposer plainte ou pas. On va voir ça ce matin. Mais on va faire un numéro là-dessus, c'est intéressant. »

Un air de Watergate

À la une du *Canard* daté du 5 décembre 1973, les lecteurs découvrent le récit d'André Escaro, les photos des trous dans les murs et un article de Roger Fressoz, le directeur, titré « La République des microcéphales ». Un « Watergate au *Canard* », clame l'article, suivi d'un « Oh ! Marcellin, quelle watergaffe ! » Raymond Marcellin est alors le ministre de l'Intérieur, et le Watergate constitue la grande affaire américaine de 1972, quand de faux cambrioleurs ont espionné et fouillé les bureaux du parti démocrate avec une maladresse semblable à celle de nos faux plombiers, conduisant à la démission le président des États-Unis de l'époque, Richard Nixon. Mais en France, aucune affaire révélée par la presse n'a jamais fait tomber un président. Les hommes politiques s'emparent malgré tout de celle-ci, et certains doutent, jusque dans la majorité, comme Alexandre Sanguinetti, le secrétaire général de l'UDR, l'Union des démocrates pour la République : « Si les faits sont exacts, nous sommes en présence de fautes d'ordre moral, politique et professionnel telles, qu'elles exigent des sanctions. Si ce sont vraiment des services de police, on ne peut qu'être stupéfaits de la façon dont ils ont procédé. Et on garde le sentiment qu'ils avaient envie d'être vus. »

Toute la presse se focalise maintenant sur l'affaire du *Canard enchaîné*, y compris à l'étranger. Le gouvernement est interpellé à l'Assemblée nationale, mais le ministre de l'Intérieur, Raymond Marcellin, est malade ce jour-là. C'est son secrétaire d'État, Pierre Vertadier, qui prend la parole sous les fous rires des députés : « L'ensemble des déclarations faites par les gardiens en position statique et par les chefs de car en patrouille révèlent qu'aucun fonctionnaire n'est passé à pied dans la rue Saint-Honoré. Ils ne sont pas assez nombreux pour passer partout. (…) Et si des véhicules y sont passés, (…) aucun ne s'est jamais arrêté. La vérité n'est-elle pas que depuis le rétablissement de l'ordre public en 1968 et son maintien par le ministre de l'Intérieur et la police nationale, une campagne, dont vous êtes largement responsables d'ailleurs, revêtant les aspects les plus divers, est menée pour discréditer cette action aux yeux de l'opinion publique ? »

En vérité, *Le Canard enchaîné* gêne. Depuis le début des années soixante-dix, il sort des dossiers de plus en plus sensibles et compromettants pour le gouvernement. Certains mettent en lumière les magouilles du monde politique, en ces années où les scandales se succèdent. L'affaire de la garantie foncière, celle des abattoirs de la Villette, ou encore l'inculpation d'un inspecteur des impôts, de policiers et de parlementaires lyonnais pour proxénétisme, détournements d'argent public, vols... Et pour finir, cette mise en cause du Premier ministre Jacques Chaban-Delmas qui a utilisé les ficelles du code des impôts pour se dispenser d'être lui-même contribuable. Un tour de passe-passe légal mais gênant sur le plan moral pour un chef de gouvernement.

Au sein de l'exécutif, on est au bord de la crise de nerfs et on devient paranoïaque. D'où *Le Canard enchaîné*, qui révèle la plupart des affaires, tient-il ses informations ? Qui dans le gouvernement ou la police lui donne des renseignements ? Raymond Marcellin en est sûr, c'est une conspiration contre l'État, il faut agir. Ce ministre de l'Intérieur a une obsession : Mai 68. Il ne faut surtout jamais connaître de nouveau des événements de cette nature ! Une névrose, comme le révèle cette interview accordée à *Paris Match* le 4 mai 1971 : « En mai 68 on n'a pas frappé assez fort, ni surtout assez vite. Le mouvement aurait pu être liquidé en deux jours. Il fallait ramener l'ordre tout de suite, garder les gens arrêtés, s'emparer des chefs. Ces événements ne se reproduiront pas, car tous les moyens prévus par la loi et la Constitution seront employés et, croyez-moi, avec vigueur, pour l'empêcher. Je ferai mon devoir avec méthode et persévérance, malgré les critiques intéressées de ceux qui essaient de saper l'autorité partout où elle se trouve et qui ont beaucoup trop de complices. (…) Que ceux qui nous demandent de maintenir l'ordre ne nous en discutent pas les moyens. »

Vaste programme et propos martial. Raymond Marcellin s'en prend aussi à la presse qui, selon lui, pratique le terrorisme journalistique. Il tient à la museler, avec en ligne de mire, *Le Canard enchaîné*. Devenu l'ennemi de l'Intérieur, il est le journal à abattre.

Déni

Guéri, Marcellin reprend la direction des opérations. « Je n'ai rien à voir ni de près ni de loin avec cette affaire. J'ai donc demandé au responsable de l'ensemble des services de la police nationale (…) de bien vouloir diligenter une enquête. (…) Il a interrogé tous ses directeurs par écrit. La réponse a été formelle (…) : "Aucun de nos services ne s'est occupé d'une telle affaire." Ce n'est pas à ceux qui sont accusés de venir se justifier. C'est aux accusateurs d'apporter les preuves. »

Le gouvernement choisit une stratégie classique, il nie. Ses membres et ses soutiens tentent d'égarer l'opinion sur de fausses pistes, fussent-elles ridicules ou surréalistes. Raymond Marcellin, encore lui, parle de machination, Georges Pompidou d'une farce, tandis qu'Olivier Stirn, porte-parole du gouvernement, émet l'hypothèse d'une opération montée par des activistes communistes. À croire que chacun au gouvernement a sa vérité ou a mené son enquête. Le Premier ministre, Pierre Messmer, déclare sur RTL qu'il s'agit sans doute d'un canular monté par les journalistes du *Canard* eux-mêmes. Puis, pêle-mêle, on évoque l'intervention d'espions opérant pour le compte de l'Est, le rôle trouble joué par la CIA ou bien, pour corser le tout, un complot maçonnique visant à briser la réputation de la DST[1].

Neuf jours après la découverte des faux plombiers, *Le Canard enchaîné* publie le récit détaillé de l'opération Palmes. C'est le nom de code choisi par les services de renseignement pour cette tentative d'espionnage du journal. Dans un papier fracassant, le rédacteur en chef Claude Angeli met au jour la liste des groupes impliqués dans cette basse œuvre confiée à un service normalement chargé de lutter contre les espions étrangers. Comble de l'horreur pour les agents secrets, comme un boomerang assassin, les noms des commissaires et des inspecteurs pris en flagrant délit sont imprimés. Le journal cite six noms de policiers. Gérard Monate, du syndicat de la police, tente de faire face, sérieusement gêné : « Nous pensons que le ministre de l'Intérieur (…) porte une lourde part de responsabilité. C'est grave parce qu'un service officiel agit dans l'illégalité. Ce sont des choses qui nous rappellent un petit peu (…) l'affaire Ben Barka. Ce n'est pas bon pour l'image de marque des policiers. La DST se trouve dans une situation très embarrassante. »

1. Direction de la surveillance du territoire.

Le *Canard* face au secret-défense

À la mi-décembre 1973, sur les conseils de leur avocat, Roland Dumas, les dirigeants du *Canard* portent plainte contre X pour violation de domicile et tentative d'atteinte à la vie privée. C'est le début d'une longue histoire judiciaire car, à cette époque, on ne parle guère d'indépendance des juges d'instruction. Les sept années de procédure qui suivent le dépôt de la plainte offrent autant d'exemples de subordination de la justice au pouvoir politique.

Au tout début, la DST nie, en prenant l'affaire sur le ton du canular. Et la découverte par le juge Bernard des fils sur le toit de l'immeuble ne la fait pas changer d'attitude. Les officiers cités par le *Canard* se rendent aux premières confrontations pour l'enquête. Ils y vont tranquilles, sûrs de leur impunité. André Escaro, le dessinateur et premier témoin n'a peut-être vu les faux plombiers que quelques minutes dans l'obscurité, mais il est physionomiste et il reconnaît l'inspecteur Laborde et le commissaire Neveu. Dès lors, les policiers impliqués font pression sur leurs chefs car ils ne veulent pas risquer la prison alors qu'ils ont agi sur ordre, et les chefs vont voir à leur tour leurs supérieurs, de peur que l'un de leurs hommes ne craque et ne parle. Le système se révèle efficace. Jamais la justice ne s'y oppose et la hiérarchie réussit à obtenir l'accord du ministère pour utiliser le secret-défense. Grâce à cette arme massive, plus personne ne se rend aux confrontations demandées par le juge Bernard.

Le 27 février, *Le Canard enchaîné* publie quatre nouveaux noms. Le magistrat continue son enquête, alors que les policiers ne se présentent plus. Certains émettent l'hypothèse selon laquelle d'autres agents, évidemment non reconnaissables par les témoins, se rendraient aux convocations. L'un de ces témoins rapporte : « Je n'ai reconnu personne. J'habite dans l'immeuble et j'ai eu l'occasion de croiser les plombiers dans l'escalier mais maintenant, c'est très loin, ça date de plus d'un an, et la mémoire visuelle s'atténue. »

Fin mai, *Le Canard enchaîné*, spécialiste des bons tuyaux, sort le nom d'un onzième plombier, René Grosset. Aussitôt, celui-ci est muté aux Comores puis à Djibouti. Même à la DST, des voix commencent à s'élever : « On n'a pas reproché à M. Nixon d'avoir envoyé des gens dans l'immeuble des démocrates à Watergate, mais d'avoir couvert l'enquête. (…) La surveillance du territoire n'a pas à se mêler d'histoires de politique intérieure. Elle doit s'occuper de contre-espionnage. (…) Moi, je ne l'aurais pas fait. Ça aurait été extrêmement simple de ne pas le faire. Il suffisait de réclamer un ordre écrit, qu'on n'aurait jamais donné. »

Derniers rebondissements

Fin du premier acte. Nous sommes maintenant en 1976. Le juge Bernard est promu procureur général en Corse. Hubert Pinsseau le remplace et s'empresse de délivrer une ordonnance de non-lieu dans laquelle, à gros traits, il trouve le moyen de rendre le journal partiellement responsable de l'échec de l'instruction. Ses explications valent le détour. « *Le Canard* n'a été victime ni d'une violation de domicile puisque les bureaux étaient inoccupés au moment des faits, ni d'une atteinte à la vie privée puisque des journalistes ne peuvent avoir dans un local professionnel que des conversations d'ordre général ou professionnel » !

Précisons que le juge a reçu au préalable, de la part du directeur général de la police, Robert Pandraud, une lettre lui recommandant de se méfier de ce « journal louche » ! On voudrait étouffer l'affaire en haut lieu qu'on ne s'y prendrait pas autrement.

De 1976 à 1980, la Cour de cassation donne tort puis raison au *Canard enchaîné*. Elle casse le non-lieu. Mais le 7 février 1980, son second arrêt clôt définitivement le dossier. L'arrivée de la gauche en 1981 ne suffit pas à le rouvrir. Il n'y aura pas eu de Watergate à la française. Aucun responsable politique n'aura été poursuivi, aucune enquête parlementaire n'aura été menée. De cette rocambolesque histoire, il ne reste aujourd'hui qu'une plaque commémorative, en marbre, posée en décembre 1974 au-dessus du trou percé par les « plombiers » de la DST. Et sur le mur du bureau du directeur du *Canard*, on lit : « Don de Marcellin, ministre de l'Intérieur 1968-1974. Ici dans la nuit du 3 décembre 1973, des plombiers furent pris en flagrant délit d'installation de micros. »

Témoignage : Claude Angeli,

rédacteur en chef du *Canard* à l'époque des faits et aujourd'hui chroniqueur dans le même journal

« Ça me fait toujours rire. Mais en même temps, c'est une affaire tellement extravagante ! On était en plein délire paranoïaque. Sanguinetti, avant de prendre une attitude un peu plus nuancée, a tapé comme un fou. Il a dit : "*Le Canard* est une entreprise de subversion caractérisée", et il l'a comparé à l'OAS et aux gauchistes de 68. Il pense, comme Marcellin, qu'il faut vaincre les révolutionnaires ou disparaître.

Ils ont tout fait au *Canard* à ce moment-là. Ils ont fouillé les poubelles. Ils ont mis les journalistes sur écoute. Ils ont photographié les gens qui entraient dans l'immeuble où on avait les premiers bureaux. Ils ont fait savoir que s'il y avait eu des micros c'est parce qu'il y avait des espions soviétiques à l'intérieur de l'équipe. Ce qui était très drôle, c'est qu'ils nous faisaient une excellente publicité, mais c'était quand même scandaleux sur le principe. La résonance de cette affaire est encore très forte aujourd'hui et les socialistes ne sont pas exempts de tout reproche. Ils ont fait voter, avec l'opposition, une modification du code de sécurité intérieure. Pourquoi fait-on voter ça ? On va pouvoir maintenant enquêter sur les journalistes, sur vous, sur moi, sur d'autres, sur la société civile, sur les opérateurs de téléphonie, sur les cybercafés, sur ceux qui organisent l'accès à Internet, et tout détecter.
Depuis, j'ai revu deux "plombiers", dont un qui est venu déjeuner avec sa femme. On a parlé. Il a tout reconnu. L'autre m'a raconté des choses qu'il n'avait jamais dites. Il avait fait ami-ami dans l'immeuble voisin avec un homme qui habitait un petit studio parce qu'il fallait faire passer des fils par chez lui. Ça ne l'a pas empêché de me traiter encore d'espion et de dire qu'il y en avait d'autres au *Canard*. Le délire, toujours. Ils voulaient savoir quelles étaient nos sources, qui nous renseignait. Ils n'ont trouvé personne. Giscard a été jusqu'à diligenter un contrôle fiscal. Pendant quatre mois, un fonctionnaire est venu enquêter sur le journal, pour tenter de découvrir s'il n'y avait pas une caisse noire qui payait grassement des fonctionnaires pour leur soutirer des infos. La satire, ce n'est jamais que porter l'investigation jusqu'au bout. C'est utiliser la polémique, le rire, le sourire. *Le Canard* a une tradition. »

1974

L'affaire Ranucci
Un coupable idéal

Christian Ranucci, né le 6 avril 1954 à Avignon, mort le 28 juillet 1976 à Marseille, est devenu un nom emblématique de la chronique judiciaire française. Au même titre que les affaires Dominici et Gregory, l'affaire Ranucci nous hante car si ce jeune homme n'a jamais réussi à prouver son innocence pour le meurtre de la petite Marie-Dolorès Rambla, la justice n'a pas non plus prouvé sa culpabilité. Or il est monté sur l'échafaud.

Alors que s'est-il passé à Marseille le 3 juin 1974 ? Comment l'enquête et l'instruction ont-elles été menées ? Quelles ont été les pressions politiques dans cette affaire ? Quel rôle a joué la pièce matérielle la plus célèbre de cette histoire, le pull-over rouge ? Et quel a été le poids de cette société convertie à l'idéologie sécuritaire, toujours prompte à réclamer justice même si elle passe par la guillotine ? Peut-être est-ce là la plus lourde charge qui a pesé sur Christian Ranucci. Cette histoire qui emporta deux vies, celle de la victime Marie-Dolorès Rambla, mais aussi celle de l'accusé, fut à l'époque, tout comme l'affaire Patrick Henri qu'elle a croisée, un élément important du débat sur l'abolition de la peine de mort.

LES PROTAGONISTES

Christian Ranucci, principal suspect dans le meurtre de Marie-Dolorès Rambla, condamné à mort en 1976
Marie-Dolorès Rambla, petite fille de huit ans, enlevée et tuée en 1974
Jean Rambla, frère de Marie-Dolorès, témoin de l'enlèvement
Pierre Rambla, père de Marie-Dolorès
Eugène Spinelli, autre témoin de l'enlèvement
Vincent Martinez, témoin et victime d'un accident de voiture impliquant Christian Ranucci, le supposé jour du meurtre de Marie-Dolorès
M. Guazzone, témoin de l'accident de voiture
Alain et Aline Aubert, témoins de l'accident qui prétendent avoir vu un enfant dans le véhicule de Ranucci
Le commissaire Alessandra et l'inspecteur divisionnaire Porte, chargés de l'enquête
Juge Di Marino et Pierre Michel, les deux juges d'instruction successifs de l'affaire
Gilbert Collard, avocat de la famille Rambla
Maître Le Forsonney et maître Lombard, avocats de Ranucci
Robert Badinter, garde des Sceaux porteur du projet de loi qui aboutit à l'abolition de la peine de mort en 1981

Stupeur et tremblements

Depuis le début du week-end de cette pentecôte 1974, une vague de chaleur s'est abattue sur Marseille. Balayée par un vent chaud, la ville tourne au ralenti. Dans cette douce torpeur, ceux qui n'ont pas pris la route des plages ferment les volets et restent au frais.

Saint-Agnès, comme d'autres cités de Marseille, est presque déserte. Certains préparent le repas, d'autres ont pris la route des calanques. Située dans le quartier des Chartreux, la cité est constituée d'un ensemble d'immeubles maussades où s'entassent les classes populaires de la ville. Il n'y a ni square ni terrain de sport. Ici, les enfants s'amusent devant les immeubles ou près des garages.

Jean Rambla est l'un des enfants de cette cité. Ce matin-là, il joue avec sa sœur aînée, Marie-Dolorès, et deux voisins. Puis leurs deux compagnons rentrent chez eux. Jean et Marie-Dolorès continuent leurs jeux d'enfants. Un inconnu les interpelle. Il vient d'égarer son chien noir et demande de l'aide aux deux gamins qui acceptent. Jean prend une allée et fait le tour de l'immeuble pendant que Marie-Dolorès reste avec l'homme.

Quelques minutes plus tard, Pierre Rambla, le père des deux enfants, retrouve son fils, seul. Ni la voiture, ni l'homme, ni la petite fille ne sont là. Il prévient la police et signe sa déposition au commissariat central de la ville qu'on appelle, à Marseille, l'Évêché. Marie-Dolorès est âgée de huit ans, mesure 1,30 mètre, est plutôt menue, a le teint clair et les cheveux longs. Elle est habillée d'un short et d'une chemisette blancs. Le seul témoin de la disparition est son frère Jean. Il a six ans. Il se souvient d'une chose, l'homme a une Simca 1100 grise.

Très vite, l'événement fait le tour de la cité. Les téléphones résonnent comme les sonnettes des appartements. On vient tous aux nouvelles. Aucun enfant ne jouera plus comme avant, ici. Après les voisins, ce sont les journalistes qui frappent aux portes. Ils interrogent les parents et même le petit Jean, le garçonnet, qui avec ses mots tout simples, confirme la disparition de sa sœur « partie avec le monsieur » : « Le monsieur est arrivé avec une voiture, il m'a appelé avec ma sœur. Après, il a dit que je cherchais le chien et il a dit que je passe par là-bas, et ma sœur elle reste là. Quand je suis revenu, le monsieur n'était plus là et ma sœur non plus. » Le lendemain, le 4 juin, la photo de Marie-Dolorès fait la une des quotidiens. Qui a enlevé cette enfant ? Est-elle encore vivante ?

Le 4 juin, le visage de Marie-Dolorès est dans tous les esprits. Le drame de la famille Rambla devient celui d'un pays. À l'Évêché, les policiers rassemblent le peu d'informations dont ils disposent. Le jeune frère réaffirme que la voiture du ravisseur était une Simca 1100 grise. Et il s'y connaît le gamin, il adore les voitures !

Cette journée est une succession de coups de téléphone et de témoignages plus ou moins précis. Vers 15 heures, les gendarmes de Roquevaire, non loin de Marseille, reçoivent un coup de téléphone d'un certain Alain Aubert qui les informe que, la veille, il a été témoin d'un accident de la circulation et qu'il a pris en chasse le responsable de l'accrochage. L'inconnu a abandonné sa voiture, une Peugeot 304 coupée gris métallisé, cent mètres plus loin, en bordure de la route RN 8 bis. Son numéro d'immatriculation est le 1369 SG 06. Lorsqu'il est arrivé à la hauteur du témoin, l'homme s'est enfui dans les bois avec, d'après Alain Aubert, un « paquet assez volumineux ».

Au journal du soir, Pierre Rambla, le père de famille, lance un appel au ravisseur : « Nous espérons bien que le monsieur qui a pris ma fille me la ramène vivante. S'il a un cœur, je suis un père de famille avec des enfants, qu'il me redonne ma fille. Si c'est un homme célibataire, quand même, ma fille elle a huit ans, qu'est-ce que vous faites à mon enfant de huit ans ? Je suis malade. Si vous prenez ma fille et si vous lui faites quelque chose, je ne sais pas ce que je ferai de moi. Je me tuerai. » Pierre Rambla est un immigré espagnol, ouvrier-boulanger. Il ne roule pas sur l'or. On ne peut donc envisager l'hypothèse d'un rapt et d'une rançon. Cela fait bientôt vingt-quatre heures qu'il n'a pas de nouvelles de sa fille. Il entame sa seconde nuit blanche et espère pouvoir la serrer bientôt dans ses bras.

Le lendemain, les premiers suspects sont arrêtés, tous propriétaires d'une Simca 1100 grise. Vers dix heures du matin, la gendarmerie de Gréasque reçoit le coup de téléphone d'un homme, Vincent Martinez, qui a porté plainte dans cette même gendarmerie après un accident de voiture. Il roulait avec sa petite amie sur la nationale 96 depuis Aix-en-Provence, quand, au croisement avec la nationale 8 bis, un coupé Peugeot 304 a grillé le stop et les a percutés. La Peugeot a fait un tête-à-queue complet avant de prendre la fuite. Lors du dépôt de sa plainte, Vincent Martinez avait indiqué que l'homme semblait seul à bord de son véhicule. Mais il pense désormais qu'un enfant pouvait s'y trouver. Vers 15 heures, les gendarmes sont informés de l'identité de l'automobiliste. Il s'agit de

Christian Ranucci. Il a vingt ans, il est représentant de commerce et vit à Nice.

Habemus coupable !

La RN 8 bis est une succession de virages. À quinze cents mètres du carrefour où a eu lieu l'accident, un chemin de terre mène à la champignonnière de M. Guazzone. Le 3 juin, jour de l'enlèvement, lui aussi était venu voir les gendarmes. La Peugeot 304 grise s'était enlisée dans la galerie où il cultive ses champignons. Le conducteur était seul et sa voiture endommagée. M. Guazzone n'est pas convaincu par les raisons que l'inconnu a avancées pour expliquer sa présence sur son terrain. C'est pourquoi il en avait informé les gendarmes. Ils décident de lancer les recherches. Tout près de la voiture embourbée, derrière quelques planches, les enquêteurs découvrent un pull-over rouge d'adulte. Une autre équipe scrute les bas-côtés, examine les broussailles. L'un des gendarmes sent quelque chose sous ses pieds. Il écarte les branchages et découvre le corps d'une enfant. Le visage est tuméfié, couvert de sang. On retrouve les pierres qui lui ont brisé le crâne mais pas le couteau qui l'a égorgée. Le corps est habillé avec les vêtements qui semblent être ceux de la petite Marie-Dolorès.

Pierre Rambla, le père de famille est conduit sur les lieux pour identifier le cadavre. Les caméras et les photographes sont présents. Le malheureux réapparaît en larmes, dévasté. C'est bien le corps de Marie-Dolorès que l'on vient de découvrir.

Ce jour-là, d'autres témoignages sont enregistrés à l'Évêché, notamment celui d'un garagiste, Eugène

Spinelli. Il dit avoir assisté à l'enlèvement de la petite Marie-Dolorès. Il a vu une fillette prendre place dans une Simca 1100 grise avec un homme d'une trentaine d'années. La fillette est montée d'elle-même dans la voiture.

Ranucci est arrêté à Nice, chez sa mère, où il habite. Au commissariat, il avoue l'accident, sa présence dans la champignonnière, l'aide de M. Guazzone, mais réfute toute implication dans l'enlèvement. Le jeune homme est interrogé par le commissaire Alessandra et son adjoint, l'inspecteur divisionnaire Porte. Il ne dévie pas de sa première déposition. Il reconnaît l'accident et la fuite. Il était seul dans la voiture. Il n'a pas de pull-over rouge. Les enquêteurs convoquent alors les deux témoins de l'enlèvement : le frère de la victime, Jean, et le garagiste Eugène Spinelli. Or le petit garçon est formel : il ne reconnaît pas Christian Ranucci. Pour l'enfant, ce n'est pas cet homme qui a kidnappé sa sœur. Le commissaire insiste : « Ranucci reconnaît avoir été dans la voiture au moment de l'accident. (...) Il nie avoir eu une fillette à bord de sa voiture, mais des témoins affirment que l'enfant se trouvait à l'intérieur. Nous allons recevoir leurs déclarations. »

Les témoins dont parle le commissaire, c'est le couple Aubert qui a suivi Ranucci après l'accident. Ce sont eux, Alain et Aline, qui ont noté son immatriculation et qui l'ont vu s'enfuir dans les bois. Ranucci leur est présenté au milieu d'autres jeunes hommes. Ils ne le reconnaissent pas. Une heure plus tard, on le leur présente à nouveau, et cette fois, l'homme et la femme sont formels : c'est bien Christian Ranucci qui a pris la fuite dans les bois après l'accident. Bingo ! Les enquêteurs ont leur coupable. Ils ne le lâcheront plus.

De nouveaux détails apparaissent dans les dépositions de ces témoins : le paquet volumineux que transportait l'homme est devenu un enfant portant un short ou une culotte blanche. Seul M. Aubert est sorti de la voiture, mais sa femme a entendu la voix fluette d'un enfant. La presse et la rumeur sont passées par là. Après ces dépositions, Christian Ranucci est une nouvelle fois questionné et enfin, il avoue ! Il indique l'endroit où il aurait jeté son couteau. Celui-ci est retrouvé. Des traces de sang sont présentes sur la lame. Christian Ranucci est déféré devant la juge Di Marino. Il réitère ses aveux. On l'emmène en prison. C'est sa première nuit aux Baumettes.

Trois semaines après les faits, une reconstitution est organisée sur les lieux du crime. Christian Ranucci ne se rappelle plus rien. Lorsqu'on lui demande de montrer comment il a assassiné Marie-Dolorès, il s'effondre devant la poupée de chiffon qu'on lui tend. Puis, six mois plus tard, à l'occasion du témoignage récapitulatif, Christian Ranucci revient sur ses aveux devant la juge. Il indique avoir été forcé. Il ne se rappelle pas avoir enlevé quiconque, ni avoir frappé mortellement quelqu'un.

À la fin de l'instruction, des questions restent sans réponse. Pourquoi Christian Ranucci a-t-il, sans crainte, demandé de l'aide lorsque sa voiture s'est enlisée près du lieu du crime ? Qui est le propriétaire du pull-over rouge ? Qui est l'homme de la Simca 1100 qui était au cœur des premières heures des recherches ? Et quel rôle a joué le pantalon taché retrouvé dans la voiture de Ranucci, sachant que lui et la petite Marie-Dolorès étaient du même groupe sanguin ? Ce sang peut être celui de l'accusé, tout simplement, et sans rapport avec le meurtre de la petite Marie-Dolorès.

Une zone d'ombre supplémentaire dans l'enquête qui en compte tant !

Un procès joué d'avance

C'est le mardi 9 mars 1976 que s'ouvre le procès de Christian Ranucci. Sur le banc des avocats s'est installé le jeune avocat Gilbert Collard qui vient de récupérer le dossier de la famille Rambla, au titre des parties civiles, remplaçant un collègue au pied levé. Sur le banc d'en face, maître Le Forsonney et maître Lombard défendent Ranucci.

Le président Antona ouvre l'audience. D'emblée, Christian Ranucci nie et accuse les inspecteurs de l'avoir torturé pendant ses dix-neuf heures d'interrogatoire. Mais ses propos sont confus et ne servent pas sa défense. Au sujet du meurtre, il parle d'une soirée bien arrosée la veille de l'accrochage, d'un état de fatigue important et de trous de mémoire. Il a repris la route après l'accident, puis il s'est arrêté sur le bas-côté et s'est évanoui à cause du choc et de la fatigue. Il ne se souvient pas comment il est arrivé dans la champignonnière. La cour a du mal à croire à cette soirée trop alcoolisée, surtout qu'il reste toujours ce couteau, un pantalon retrouvé avec des taches de sang, les aveux à la juge d'instruction et aux médecins.

Les témoins se succèdent à la barre jusqu'aux époux Aubert. C'est autour de leur déposition que se fonde l'essentiel de l'accusation contre Christian Ranucci. Aline Aubert prend la parole : « Mon mari a vu qu'il portait un short blanc. Il a eu l'impression qu'il s'agissait d'un enfant plus jeune à la façon dont il l'a happé de la porte arrière et l'a emporté dans ses bras. » Près de deux ans après les faits, la version des Aubert n'a pas évolué. À la suite de leurs témoignages, maître Lombard décortique avec précision chacun de leurs propos. Il rappelle aux jurés les premières déclarations du couple. L'homme s'était enfui avec un « paquet volumineux » et non pas un enfant. La précision des vêtements est intervenue *après* le signalement de Marie-Dolorès dans la presse. Un autre point cloche. Aline Aubert indique que l'enfant « a été happé de la porte arrière de la voiture ». Pourtant le véhicule de Christian Ranucci est un coupé Peugeot. Il n'a pas de porte arrière. Et le couple n'a entendu aucun cri. Pourtant, quelle serait la réaction normale d'une enfant seule avec un inconnu à la suite d'un accident, tirée d'une voiture, pourchassée, puis transportée en courant dans un bois ? Le silence ? Non, certainement pas. Peu avant 20 heures, le président de la cour d'assises d'Aix-en-Provence suspend l'audience.

Le lendemain, les avocats de Ranucci pensent avoir une carte en main. Ils appellent à la barre Jeanine Mattei. Cette femme habite la cité des Tilleuls, à Saint-Jérôme, non loin de la cité Saint-Agnès. Deux jours avant l'enlèvement de Marie-Dolorès Rambla, elle a été témoin d'un drôle de manège. Un homme a essayé de faire entrer de force un gamin de la cité dans sa voiture. Les cris de l'enfant ont obligé l'inconnu à prendre la fuite à bord de sa Simca 1100 grise. L'homme a un pull-over rouge et un pantalon vert foncé. Après cet événement, Mme Mattei a appris que la veille de l'incident, l'homme était déjà dans la cité. Il avait interpellé sa fille et l'une de ses amies, en prétextant la perte de son chien noir. Lorsqu'elle a entendu parler de la disparition de Marie-Dolorès Rambla, elle s'est rendue au commissariat pour déposer une plainte. Le jour de l'arrestation de Ranucci, on l'a rappelée, pour confronter le suspect à sa fille. Elle ne l'a pas reconnu. Ce n'est pas l'homme au pull-over rouge qui a abordé sa fille. Mais le jour du procès, stressée sans doute, Mme Mattei semble réciter une partition qu'on lui aurait dictée. Maître Collard se fait alors un plaisir de préciser que le fils de cette dame est en prison aux Baumettes, afin d'ôter toute crédibilité au témoignage. Pourtant, elle n'est pas la seule à avoir remarqué cet homme au pull-over rouge dans la cité. Ensuite, c'est un certain Paul Martel qui est appelé à la barre. Il est gardien d'un ensemble d'immeubles à Marseille. Le 1er juin 1974, il a pris en chasse un homme qui venait de s'adonner à des attouchements sur deux jeunes filles. Cet homme avait un pull-over rouge et une Simca 1100 grise. Le lendemain, il avait témoigné à l'Évêché avec les deux filles et le père des enfants. Et lui non plus n'a pas reconnu Ranucci quand on le lui a présenté ! Mais rien ne semble pouvoir innocenter Ranucci du crime de Marie-Dolorès Rambla. Les témoignages de la défense n'obtiennent pas l'effet escompté. Désormais, c'est la hauteur de la sentence qui se joue. Christian Ranucci risque la mort car en France, alors que tant de voisins européens s'en sont débarrassé, la peine capitale est toujours en vigueur.

Gilbert Collard, avocat de la partie civile, est à peine plus vieux que l'accusé. C'est l'une de ses premières plaidoiries. Elle est vigoureuse : « Trop de présomptions, trop de preuves, trop de témoignages, trop d'aveux ! Vous avez avoué devant la police, Ranucci, vous avez avoué devant le juge d'instruction, vous avez avoué devant les experts psychiatres. Vous aviez vingt ans au moment des faits. Votre âge m'émeut : c'est presque le mien. Ne restez pas ainsi, Ranucci, je vous en conjure : implorez le pardon, dites quelque chose, parlez ! » Puis, se tournant vers la cour : « Je veux que Ranucci se souvienne de son crime, de la mort de Marie-Dolorès, forme éternelle de l'innocence, je veux pour lui un chagrin et un repentir qui ne finissent jamais. »

Carrefour mortel

En une phrase, sans le dire explicitement car sa fonction d'avocat de la partie civile ne le lui permet pas, Gilbert Collard indique quand même à la cour le chemin à suivre concernant l'accusé. Celui de l'échafaud. À cette époque, la peine de mort est un débat virulent qui revient régulièrement sur le devant de la scène. Or, six semaines avant l'ouverture du procès Ranucci, un autre enfant, Philippe Bertrand, a été enlevé à la sortie de l'école. Son corps a été retrouvé le 17 février 1976. Et le lendemain du crime, au journal de 20 heures, à trois reprises, le présentateur Roger Gicquel avait déclaré « la France a peur ». Dans cette autre affaire, le coupable s'appelle Patrick Henry, il a vingt-trois ans. Les deux histoires se croisent et la France cède à la tentation de la vengeance. Dans les colonnes des journaux, sur les plateaux de télévision, on réclame la peine de mort pour les tueurs d'enfants. Certains en feront même des chansons à succès.

Devant le palais de justice d'Aix-en-Provence, des inconnus venus de toute la France réclament la tête de l'assassin présumé de Marie-Dolorès. Et l'avocat général répond positivement à cette demande de l'opinion. À la fin de son réquisitoire, il demande la peine de mort. Maître Lombard et maître Le Forsonney n'y pourront rien. Ils relèvent toutes les incohérences du dossier, en vain, et concluent : « Tant que la peine de mort existera, la nuit régnera dans la cour d'assises. » Ce jour-là, le 10 mars 1976, la nuit tombe à 20 h 15. Christian Ranucci est condamné à mort.

Ses avocats se pourvoient en cassation. La demande est rejetée. Le seul espoir de Ranucci, le dernier, c'est la grâce présidentielle. Mais Valéry Giscard d'Estaing refuse de la lui accorder. Il n'y a plus de recours. On prépare la guillotine.

Le 28 juillet 1976, dans sa cellule, Christian Ranucci dort comme d'habitude face au mur, à l'abri de la lumière électrique. Vers 4 heures du matin, on le réveille. On lui passe les menottes. Il sursaute, crie, s'insurge puis comprend ce qui lui arrive en voyant la colonne d'invités présents. Il reconnaît ses avocats, le président de la cour d'assises et le juge d'instruction Pierre Michel qui a succédé à Mlle Di Marino. Lors de la procession avant l'exécution, les avocats s'entretiennent avec lui. Christian Ranucci réaffirme son innocence. Eux lui promettent sa réhabilitation. Mais c'est à sa mort qu'il faut maintenant le préparer. Ils essayent de le rassurer. Christian Ranucci décline la messe puis repousse le verre d'alcool. On lui coupe les cheveux. On le place sur la planche. Le bourreau appuie sur un bouton. La mort s'exprime, mécanique. Il est 4 h 13, la guillotine vient de faire son œuvre.

Cinq ans plus tard, en 1981, la gauche au pouvoir abolit la peine de mort. Robert Badinter, nouveau garde des Sceaux, porteur du projet de loi à l'Assemblée nationale, était l'avocat de Patrick Henry. Lors de son procès, il avait convaincu les jurés de ne pas le condamner à la peine capitale. Aujourd'hui la peine de mort n'est plus en débat en France mais un doute entoure toujours la culpabilité de Christian Ranucci dans le meurtre de la jeune Marie-Dolorès Rambla. Qui était cet homme au pull-over rouge ? Était-il présent ce 3 juin 1974 aux abords de la RN 8 bis ? A-t-il rencontré Christian Ranucci ?

Témoignage : Gilles Perrault,

journaliste, écrivain, auteur du *Pull-over rouge* paru en 1994 chez Fayard, sur l'affaire Ranucci

« J'ai été mobilisé par cette affaire, au sens militaire du terme, et je réponds toujours présent dès qu'il s'agit de témoigner sur le drame vécu par Christian Ranucci. C'est le minimum. Faire la preuve d'une innocence, c'est très difficile. Évidemment qu'il y a une coïncidence. Il y a eu cet accident de voiture. Mais c'est à l'accusation de prouver la culpabilité de quelqu'un. C'est la base du droit, du droit pénal. S'il y a le moindre doute, on ne peut pas condamner. Ma conviction, c'est que Ranucci est innocent. L'évidence de l'existence de l'homme au pull-over rouge, le fait que la voiture du ravisseur n'était pas un coupé Peugeot mais une Simca 1100, la date et l'heure de la mort de l'enfant qui ne sont pas indiquées dans le rapport du médecin légiste, c'est affolant ! On ne sait pas encore aujourd'hui quand est morte Marie-Dolorès. Ce peut être le 3 juin, ce peut être le 4, on ne sait pas. C'est fou tout de même !
Il est évident que les enquêteurs ont travaillé sous pression politique. Chaque fois qu'il y a une collusion entre les médias et la justice, c'est la justice qui reste sur le carreau. L'affaire de Bruay-en-Artois[1] ou celle du petit Grégory l'ont démontré. À propos du contexte politique, le commissaire Alessandra qui a mené l'enquête me

1. Meurtre irrésolu et très médiatisé d'une adolescente en 1970.

disait que toutes les heures, ils recevaient un coup de téléphone de la mairie de Marseille : "Il faut conclure, il faut boucler le dossier" ou un coup de téléphone du préfet de police des Bouches-du-Rhône poussant à clore l'affaire... Et les médias qui se déchaînaient ! Il a fallu lancer des appels à la télévision pour dire aux parents de continuer à envoyer leurs enfants à l'école, qu'on allait arrêter le satyre et qu'il ne fallait pas s'inquiéter. L'affaire Patrick Henry a suscité une haine terrible qui est retombée sur Ranucci.
Roger Gicquel a eu tort. Sa réaction allait trop dans le sens du vent. Mais ce n'était pas son intention. Je l'ai bien connu et je lui ai gardé toute mon estime parce qu'il a beaucoup combattu pour l'abolition de la peine de mort. Ce sont des circonstances de tempête médiatique, émotionnelle, et le moindre mot un peu de travers engendre des conséquences terribles. »

1975

L'assassinat du juge Renaud
Plongée au cœur de la pègre lyonnaise

Qui a tué le magistrat lyonnais le 3 juillet 1975 ? Un raisonnement par l'absurde répondrait : personne ! Car la police et la justice n'ont jamais trouvé le ou les coupables. Pourtant, ce juge courageux, surnommé le « shérif », a bien été assassiné. Certes, il y a des pistes, dont certaines paraissent plus réalistes que d'autres, mais les preuves manquent. Alors vengeance personnelle ? Règlement de comptes ? Affaire politique ? L'assassinat du juge Renaud reste aujourd'hui un épais mystère. Des dizaines de témoins ont été entendus, six juges d'instruction se sont succédé. À plusieurs reprises, la famille de la victime a relancé le dossier. En vain. Non-lieu. Pourtant, dans cette affaire, la ligne rouge a été franchie : c'est le premier assassinat d'un juge depuis la Libération. Les enquêteurs se sont vite rendu compte que ce crime les plongeait dans le Lyon des années soixante-dix, le Lyon de la pègre et des scandales, des hold-up et des enlèvements, des meurtres en série et des évasions de prison. François Renaud s'est lancé à corps perdu dans la lutte contre le grand banditisme lyonnais. Le shérif s'était promis de nettoyer la ville surnommée à l'époque « Chicago-sur-Rhône ». Il y a laissé la vie.

LES PROTAGONISTES

François Renaud, juge d'instruction à Lyon de 1966 à 1975, date à laquelle il est assassiné dans l'exercice de ses fonctions
Francis Renaud, fils du juge
Pierre Richard, commissaire chargé de l'enquête sur le gang des Lyonnais sous la direction du juge Renaud
Joanny Chavel et Pierre Pourrat, dit le « Docteur », deux chefs du gang des Lyonnais
Edmond Vidal, dit « Momon », chef du gang après la disparition de Joanny Chavel
Nicolas Caclamano, dit « Nick le Grec », Pierre Zakarian, dit « Pipo », Michel Silmetzoglu, Jean-Pierre Marin, Michel Lamouret et Robert Alfani : membres du gang des Lyonnais qui enchaîne les hold-up et dont l'argent pourrait servir à financer des partis politiques
Louis Guillaud, dit la « Carpe » : autre suspect de l'assassinat du juge, coupable avec Jean-Pierre Marin de l'enlèvement du petit Christophe Mérieux, fils d'un riche Lyonnais, en 1975
Jacques Vergès, avocat qui reprend le dossier de la famille Renaud en 1988
Georges Fenech, sixième juge d'instruction chargé de l'affaire, qui conclut à un non-lieu en 1992

Un juge qui surprend

Lorsque François Renaud arrive au palais de justice de Lyon, en décembre 1966, la première impression est celle d'un mariage contre-nature. L'homme détonne. D'apparence d'abord : chemises roses, pantalons rouges, absence de cravate, fine moustache et cigare au coin des lèvres. Dans ses méthodes ensuite : le juge Renaud est un fonceur, réputé tenace et incorruptible. Ce caractère bien trempé, il le prouve à vingt ans à peine, au moment de rejoindre la Résistance dans le maquis de Saône-et-Loire. Quelques coups d'éclat traduisent sa fougue, comme ce jour où, sur sa moto, il mitraille un convoi allemand. La paix revenue, la pègre se fait une place de choix et impose sa loi à Lyon. D'autant que la situation géographique de cette ville, située sur l'axe Paris-Marseille, au carrefour de l'Italie des « années de plomb », de la Suisse et de l'Allemagne, est une aubaine pour le milieu. Lyon devient la plaque tournante du crime. Et il faut ajouter à ce contexte singulier une autre réalité : la ville est l'un des bastions du Service d'action civique, le SAC[1], qui comprend d'anciens gros bras de l'OAS[2]. La corruption et les règlements de comptes sont courants. Les collusions entre les politiques, la police et la pègre deviennent de plus en plus fréquentes. Quand le juge Renaud arrive à Lyon, de sombres affaires éclaboussent les notables

1. Association parfois qualifiée de « police parallèle », initialement au service du général de Gaulle, qui réunit des membres de la police, de la gendarmerie mais aussi de la pègre, liés à de Gaulle par un passé dans la Résistance.

2. Organisation de l'armée secrète créée en 1961 pour la défense de la présence française en Algérie.

locaux. C'est lui qui hérite de cette lutte contre le grand banditisme en pleine expansion. Dès lors, l'enquête sur son assassinat s'inscrit dans les coulisses du milieu. Une enquête rythmée par les erreurs, les non-dits et les mystères de la ville, comme autant de traboules[1] judiciaires et policières.

L'assassinat

Lyon, 3 juillet 1975, 2 h 30 du matin. Rue de la Montée-de-l'Observance, François Renaud et son amie Geneviève rentrent d'une soirée. Le juge gare sa BMW, en contrebas de son appartement. Ensemble, ils remontent tranquillement la petite côte qui mène au domicile du magistrat quand tout à coup une voiture s'arrête à leur hauteur. La vitre se baisse. François Renaud se penche pour répondre à ce qu'il pense être une demande de renseignement. Il tombe nez à nez avec deux hommes encagoulés, revolver au poing. Dans un réflexe, il se décale sur la gauche, repousse son amie, deux coups retentissent. Renaud et son amie se mettent à courir dans la rue, mais le juge réalise qu'il est impossible pour sa compagne de fuir avec ses talons hauts. Impossible aussi d'escalader les murets sur la gauche qui permettraient de se cacher dans les bosquets de la résidence. Ils se réfugient derrière une Coccinelle garée sur le bas-côté. Les tueurs s'approchent et commencent à canarder. Le juge se couche sur son amie pour la protéger. Il est touché à l'épaule. L'un des hommes descend de la voiture, contourne la Coccinelle,

1. Mot lyonnais qui désigne des passages étroits qui font communiquer deux rues dans un pâté de maisons.

tire deux coups de feu sur François Renaud, le déloge d'un coup de pied dans les reins, puis s'assure de sa mort par une dernière balle dans la nuque. Les tueurs remontent en voiture et détalent à vive allure.

L'amie du magistrat se relève, rejoint l'appartement de François Renaud et prévient son fils, Francis, qui appelle la police : « Mon père a été victime d'un attentat. »

À Lyon, le réveil est douloureux. Les premiers bulletins d'informations reviennent sur les circonstances du drame, mais insistent rapidement sur la personnalité « hors norme » du shérif : « François Renaud, juge d'instruction, est mort dans la tradition des règlements de comptes. (…) Il est certain qu'[il] dérangeait. D'abord par son comportement un peu sec, parfois hautain et cassant. Un dossier d'instruction devenait son affaire, il s'y accrochait en dépit des menaces et des risques (…) et membre du syndicat de la magistrature, il allait loin dans l'application de cette intime conviction qui irrite les inculpés et les avocats. Ensuite parce qu'il n'était pas un magistrat comme les autres : ni bourgeois, ni rond-de-cuir, ni homme rangé, il sortait beaucoup. La police et le doyen des juges d'instruction de Lyon (…) vont devoir chercher dans ses dossiers et sa vie mouvementée les raisons du meurtre. François Renaud était habitué aux menaces, ce n'était pas un problème pour lui. Ancien d'Afrique, il avait l'assurance de ceux qui se battent pour vivre et qui vivent pour se battre. »

Ses anciens collègues sont également à l'unisson pour rappeler la détermination, le courage et le talent du juge. Et tous se remémorent les signes avant-coureurs du drame. La veille, Gérard Thomassin, le dernier avocat à l'avoir vu vivant, lui redit de ne pas prendre les menaces à la légère. Des menaces qui viennent notamment d'un avocat proche du SAC. François Renaud balaye l'avertissement d'un revers de la main. Pourtant, peu avant sa mort, il a confié à son fils qu'il était sur une grosse affaire, un dossier qui pouvait aller très loin et qui le mettait en danger. Il avait même obtenu le droit de porter une arme. Mais après une altercation avec un automobiliste, il a été à deux doigts de s'en servir à mauvais escient. Marqué par l'événement, il décide de ranger son revolver.

Son assassinat soulève une indignation nationale. La mort d'un juge, c'est le point d'orgue d'une vague de violence qui traverse le pays depuis plusieurs années. C'est l'autorité de la République qui est bafouée. On a touché au sacré. Lors de la levée du corps, le 5 juillet 1975, Jean Lecuanet, garde des Sceaux, réaffirme l'ordre républicain et avertit les coupables qu'ils ne resteront pas longtemps en liberté : « Cet homme a été abattu avec une froide détermination et une lâcheté qui rendent le crime particulièrement odieux. Il a été abattu mais il emporte avec lui, comme une dernière victoire sur les criminels, de leur avoir fait peur. (...) Je suis ici aussi pour dire non aux assassins. Qu'ils sachent que notre société ne se laissera ni envahir, ni dominer par la violence. Qu'ils sachent que vous comme moi, nous n'allons pas relâcher mais renforcer notre combat contre le terrorisme. »

L'enquête commence

Les éléments matériels arrivent rapidement. L'autopsie et les premiers témoignages confirment qu'il s'agit bien d'un assassinat. Mais ce crime ne ressemble pas à un règlement de comptes selon les méthodes du milieu.

Il y a d'abord les cagoules. Au sein de la pègre, on tue à visage découvert, pour montrer qui se venge. Ensuite, on ne laisse pas de traces, comme cette série de cartouches abandonnées à proximité du lieu du crime.

La liste des personnes qui auraient des raisons de tuer le juge Renaud est longue. Le magistrat a traité plus de mille cinq cents affaires en huit ans d'exercice et ne s'est pas fait que des amis. Deux exemples témoignent de cette animosité du milieu lyonnais envers François Renaud : en mai 1973, une mutinerie éclate à la prison Saint-Paul de Lyon. Si les prisonniers réclament avant tout de meilleures conditions d'incarcération, ils s'adressent surtout au juge en criant : « Renaud, salaud, on aura ta peau ! » ; et en 1975, peu avant le drame, au cours du procès de deux jeunes voleurs, des tracts au titre explicite : « Les exploits de M. Renaud, juge d'instruction surnommé le shérif, le grand pourvoyeur de la cour d'assises du Rhône » sont distribués par le Comité action de prisonniers.

Rapidement, les policiers se concentrent sur trois enquêtes récentes du magistrat.

La première concerne le gang de Guy Reynaud, dit le « Dingue », spécialiste des hold-up, qui sème la panique dans la région lyonnaise à la fin des années soixante. Arrêté, il est condamné à vingt ans de prison. C'est lui le chef des émeutiers de la prison de Saint-Paul.

La deuxième porte sur l'affaire Yves Marin-Laflèche, ce riche hôtelier lyonnais qui disparaît le 4 juillet 1974. François Renaud s'intéresse de près au conseiller de Marin-Laflèche, Jean-Gérard Calvy, et à deux de ses complices, qu'il soupçonne d'avoir voulu escroquer leur patron. Mais le dossier est faible, mal ficelé et le parquet décide de les remettre en liberté. Le juge ne cède pas, il s'entête, d'autant plus qu'en novembre le corps de Marin-Laflèche est retrouvé. À partir de là, François Renaud choisit d'accélérer la procédure. Un peu trop peut-être, comme on le voit dans cette interview où il annonce prématurément que le dossier ira jusqu'aux assises : « Au début, nous étions partis sur une inculpation pour séquestration. Maintenant nous sommes certains que Marin-Laflèche est mort. Les trois détenus comparaîtront en cour d'assises. » L'avocat en charge du dossier, Joannès Ambre, en profite pour dénoncer les méthodes expéditives tant décriées du juge Renaud.

Enfin, tous les regards se tournent vers la troisième grosse affaire : celle du gang des Lyonnais, le dossier qu'instruisait le juge Renaud quand il a été assassiné. Qui sont ces Lyonnais ? De quel gang s'agit-il ?

Le gang des Lyonnais

Tout commence avec le hold-up du 30 juin 1971 à l'hôtel des Postes de Strasbourg. Le receveur témoigne : « Le chargement s'est bien passé. Après, nous sommes entrés, nous avons tout bouclé et arrêté le monte-charge. Il y avait des bonshommes qui étaient là. Nous nous sommes éloignés. J'étais le premier, et au coin, il y a eu l'action. Il y avait cinq hommes armés de revolvers. Ils ont pris une somme importante (...). Ça fait vingt ans que je suis receveur, je n'avais jamais vu un coup pareil. » Le « casse du siècle », titrent les journaux du lendemain. Plus d'un milliard d'anciens francs sont dérobés, en cinq minutes à peine, sans morts ni blessés. Lors de leur fuite, les braqueurs empruntent des itinéraires secondaires, changent plusieurs fois de véhicules et ne laissent aucune trace sur les lieux. Le coup parfait !

Une vaste opération policière se met en place. Petit à petit, le lien est établi avec d'autres braquages commis en France, à Chambéry, Lagnieu, Bourg-en-Bresse, Roanne, Vienne, toujours avec la même minutie, le même fonctionnement. Les enquêteurs pensent qu'il s'agit d'une seule et même équipe. Pendant plusieurs mois les braquages continuent mais tout bascule le 5 février 1972. Le gang attaque un fourgon blindé sur le parking d'un carrefour de Vénissieux, à quelques encablures de Lyon. Pour la première fois, les convoyeurs répliquent. Du sang est versé, l'un des membres du gang est blessé. Le coup de Vénissieux ouvre une piste que personne n'avait jusqu'ici évoquée : le lien entre ces braquages et une équipe lyonnaise.

Le 8 février 1972, une instruction judiciaire est ouverte contre X pour vol qualifié. C'est le juge Renaud qui l'instruit. Selon lui, le gros de l'affaire repose sur le blanchiment de l'argent. Qu'ont fait les voleurs de leur trésor du hold-up de Strasbourg ? Le magistrat estime que cet argent pourrait servir à financer un parti politique, en l'occurence le parti gaulliste alors au pouvoir. Durant deux ans, le commissaire Pierre Richard et ses équipes mènent leur enquête sous la direction de François Renaud. Rapidement, ils identifient les principaux membres du gang des Lyonnais. Deux hommes sont à sa tête : Joanny Chavel et Pierre Pourrat, dit le « Docteur ». Les deux chefs se sont entourés de plusieurs personnes : Edmond Vidal, surnommé « Momon », Nicolas Caclamano dit « Nick le Grec », Pierre Zakarian, dit « Pipo » ou encore Michel Silmetzoglu. De fil en aiguille, les policiers parviennent à suivre la trace de ce groupe si bien organisé, qui fait tout de même quelques erreurs. Joanny Chavel, par exemple, dépense son argent imprudemment et disparaît mystérieusement. Il est remplacé par Edmond Vidal à la tête du gang.

Le 20 mars 1974, le juge Renaud ouvre une instruction pour association de malfaiteurs. Des moyens sont débloqués, l'enquête avance. Sauf qu'un coup de théâtre bouleverse tout : le 7 mai, la deuxième chaîne diffuse un numéro des « Dossiers de l'écran ». Ce soir-là, après un film sur Al Capone, une discussion s'ouvre en plateau sur la situation criminelle française puis le débat aborde le hold-up de Strasbourg. François Colcombet, président du syndicat de la magistrature, prend la parole : « Il est évident que l'argent [du hold-up de Strasbourg] a été réinvesti quelque part, probablement dans un type d'exploitation à la limite de la légalité : établissements de proxénétisme, etc. et puis probablement dans des affaires tout à fait présentables, immobilières et autres. Lorsqu'on aura trouvé l'auteur, ce qui sans doute ne saurait tarder, on découvrira certainement des choses étonnantes. Espérons que cet argent n'a pas servi à acheter des hommes politiques. »

Le juge Renaud tombe de sa chaise ! Devant des millions de téléspectateurs, François Colcombet évoque une enquête en cours sur le hold-up de Strasbourg mais surtout révèle que dans cette affaire, il y a de fortes ramifications politiques. Voilà qui ne va pas faciliter le travail ! Le 29 novembre 1974, le commissaire Richard lance l'opération Chacal. Un vrai coup de force. Cent dix-huit policiers sont déployés. Le gang des Lyonnais tombe le 19 décembre. Trente personnes sont interpellées. Neuf d'entre elles sont considérées comme le noyau dur de l'organisation.

Mais quel est le lien entre cette bande et l'assassinat

du juge Renaud ? Un rapport du commissaire Richard indique que le crime semble avoir été commandité par le gang des Lyonnais depuis leur prison, parce que le juge Renaud maintient sous les verrous la compagne d'Edmond Vidal, le chef du gang. Et ça, Vidal ne le pardonne pas au magistrat. À plusieurs reprises, il lui a demandé de la libérer, mais le juge estime que cette détention permet de maintenir les membres du groupe sous pression.

Trois informateurs viennent aux bureaux de la police lyonnaise. L'un raconte que cinq personnes auraient tué le juge Renaud et qu'il y aurait parmi eux deux gitans de Décines, une commune de la banlieue lyonnaise, dont un grand frisé à la jambe cassée. L'indice est précieux. Les policiers font un premier rapprochement : Barthélemy Vidal, cousin germain d'Edmond Vidal, avait une jambe dans le plâtre lors d'une perquisition et apparemment les dates coïncident. Quelques jours plus tard, un second informateur se rend au commissariat et donne les noms des assassins potentiels : Jean-Pierre Marin, Michel Lamouret et Robert Alfani. Enfin, un troisième informateur révèle que l'assassinat aurait été organisé par Nick le Grec, un ancien du gang réfugié en Espagne au moment de l'arrestation du groupe. Selon lui, le Grec a une dette envers les Lyonnais et il aurait assassiné le juge pour la combler. L'un des informateurs de la police lyonnaise suggère également une piste plus politique. Elle est écartée.

Six mois après la mort du juge, Roger Chaix, le nouveau préfet de police de Lyon, prononce un discours et, sans doute pressé par les journalistes, lâche une phrase lourde de conséquences : « La police peut très bien connaître les noms des coupables du crime mais ne disposer d'aucun moyen de les confondre. » Edmond

Vidal réagit par l'intermédiaire de son avocat, en s'en prenant au préfet : « Actuellement une information judiciaire est en cours. Il est clair que par de telles déclarations et accusations sans fondements, le préfet de police tente d'une part de faire pression sur la justice et d'intoxiquer les futurs jurés de notre procès, et d'autre part de faire oublier ses échecs répétés et ceux de ses services. Nous sommes des boucs émissaires. » Quelques jours après la déclaration du préfet, *Le Progrès* de Lyon, relayé par la presse nationale, cite Jean-Pierre Marin et Michel Lamouret comme les principaux suspects de l'assassinat. Les deux accusés bondissent et prennent leurs dispositions. Michel Lamouret donne une interview, le visage caché : « J'affirme que je ne suis pour rien dans cette affaire. J'ai l'impression que la police a voulu voir nos réactions : ce qu'on faisait, si on disparaissait de la circulation, si (…) on allait se manifester d'une façon ou d'une autre. Mais comme nous n'avons rien à nous reprocher, nous sommes là. Nous avons un passé judiciaire, quelques condamnations. De là à assassiner un juge, ça fait deux. Surtout que je n'ai jamais eu affaire à lui dans aucun dossier. »

L'enquête sur l'assassinat du juge continue de s'engluer. D'autant qu'elle entre maintenant en collision avec un autre fait divers qui secoue la ville depuis quelques semaines.

L'enlèvement du petit Mérieux

Le 9 décembre 1975, un petit garçon de neuf ans, du nom de Christophe Mérieux, est enlevé sur le chemin de l'école. Les kidnappeurs réclament 20 millions de francs. Les Mérieux sont une grande et riche famille lyonnaise. Jacques Chirac en est un ami. Il insiste pour que l'affaire soit réglée en coulisse. C'est donc Alain Mérieux, père de l'enfant, qui remet la rançon aux malfaiteurs. Il récupère son fils. L'enquête repose essentiellement sur les enregistrements des appels entre les ravisseurs et la famille, sur lesquels les policiers reconnaissent une voix singulière : celle d'un ancien voyou du gang des Lyonnais du nom de Louis Guillaud, dit la « Carpe ». Les policiers remontent la piste et découvrent dans son appartement les empreintes de son complice : Jean-Pierre Marin. L'affaire Mérieux rencontre ainsi l'affaire Renaud.

Louis Guillaud est arrêté, Marin sent que l'étau se resserre. Le 9 mars 1976, les policiers veulent l'arrêter dans une maison des environs de Lyon, chez des amis, où il a trouvé refuge. Prévenu de leur présence, Jean-Pierre Marin monte dans sa DS, roule à vive allure. Il percute un véhicule de la police et sort. Selon les policiers, Marin serait sorti de sa voiture, l'arme à la main, avant d'être abattu sur-le-champ. Il n'est pas sûr que les enquêtes sur l'enlèvement de Christophe Mérieux et surtout sur l'assassinat du juge Renaud aient eu à y gagner. L'audition de Jean-Pierre Marin aurait probablement permis de remonter aux commanditaires du crime. Marin, tué l'arme au poing sur un chemin de terre de Champagne-au-Mont-d'Or, était un suspect. Ce n'était pas encore un coupable. Son arrestation manquée fut considérée par beaucoup d'observateurs de ce « milieu » lyonnais comme une exécution pure et simple…

Le temps des polémiques et de l'enlisement

Au cours de leur procès en 1977, les membres du gang des Lyonnais font une série de révélations où l'on reparle du Service d'action civique, le SAC, et de malversations politico-financières présumées – l'hypothèse initiale du juge Renaud. Dans les années quatre-vingt, la piste d'un assassinat politique est aussi reprise par la famille du magistrat.

En 1988, devant la menace d'un non-lieu, Francis, le fils, confie le dossier à l'avocat Jacques Vergès qui déclare : « On a beaucoup parlé des cravates du juge Renaud, de ses virées nocturnes, de sa vie privée, pour masquer le sens véritable de ce que j'appellerais son sacrifice. Le juge Renaud était un homme comme tous les hommes, il avait des qualités et des défauts. Il avait déclaré avant sa mort, à ses plus proches, qu'il s'occupait d'un dossier très important : "le hold-up de la poste de Strasbourg", et il ajoutait que peut-être cela lui coûterait la vie parce qu'il touchait à un interdit. » Quel interdit ? « Le financement des partis politiques. »

Mais aucun élément nouveau ne vient étayer cette thèse, et le 17 septembre 1992, le juge d'instruction Georges Fenech, sixième magistrat enquêteur sur cette affaire, conclut à un non-lieu.

La piste du financement politique, l'indicible hypothèse

Vingt ans d'enquête n'auront pas réussi à établir la vérité. Le 25 décembre 2008, Louis Guillaud, dit la « Carpe », interpellé après l'enlèvement du petit

Mérieux, se suicide. Il laisse derrière lui un enregistrement dans lequel il raconte toute sa carrière dans le milieu. À propos de l'assassinat du juge Renaud, il reconnaît avoir fait partie de l'équipe des assassins, ce qui n'avait jamais été envisagé. Il confirme que Jean-Pierre Marin, malgré ses dénégations, en est le principal instigateur, mais qu'il n'y a aucun lien avec le gang des Lyonnais. De nombreux éléments de ce récit posthume n'avaient jamais été rendus publics par la police. Au bout du compte, le crime serait le seul fait de Marin qui nourrissait une haine farouche à l'égard du juge, sans qu'on en connaisse la raison précise. Ironie du sort, cette « confession » tardive provient d'un homme surnommé la « Carpe » pour son légendaire mutisme ! Mais si les gros poissons n'avaient jamais été démasqués ? Si la mort de Jean-Pierre Marin sous les balles de la police avait à jamais coupé le fil de la vérité ? Si le mobile politique avait délibérement été écarté ? Aujourd'hui, cette hypothèse frustrante et injuste demeure la plus probable, l'assassinat du juge Renaud restant sans explication ni coupable à ce jour.

Témoignage : Georges Fenech,

magistrat et député UMP du Rhône, nommé juge d'instruction à Lyon en 1984, responsable de l'ordonnance de non-lieu dans l'affaire du juge Renaud en 1992, qui a clôturé vingt ans d'enquête. En 2005, il publie *Un juge en colère, en finir avec le juge d'instruction*, plaidoyer pour une réforme du système judiciaire français dont la suppression du magistrat enquêteur

« J'ai signé ce non-lieu la mort dans l'âme. Mais c'était, au nom de l'institution judiciaire, l'honnêteté de reconnaître

que nous avions échoué. Il ne servait plus à rien, après tant d'années d'investigations de continuer à faire vivre artificiellement le dossier. Quand j'ai récupéré cette affaire en 1984, j'étais le sixième juge. Et la première des choses que j'ai faites (...) a été de convoquer le commissaire directeur du SRPJ[1] de Lyon, M. Richardot, pour lui dire : "Voilà, j'ai ce dossier mythique si j'ose dire – l'assassinat de François Renaud –, quelles sont les investigations ? Est-ce que vous poursuivez votre travail ?" Et là, j'ai été très surpris qu'il me réponde que pour lui, il s'agissait du dossier numéro un. Donc neuf ans après, la PJ qui vouait une profonde admiration à ce magistrat (...) n'avait jamais baissé les bras. J'ai repris l'enquête et pendant neuf ans j'ai déployé un maximum de moyens. J'ai fouillé la piste du financement occulte de partis politiques. Je n'ai rien trouvé. J'ai cru à un certain moment pouvoir transformer en vérité judiciaire ce qui n'était qu'une vérité policière, non démontrée, mais je dois reconnaître que j'ai échoué, comme mes cinq collègues précédents. Je n'ai pu matérialiser de preuves contre quiconque même si j'avais d'intimes convictions – que j'ai toujours. Cette affaire est restée un échec. Voilà pourquoi j'ai préféré signer un accord avec le parquet de Lyon et le parquet général : un non-lieu qui a fait l'objet d'un appel et qui a été confirmé par la chambre d'accusation.
Qu'est-ce qui peut expliquer qu'on n'ait jamais réussi à trouver et prouver l'identité du ou des coupables ? Peut-être les méthodes. (...) Peut-être que la police lyonnaise qui, à l'époque, travaillait à l'ancienne avec des indicateurs, s'est trop fiée à ces informations et peut-être qu'on a négligé des actes essentiels de l'enquête : les constatations matérielles, les recherches d'empreintes

1. Service régional de police judiciaire.

ou de véhicules, comme cette moto qui n'a jamais été retrouvée et qui a servi à voler une voiture qui était celle des assassins... Je crois qu'on a péché par certitude au départ, alors qu'il aurait fallu mener une enquête de fourmi. (...)
Je connais bien le fils du juge Renaud, j'étais interne avec lui dans un lycée à Vienne. On était des adolescents, il me parlait de son père, de son travail de magistrat, de son mode de vie... Il était très admiratif. Je n'ai pas du tout le souvenir qu'il ait eu conscience d'un danger. Quand j'ai appris l'assassinat du juge, ça a provoqué un choc terrible pour l'étudiant en droit que j'étais et peut-être suscité une vocation chez moi. C'est en grande partie à cause de cette atteinte à la démocratie – le meurtre d'un juge dans l'exercice de ses fonctions – que je suis entré dans la magistrature. Et le hasard a fait que je me suis retrouvé à instruire cette affaire qui a traumatisé les Lyonnais. J'ai interpellé tous les gardes des Sceaux successifs, en tant que juge puis parlementaire, pour leur demander pourquoi François Renaud (...) n'a pas été cité à l'ordre de la Nation à titre posthume. On l'a fait pour le juge Michel. Je n'ai jamais eu de réponse. C'est une double injustice. D'abord parce qu'on n'a pas identifié ses assassins et puis parce qu'on n'a pas reconnu les mérites de ce magistrat au nom de la nation française. L'affaire est classée, il y a prescription maintenant. Et si aujourd'hui un des auteurs venait s'accuser, il ne risquerait plus rien devant la justice. D'ailleurs, je vais m'atteler en tant que parlementaire, avec mon ami et collègue Alain Touret, à remettre à plat tous les systèmes de prescription afin d'en allonger le délai pour permettre à des crimes graves de pouvoir être instruits plus longtemps. J'ai été pendant dix ans juge d'instruction, je parle en connaissance de cause, et cette fonction ne correspond plus aux temps

modernes. (...) Dans tous les pays en Europe, sauf en France, en Espagne et en Belgique, on l'a supprimée. La difficulté, c'est qu'en tant que juge d'instruction, on est à la fois Salomon et Maigret – comme le disait Robert Badinter –, à la fois le juge et le commissaire. On dirige l'enquête et on prend des décisions juridictionnelles. C'est une fonction hybride qui pose des difficultés. (...) Je suis pour un système plus accusatoire, avec des enquêtes menées par des procureurs et des parquets autonomes qui dirigent la police ainsi qu'un superjuge de l'instruction qui intervient quand il y a des atteintes à la liberté individuelle, que ce soit une détention provisoire ou une écoute téléphonique... Je souhaite un système plus équilibré, avec un juge arbitre et non pas un juge solitaire exposé jusque dans sa propre vie. On le voit à travers l'affaire du juge Renaud : il incarne une enquête, alors qu'il devrait demeurer au-dessus des investigations pour prendre des décisions proprement juridictionnelles. (...) J'ai fait partie de la commission d'enquête d'Outreau. On a bien perçu les failles de ce système qui installe un homme seul à la tête de l'instruction, en l'occurrence le juge Fabrice Burgaud. Ça peut arriver à n'importe qui. Ça aurait pu m'arriver. On pourrait citer l'affaire Grégory également avec le juge Lambert ou le juge Pascal qui avaient instruit l'affaire de Bruay-en-Artois. À chaque fois, on focalise sur la personne parce que cette fonction est trop incarnée. »

1973-1981

Romain Gary-Émile Ajar
La plume sous le masque

L'affaire Romain Gary-Émile Ajar constitue l'une des mystifications les plus spectaculaires de notre histoire littéraire. Cet épisode dure presque une dizaine d'années et débouche sur l'attribution de deux prix Goncourt pour le même écrivain, Romain Gary : la première fois en 1956, sous son nom courant, pour *Les Racines du ciel*, la seconde fois en 1975, sous le pseudonyme d'Émile Ajar, pour *La Vie devant soi*. Pendant tout ce temps, cet écrivain à succès s'est joué du petit monde littéraire français en inventant un jeune auteur fictif, Émile Ajar, à qui il a été jusqu'à donner un corps et un visage, puisqu'il a demandé à un petit-neveu, Paul Pavlowitch, de l'incarner sur la place publique. Il faut attendre 1981, un an après la mort de Romain Gary, pour que le subterfuge soit dévoilé, par Paul Pavlowitch lui-même, dans l'émission *Apostrophes* de Bernard Pivot.

Comment un auteur aussi connu et aussi lu que Romain Gary a-t-il pu berner le monde littéraire pendant si longtemps ? Comment Paul Pavlowitch, ce petit-neveu de province, a-t-il réussi à tenir ce rôle imaginé par son oncle ? Qui était réellement au courant ? Et quelles étaient les intentions de Romain Gary, personnage complexe ?

LES PROTAGONISTES

Romain Gary, nom de naissance : Romain Kacew, pseudonyme : Émile Ajar, 1914-1980, écrivain à succès, deux fois Prix Goncourt
Paul Pavlowitch, petit-neveu de Romain Gary, incarnation pour le public du pseudonyme Émile Ajar
Jean Seberg et Diego Gary, épouse et fils de Romain Gary
Pierre Michaut, ami de Romain Gary, complice du secret
Robert Gallimard, éditeur de Romain Gary aux éditions Gallimard
Simone Gallimard, éditrice d'Émile Ajar au Mercure de France
Bernard Pivot, animateur à l'époque des émissions culturelles *Ouvrez les guillemets* (1973-1974) sur l'ORTF et *Apostrophes* (1975-1990) sur Antenne 2

Phœnix

Le 6 décembre 1980, à part quelques proches, personne ne sait que l'on enterre non pas un mais deux écrivains, deux Prix Goncourt, deux œuvres rédigées sous une même plume. Sous la voûte des Invalides, c'est à Romain Kacew qu'on rend hommage, cet enfant juif de Lituanie, arrivé adolescent à Nice, qui a pris le nom de Romain Gary sous l'uniforme des Français libres. Depuis l'obtention de son Goncourt pour *Les*

Racines du ciel en 1956, Romain Gary est devenu un homme public. Dans ses interviews, on l'interroge sur ses années militaires en tant qu'aviateur puis en tant que diplomate au service de la France en Bulgarie, aux États-Unis ou en Amérique latine. Mais surtout, on étudie, on épluche, on analyse ses écrits, ses pièces de théâtre ou ses dialogues de films. On suit ses amours, en particulier depuis qu'il a rencontré Jean Seberg, une jeune actrice qui vient de crever l'écran dans *À bout de souffle* de Jean-Luc Godard. Le 16 octobre 1963, Romain et Jean se disent « oui » secrètement en Corse. Elle a vingt-deux ans. Lui, quarante-six. Ils viennent d'avoir un fils : Diego. Pendant une décennie, Romain Gary publie un roman presque tous les ans. Mais cette vie que l'on peut suivre dans les journaux est pour notre auteur bien éloignée de la réalité. Il ne se reconnaît pas dans les portraits que la presse fait de lui. Et il se dit « lassé de cette gueule » (*sic*) dont il est prisonnier.

C'est dans ce contexte que l'écrivain imagine, en 1973, signer son nouveau roman sous le nom d'Émile Ajar, afin de revivre l'expérience d'un premier texte, de premières critiques, de connaître à nouveau la vie d'un jeune auteur inconnu, comme il le raconte dans le manuscrit *Vie et mort d'Émile Ajar* qu'il remet à son éditeur juste avant son suicide en 1980 : « Ce fut seulement après avoir terminé *Gros-Câlin* que je pris la décision de publier le livre sous un pseudonyme, à l'insu de l'éditeur. Je sentais qu'il y avait une incompatibilité entre la notoriété, les poids et mesures selon lesquels on jugeait mon œuvre, la gueule qu'on m'avait faite et la nature même du livre (…) Il y avait surtout la nostalgie de la jeunesse, du début, du premier livre, du recommencement. Recommencer, revivre, être un autre fut la grande tentation de mon existence. Je lisais au dos de mes bouquins "plusieurs vies bien remplies, aviateur, diplomate, écrivain". Rien, zéro, des brindilles au vent, et le goût absolu de mes lèvres. Toutes mes vies officielles, en quelque sorte, répertoriées, étaient doublées, triplées par bien d'autres, plus secrètes. (…) La vérité est que j'ai été très profondément atteint par la plus vieille tentation protéenne de l'homme : celle de la multiplicité… »

Les premiers pas d'Émile Ajar

En 1973, le manuscrit *Gros-Câlin* est présenté à Robert Gallimard par Pierre Michaut, comme étant celui « d'un jeune errant rencontré à Rio, ayant eu maille à partir avec la justice » et qui ne peut « remettre les pieds en France », accompagné d'une lettre manuscrite signée « Émile Ajar ». Puis dans la foulée, Robert reçoit une invitation à déjeuner de la part de Romain Gary pour le lendemain. Ils sont amis depuis de nombreuses années, cela n'a rien d'étonnant. Sauf que, une fois dans le restaurant, Robert Gallimard repère la présence de Pierre Michaut aux côtés de Romain. Il devine aussitôt le stratagème : le mystérieux manuscrit signé Émile Ajar est un roman de Romain. Pourquoi alors lui envoyer un manuscrit signé d'un pseudonyme s'il lui révèle la supercherie aussi vite ? Romain Gary a sans doute mis son ami dans la confidence pour que l'ouvrage ait toutes les chances d'être publié.

Robert Gallimard accepte d'endosser le rôle du confident silencieux, mais sa participation s'arrêtera là. De son côté, Pierre Michaut continue de jouer le représentant des intérêts d'Émile Ajar en France auprès des éditeurs. Robert Gallimard promet de ne pas influencer le comité de lecture de la maison et il tient si bien parole que le manuscrit *Gros-Câlin* est refusé. Toutefois, pour éviter que ce premier roman ne file chez la concurrence, Robert Gallimard l'envoie à sa cousine Simone, directrice du Mercure de France – une filiale à part entière des éditions Gallimard. Après quelques échanges, le livre est accepté et sa publication lancée.

Dès sa sortie en 1974, ce roman se fait remarquer, tout autant que l'absence de biographie de l'auteur. Forcément, dans le monde des critiques, on s'interroge, comme lors de l'émission de Bernard Pivot, *Ouvrez les guillemets*. L'animateur s'étonne ou feint de s'étonner : « Émile Ajar ? Ajar ? Qui est-ce ? Qui est Ajar ? On ne sait pas. C'est un auteur mystérieux, un romancier dont (...) on nous dit qu'il habite l'Amérique du Sud, qu'il a envoyé son manuscrit comme ça. Pourquoi n'est-il pas allé l'apporter lui-même ? Pourquoi n'a-t-on pas vu de photographies d'Émile Ajar ? Mystère complet. » C'est le premier acte de cette pièce littéraire imaginée par Romain Gary. Personne n'a reconnu sa plume. Le masque est de bonne qualité. Et pour ne pas lever les soupçons, Romain Gary, la « gueule officielle », continue de parader en présentant son dernier ouvrage intitulé : *La nuit sera calme*. Romain Gary et Émile Ajar, pur fantôme de papier, cohabitent ainsi dans les librairies.

Après ce succès, il serait dommage de clore la pièce dès le premier acte. Romain Gary continue. Avec sa secrétaire, Martine Carré, mise dans la confidence, il organise ses deux vies littéraires. Le matin est dédié à l'une, l'après-midi à l'autre. Et en 1975, il publie *Au-delà de cette limite votre ticket n'est plus valable* sous le nom de Gary et *La Vie devant soi* sous celui d'Ajar.

L'accueil n'est pas le même pour les deux livres. Le dernier ouvrage de Gary fait peu d'éclat – il reste une valeur sûre mais n'apporte rien de nouveau –, tandis que celui d'Ajar fait mouche et agite la critique. Romain Gary décide alors, à l'occasion d'une interview pour le journal *Le Monde*, de donner un visage à son auteur fictif.

« Il me semblait aussi que si Émile Ajar se laissait entrevoir brièvement, en chair et en os, avant de s'évanouir à nous dans le mystère, je relancerais le mythe. (…) Je demandai donc à Paul Pavlowitch, qui avait la gueule qu'il fallait, d'assumer brièvement le personnage avant de disparaître, en donnant une biographie fictive et en gardant le plus strict incognito. »

C'est ainsi que Paul Pavlowitch entre en scène. Il est le fils d'une cousine de Romain. En 1975, il a trente-trois ans. Il aime lire et, bien qu'il n'ait jamais écrit un seul roman, il accepte de jouer le jeu. Avec Romain, ils décident de donner rendez-vous à Yvonne Baby, journaliste au *Monde*, à Copenhague. Pourquoi Copenhague ? Car Paul y a vécu pendant quelques mois et qu'il lui sera facile d'y jouer la comédie. Deux jours après son arrivée dans la capitale danoise, avec sa femme qui a accepté de participer à la supercherie, une invitée inattendue débarque : Simone Gallimard, l'éditrice d'Émile Ajar, qui a entendu parler de ce rendez-vous secret. C'est la première fois que Paul fait face et joue la comédie, plutôt bien d'ailleurs. Simone rentre à Paris. Juste avant, Yvonne Baby fait l'interview et c'est un scoop retentissant dans le monde littéraire.

À la découverte du papier, Romain Gary est un peu surpris de certaines réponses de Paul. Son neveu n'a pas suivi scrupuleusement ses indications. Il s'est pris au jeu en racontant des événements de sa propre vie. Pire, il a donné une vieille photo de lui à la journaliste ! C'était le risque, le personnage d'Émile Ajar vient d'échapper au contrôle de Romain. Il y a du « Frankenstein » dans cette histoire. Paul vient de sceller, avec ou sans malice, l'union entre les deux hommes. Romain ne peut plus changer de partenaire, il n'y aura pas de remplaçant.

La traque

Dans la vie littéraire, la fin de l'année correspond à la saison des prix. En 1975, *La Vie devant soi* d'Émile Ajar est présenté comme le grand favori du Goncourt qui sera décerné le 17 novembre. Romain Gary a déjà connu la joie de recevoir le prix, ce qui l'empêche d'être de nouveau sélectionné. Mais on déclare dans la presse le sacre possible d'Émile Ajar. Romain décide de ne pas intervenir, la farce est sur le point de trouver son aboutissement. Et le jour dit, alors que dans les bureaux du Mercure de France, Simone Gallimard attend le résultat sous les caméras, Armand Lanoux coupe court au brouhaha des journalistes. Il annonce que « le prix Goncourt 1975 a été attribué au huitième tour à M. Émile Ajar pour son roman intitulé *La Vie devant soi* ».

Françoise Mallet-Joris, membre de l'académie commente : « On n'a pas à s'occuper de savoir si c'est un inconnu. Si on commence à s'occuper des opinions, du passé, du futur de la personne, on oublie l'œuvre. » Chez Drouant, le restaurant où se réunissent les jurés du Goncourt, les académiciens viennent de couronner Émile Ajar, le plus célèbre auteur inconnu. Derrière le rideau de son appartement rue du Bac, Romain Gary s'amuse. Il est honoré bien sûr d'être récompensé une seconde fois. Mais il refuse d'imaginer la scène de la réception du Goncourt par son neveu Paul. L'avocate officielle d'Émile Ajar, Gisèle Halimi, publie un communiqué pour révéler le choix de son client : il refuse le prix. Une bombe ! Pour Simone Gallimard, la directrice du Mercure, c'est l'incompréhension : « J'ai eu Émile Ajar mardi midi au téléphone, il m'a appelée pour me dire qu'il était très content du travail du Mercure et de la courtoisie de la presse à son égard. Je n'ai depuis aucune nouvelle et rien ne peut me faire affirmer qu'il n'a pas été l'objet d'une supercherie. Maître Halimi peut-être elle-même a-t-elle été mystifiée ? » La confusion entre la biographie de Paul et celle d'Ajar et la diffusion de la photographie ont ouvert la boîte de Pandore.

Depuis l'interview de Copenhague, Gary a peur d'être découvert. Mais un auteur qui refuse le Goncourt, c'est la traque médiatique assurée et de fait, la presse se lance aux trousses d'Émile Ajar à travers toute la France. On veut rencontrer cet écrivain mystérieux et comprendre les raisons de son refus. Le journal *Le Point* débusque une adresse dans le Lot, et le journaliste Alain Pétré décroche l'interview exclusive de l'épouse de Paul Pavlowitch pour France Inter : « Je ne sais pas où il est, je n'arrive pas à le joindre, il n'a pas pu aller dans notre appartement à Paris parce que les journalistes l'attendent. Et je suis ici avec ma fille sans nouvelles. Je ne sais pas ce qu'il fait. C'est très désagréable. Il n'aime surtout pas la foule. La seule chose que je voudrais vous dire, puisque vous êtes venus de Paris pour ça, c'est que mon mari ne veut absolument pas de publicité, croyez-moi. Ce n'est pas la raison pour laquelle il a refusé le Goncourt. (…) C'est parce qu'il est dépassé par les événements. » Son « vrai » nom divulgué – Pavlowitch – les journalistes découvrent qu'il a des liens de parenté avec Romain Gary. Et ils dénichent une autre adresse dans la capitale qui correspond à ce nom. Elle est située rue du Bac, dans le même immeuble que celui où vit Romain Gary ! Tiens donc. Le 21 novembre 1975, une horde de journalistes débarque. Romain Gary se trouve dans son appartement. La sonnette retentit. Est-ce la fin de la duperie ? Oui et non. Après une hésitation, l'écrivain décide de rentrer sur scène pour jouer son propre rôle, celui de l'oncle de Paul Pavlowitch, alias Émile Ajar. Il ouvre la porte de son appartement et répond aux journalistes. « Émile Ajar ne peut pas supporter la dépersonnalisation par un excès de notoriété. C'est un garçon d'une extrême gentillesse et d'une extrême douceur, le plus gentil qu'on puisse imaginer. Ce qu'on appelle un marginal. Je pense que c'est un sentimental, (…) qu'il a eu probablement l'impression de poignarder son éditeur dans le dos. Il a paniqué et décidé de refuser. Tout ce que je voudrais, c'est qu'il continue à écrire. »

Faire face aux soupçons

À partir de l'annonce de l'identité de Paul Pavlowitch, le mythe Ajar est fragilisé. Alors Romain Gary tente d'imaginer un nouveau stratagème, une pirouette pour écarter les pistes qui amèneraient un journaliste à lier les deux œuvres, sait-on jamais.

« Quand le personnage mythologique auquel je tenais tant cessait d'exister pour devenir Paul Pavlowitch, écrit Romain Gary dans *Vie et mort d'Émile Ajar*, son identification fut facile et notre lien de parenté révélé. Je me défendis comme un beau diable, multipliai les démentis, jouai à fond le droit que j'avais de conserver son anonymat et réussis à convaincre tout ce monde d'autant plus facilement qu'on m'avait assez vu et qu'on avait besoin de nouveauté. Pour mieux me protéger, j'inventai [avec le livre] *Pseudo* un Paul Pavlowitch autobiographique. »

Après deux ans de double existence et l'obtention d'un second Goncourt, Romain Gary ne veut toujours pas lever le voile sur cette mascarade. De plus, il vient de faire signer par Paul Pavlowitch un contrat pour cinq livres d'Émile Ajar avec la maison Mercure. Il faut bien l'honorer. En 1976, Gary s'attelle donc à l'écriture d'un nouveau livre d'Ajar qu'il intitule *Pseudo*, histoire de brouiller les pistes un peu plus encore. Il y mélange des éléments de la vraie vie de Paul à celle imaginaire d'Émile. Romain Gary fait coup double. Il poursuit ainsi la construction du mythe Ajar en éloignant les indices qui pourraient l'amener à être découvert. En 1976, la sortie de ce nouveau roman est encore une fois saluée par la critique. La pièce continue.

Une vie à trois

Si la vie de Romain Gary et d'Émile Ajar se poursuit sans éclat, les relations avec Paul se complexifient. En 1973, Romain Gary s'est protégé en demandant aux différents complices de la supercherie de signer des documents prouvant qu'Émile Ajar n'était autre que lui-même. Et en échange de 40 % des droits d'auteur des ouvrages écrits sous ce pseudonyme, Paul Pavlowitch doit garder le silence.

Mais Paul a mis en avant sa famille, sa vie sociale, il s'est pris au jeu et ne veut plus que Romain abandonne son avatar ; sauf qu'après le quatrième livre d'Émile Ajar, *L'Angoisse du roi Salomon* publié en février 1979, Romain Gary délaisse un peu ce faux auteur qui est désormais aussi reconnu que lui. En outre, Romain a l'esprit ailleurs, près de son fils et de sa femme Jean Seberg qui est tombée dans une terrible dépression. À plusieurs reprises, elle a été hospitalisée dans des établissements psychiatriques. Elle meurt un soir d'été 1979 sans avoir jamais révélé le secret de la double identité de son mari. La vie fictive d'Émile Ajar est maintenant bien loin des préoccupations de Romain Gary qui consacre presque tout son temps à son fils Diego. Aucun ouvrage signé sous ce pseudonyme ne sera plus jamais publié.

Âgé bientôt de soixante-six ans, si l'écrivain pense souvent à la mort, elle ne l'a jamais effrayé. Au micro de Jacques Chancel, en 1975 déjà, il en parle avec recul et liberté, voire insouciance : « La mort c'est une récompense. (…) Je m'anime dès que vous parlez de la mort, je me sens chez moi. J'ai de très bons rapports avec la vie et d'excellents avec la mort. La mort est une des choses les plus calomniées dans le grand dictionnaire et l'encyclopédie de l'humanité. Ce qui est affreux (…) ce n'est pas la mort, c'est la façon dont on s'y prend pour vous faire mourir. Car la mort aujourd'hui, ce sont les autres hommes qui vous l'infligent, même les médecins dans les hôpitaux, les tortures, le prolongement inutile. Les médecins devraient le dire aux malades que l'euthanasie n'est pas là pour les chiens. Voilà une question individuelle. Pour un homme qui n'est plus que de la barbaque, un homme qui ne peut pas être sauvé, un tissu de souffrances, prolonger son ticket au-delà de toute limite, c'est un manque de charité et d'humanisme absolument outrageant. Et c'est là que l'on transforme l'homme en un chien. »

Le dernier jour de sa vie, Romain Gary déjeune avec son éditeur Claude Gallimard au restaurant Le Récamier à Paris. Après le déjeuner, il rentre chez lui rue du Bac. Son fils Diego est absent. Il passe un dernier coup de téléphone à une amie. Puis il entre dans sa chambre, ferme les persiennes et tire les doubles-rideaux. Il va chercher son revolver Smith & Wesson, calibre 38. Il se déshabille, garde juste ses sous-vêtements et sa chemise bleue, dépose une lettre puis se couche. Il rabat la couverture et se tire une balle dans la bouche. Son corps est retrouvé le soir même. Sur la lettre déposée près de son lit, on peut lire : « Jour J : Aucun rapport avec Jean Seberg. Les fervents du cœur brisé sont priés de s'adresser ailleurs. (..) Alors pourquoi ? Peut-être faut-il chercher la réponse dans le titre de mon ouvrage autobiographique *La nuit sera calme* et dans les derniers mots de mon dernier roman : "Car on ne saurait mieux dire." Je me suis enfin exprimé entièrement. »

À bout de souffle

Six mois après la mort de Romain Gary, on annonce dans la presse la sortie d'un nouveau livre de Paul Pavlowitch. C'est la première fois qu'il publie sous ce nom, lui que tout le monde connaissait sous celui d'Émile Ajar. Le mardi 30 juin 1981, la nouvelle tombe. La presse commente : « En matière de facétie littéraire, on se croyait blasé, on se trompait. Le coup d'Émile Ajar est l'une des plus grosses mystifications de l'histoire des lettres françaises. Maintenant vous connaissez le pot aux roses. Derrière le pseudonyme d'Émile Ajar, Prix Goncourt 1975, se cachait l'écrivain Romain Gary, Prix Goncourt 1956. Et c'est le neveu de Romain Gary, Paul Pavlowitch qui a décidé de vendre la mèche. "Vendre" est bien le mot puisque Pavlowitch fait ses révélations dans un livre qui sort en librairie aujourd'hui : *L'homme que l'on croyait*. Il y a donc derrière l'affaire Ajar un arrière-goût de publicité. Ça ne plaît pas du tout au fils de Romain Gary, Diego, qui reproche à Paul Pavlowitch d'avoir divulgué le secret pour mieux vendre son nouveau bouquin. » C'est le dernier acte de cette pièce littéraire, la fin de l'affaire. Romain Gary était donc Émile Ajar.

Le 3 juillet 1981, Paul raconte tout, en direct, sur le plateau de l'émission *Apostrophes* de Bernard Pivot : « Quand Romain s'est donné la mort, je me suis dit (...) que c'était catastrophique. Je n'ai pas pensé à Ajar dont je me suis toujours fichu. (...) Je crois qu'Émile Ajar était devenu une combine infernale, métaphysique, une erreur, qui nous a dressés l'un contre l'autre (...) Romain n'était pas toujours au mieux (...) de ce qu'il pouvait être. Et moi non plus bien entendu. » Le lendemain de l'émission, Paul Pavlowitch s'échappe de nouveau, refuse les interviews.

La pirouette littéraire de Romain Gary entre dans le panthéon des plus grandes histoires littéraires. L'affaire Gary-Ajar aura duré environ huit ans, de la publication de *Gros-Câlin* sous le nom d'Émile Ajar en 1974 à celle de *Vie et mort d'Émile Ajar*, signé Romain Gary en 1981. Dans cet ouvrage posthume, Romain Gary conclut sur les moments comiques de cette facétie : « Les échos me parvenaient des dîners dans le monde où l'on plaignait ce pauvre Romain Gary qui devait se sentir un peu triste, un peu jaloux de la montée météorique de son neveu Émile Ajar au firmament littéraire, alors que lui-même avait avoué son déclin dans *Au-delà de cette limite votre ticket n'est plus valable*. Je me suis bien amusé. Au revoir et merci. »

Témoignage : Bernard Pivot,
animateur à l'époque de l'émission *Apostrophes* sur Antenne 2, dont celle du 3 juillet 1981 avec Paul Pavlowitch

« Je dois vous faire un aveu : ne pas avoir organisé un entretien en tête à tête avec Romain Gary est l'un des grands regrets de ma vie professionnelle. Quelque temps après sa mort, je me suis demandé pourquoi je n'y avais pas pensé. Je l'avais refusé à *Apostrophe* pour son livre *Au-delà de cette limite votre ticket n'est plus valable*. Mais je ne sais pas pourquoi, car c'était un écrivain majeur, extraordinaire dans ce qu'il avait à raconter autant que dans sa manière de parler. Il y a quand même une chose qu'on aurait pu découvrir avant : Gary, son premier pseudonyme, veut dire "brûle" en russe, et Ajar signifie "braises". C'est incroyable que personne n'ait fait le rapprochement, que des gens qui connaissent la langue russe n'y aient pas pensé !
J'ai appris la supercherie Émile Ajar un jeudi je crois. J'ai reçu un coup de téléphone de Paul Pavlowitch qui m'invitait à venir boire un café chez lui. Évidemment, j'étais très intrigué parce que jamais aucun n'écrivain ne m'appelle pour me proposer d'aller boire un café ou manger. Il habitait près des Halles. Il était 11 heures du matin. Il m'a dit : "Asseyez-vous, je vais vous révéler

une chose qui va beaucoup vous étonner. Voilà, je suis Paul Pavlowitch, mais je n'ai jamais été Émile Ajar. Tous les livres écrits par Émile Ajar ont été écrits en vérité par Romain Gary. Et je vais publier un ouvrage dans quinze jours dans lequel je raconte toutes ces supercheries extraordinaires." Je suis tombé des nues. C'était complètement extravagant. Déjà, j'imaginais l'émission. Bien entendu il m'a donné les bonnes feuilles du livre, les épreuves. Ce qui était difficile pour moi, c'était de tenir le secret pendant au moins quinze jours. C'était long ! Je ne l'ai même pas dit à mes collaborateurs, ni à mon assistante. Le mystère a été levé trois ou quatre jours avant l'émission. Ça a été un des grands moments de l'histoire d'*Apostrophes* (...) qui avait lieu en direct. Vous imaginez l'émotion ! J'avais sur mon plateau Paul Pavlowitch (...) un imposteur qui vient à la télévision dire : "Vous avez cru que j'étais Émile Ajar. Pas du tout. Les œuvres sont écrites par Romain Gary." Il a été extraordinaire. C'est tout de même un terrible aveu. J'ai trouvé qu'il avait une dignité, une sincérité, une authenticité remarquables.
Il a dû gagner de l'argent puisqu'il touchait 40 % des droits d'auteur. Mais il a été victime, d'une certaine manière, des manœuvres de son oncle célèbre. Il faut rappeler qu'il y avait aussi dans l'émission François Bondy, directeur de la revue *Preuve*, ami d'enfance de Romain Gary, et Gérard Mandel, un psychanalyste. Parce que tout cela relève de la psychanalyse. Et j'avais invité Michel Tournier, car je pensais qu'il était de ces grands écrivains qui avaient peut-être eu aussi envie de changer de peau, de nom, de renaître littérairement comme Romain Gary. Son témoignage m'intéressait. Prendre l'identité d'un nouvel écrivain, publier, rajeunir, redécouvrir les joies du premier livre, c'est ce que Gary avait envie de voir. Un écrivain

un peu oublié – et c'est dommage –, membre du comité de lecture de Gallimard, m'avait confié un jour : "Quand j'ai fini un livre, je le donne à Gallimard et ils l'envoient directement à l'imprimerie. Personne ne le lit, il revient, et je ne reçois aucun avis. Et puis je sais ensuite que dans la presse, ce sera toujours le même critique, dans *Le Monde* ou au *Figaro*, qui va rendre compte de mon texte. Donc il y avait une sorte de lassitude, de déception. Je pense que Romain Gary était devant le même syndrome, ce syndrome de 'à quoi bon de nouveau répéter la même chose ? Mon livre va être accueilli de la même façon.'"
L'écrivain est un phœnix, il veut toujours renaître de sa plume. Je crois que Gary est absolument sincère dans son explication. Son histoire a réussi au-delà de tout ce qu'il avait imaginé. On oublie d'ailleurs autre chose : Simone Gallimard, son éditrice, n'était pas au courant. Elle a découvert comme tout le monde, et même après moi, que son fabuleux auteur, son Goncourt, était un mystificateur. Rappelons même que par reconnaissance et par admiration pour Pavlowitch qu'elle croyait être Ajar, elle avait nommé celui-ci directeur littéraire des éditions du Mercure de France. Pendant un certain nombre de mois, Paul recevait les auteurs, les écrivains de la maison et leur disait : "Votre manuscrit est bien ici, mais là il est moins bien, il faudrait reprendre ceci, reprendre cela." Il s'était glissé dans la peau d'un directeur littéraire. Une autre mystification !
Cette histoire est à la fois une comédie, puisque nous avons tous été abusés, nuls, même pas capables de voir en quoi les livres de Gary et d'Ajar se ressemblaient, et une tragédie parce qu'elle se termine quand même par le suicide de Romain Gary. Il a magnifiquement réussi cette affaire de tromperie, mais ça ne l'a pas sauvé du désespoir. On aurait pu penser qu'en ayant dupé tout le

monde, il en aurait gardé une certaine fierté, une joie, que ça aurait embelli sa vie, ses dernières années. (...) Gary se plaignait que tous ses livres soient du Gary. Ajar lui-même en était arrivé où la critique allait dire "c'est du Ajar". Il aurait fallu qu'il invente un troisième nom, qu'il renaisse et qu'il ait peut-être un troisième Goncourt. Les livres de Romain Gary et d'Émile Ajar sont très différents les uns des autres. Je préfère ceux de Gary, comme *La Promesse de l'aube* ou *Clair de femme*. *La Vie devant soi* est un formidable roman. Les Goncourt ne se sont pas trompés, ils ont couronné le meilleur d'Ajar. Mais je trouve *Gros-Câlin* un peu fabriqué, pas très bon. La révélation a mis en rage Diego Gary, son fils. Le livre *Vie et mort d'Émile Ajar* est paru quelque temps après le livre de Pavlowitch qui a coupé l'herbe sous les pieds de son défunt neveu en prenant sa revanche sur une forme d'humiliation.
En tout cas, cette histoire restera la plus grande entourloupe de la vie des lettres. Gary a eu deux Goncourt. Il a réussi un exploit qui probablement ne sera jamais renouvelé. »

1979

Giscard et les diamants
Un cadeau empoisonné

L'affaire des diamants de Bokassa constitue un tournant à la fin des années soixante-dix. Elle marque le début du déclin du régime mégalomane de l'empereur centrafricain et elle coûte en partie sa réélection au président Valéry Giscard d'Estaing. C'est dans une atmosphère de fin de règne que s'inscrit cette histoire. Crépuscule d'un président, elle met en lumière les pratiques les plus caricaturales de ce qu'on appelle la « Françafrique », ce principe contre-nature selon lequel les chefs d'État africains doivent prendre en compte le point de vue de l'Élysée dans leur politique, au risque de se voir rappeler à l'ordre par la France, à coups d'opérations secrètes ou de commandos, que le vrai pouvoir demeure à Paris. L'affaire dite « des diamants » traduit cette politique intrusive et unilatérale de la France en Afrique.

C'est aussi l'histoire d'un homme qui est arrivé fringant à l'Élysée, jeune, moderne, mais qui a conservé un goût très prononcé pour les chasses en Afrique – ces chasses gardées pour lesquelles il n'a pas su raison garder – entretenant des relations inappropriées avec un potentat fou et sanguinaire dont il accepte le cadeau le plus empoisonné qui soit : des diamants. Il le paiera par une défaite électorale et une blessure d'orgueil dont il mettra longtemps à se remettre.

Reste cette question : pourquoi Valéry Giscard d'Estaing a-t-il aussi mal géré cette affaire, au point de s'enfoncer lui-même ? Alors qu'il aurait pu tuer la polémique dans l'œuf, il a adopté une stratégie du silence funeste et pendant toute la durée du scandale, il a laissé sa cote de popularité s'effondrer. VGE semble avoir oublié que Bokassa savait ce qu'il devait à son ex-ami dans son éviction du pouvoir en Centre-Afrique. On appelle cela une vengeance.

LES PROTAGONISTES

Jean-Bedel Bokassa, président de la République centrafricaine de 1966 à 1979

Valéry Giscard d'Estaing, ministre des Finances de 1969 à 1974 puis président de la République française de 1974 à 1981, accusé d'avoir reçu des diamants de la part de Bokassa

Sylvestre Bangui, ministre des Affaires étrangères de Centrafrique de l'époque

Maurice Espinasse, ancien conseiller de Bokassa, intermédiaire dans l'affaire des diamants

Roger Delpey, conseiller de Bokassa qui témoigne contre VGE

David Dacko, cousin de Bokassa, président de la République centrafricaine en 1979, grâce à l'intervention française

Robert Galley, ministre de la Coopération française de 1976 à 1982
François Mitterrand, adversaire de VGE à la présidentielle de 1981
Jacques Fauvet, directeur du journal *Le Monde* de 1969 à 1982

Ubu

En 1966, Jean-Bedel Bokassa prend la tête de son pays par un coup d'État, mode opératoire assez répandu en Afrique ces années-là. Il renverse son propre cousin David Dacko. À Paris, on laisse faire. L'essentiel, c'est que la France garde son influence sur cet État dont les sous-sols regorgent de diamants et surtout d'uranium. On joue « ami-ami », sans trop regarder la nature du régime. D'ailleurs, le général de Gaulle reçoit Bokassa à Paris avec les honneurs, tout comme Bokassa accueille en grande pompe les représentants français de passage à Bangui. Parmi eux, le ministre des Finances de l'époque, Valéry Giscard d'Estaing, qui ne manque pas une occasion de prendre le fusil pour aller taquiner le gibier, le gros de préférence. Jacques Foccart, le Monsieur Afrique du gaullisme avoue dans ses Mémoires qu'à cette période, pour chaque visite, le despote africain arrosait ses hôtes de cadeaux, notamment de diamants.

Aussi lorsque Valéry Giscard d'Estaing accède à l'Élysée en 1974, l'ami Bokassa bénéficie-t-il d'une oreille attentive à Paris. Lorsqu'il décide, dans sa mégalomanie pathologique, de se faire sacrer empereur de Centrafrique lors d'une cérémonie surréaliste en 1976, la France lui envoie le ministre français de la Coopération, Robert Galley, et participe même aux frais. Rien n'est trop beau pour Bokassa qui règne sur des tonnes d'uranium et sur un peuple qu'il considère comme sa chose, sur laquelle il a droit de vie et de mort et face à laquelle, à la moindre protestation, il répond main sur le cœur qu'il ne procède à aucune violence sur les citoyens de son pays. « Il n'y a eu qu'un seul cas d'oreilles coupées ici. Il s'agissait d'une bande de voleurs. Ils étaient quarante-sept, organisés, armés. Ils avaient dévalisé les Centrafricains et les étrangers en plein jour. C'est pour cette raison qu'une seule fois j'ai donné cette leçon. Mais après, j'ai retiré les mesures. Ça n'existe plus maintenant. »

En réalité, un fou est au pouvoir au cœur du continent africain, réprimant dans le sang les manifestations qui s'opposent à lui, jusqu'à déranger ses voisins qui ne sont pourtant pas des modèles de démocratie eux non plus. Ces pays appellent la France à la rescousse. Ça tombe bien, à Paris, dans le plus grand secret, on prépare la chute de Bokassa Ier devenu belliqueux et gênant sur la scène internationale…

Opération Caban

Dans la nuit du 20 septembre 1979, un commando infiltré du service action du SDECE[1] est rejoint par un régiment des forces spéciales (le 1er RPIMa[2], les paras de l'armée). Six heures plus tard, David Dacko, l'ancien chef de l'État, reprend le pouvoir. Bokassa, alors en visite chez Kadhafi en Libye, va se réfugier en Côte

1. Service de documentation extérieure et de contre-espionnage.
2. Régiment de parachutistes d'infanterie de marine.

d'Ivoire. Notons que le SDECE en profite pour faire disparaître les archives nationales du palais de Bokassa. On ne sait jamais, elles pourraient abriter des secrets gênants pour la France… L'opération Caban est suivie de l'opération Barracuda : des hélicoptères Super Puma venus du Tchad foncent vers Bangui pour sécuriser le nouveau président David Dacko.

Dans les médias, le ministre de la Coopération, Robert Galley, justifie l'intervention militaire française : « Compte tenu du fait que le président Dacko avait été en 1960 élu président de la République centrafricaine au suffrage universel et qu'il avait exercé le pouvoir dans des conditions tout à fait convenables pendant cinq années, nous avions tout lieu de faire confiance à sa personnalité. Mais je pense qu'il y a eu suffisamment de massacres et de troubles à Bangui pour que nous essayions de faire tout notre possible pour qu'il n'y en ait pas d'autres. »

L'étau

Hasard ou signe du destin, le journal *Le Monde*, daté du 21 septembre 1979, publie une tribune d'Albert de Schonen, ambassadeur de France en Centrafrique de 1969 à 1971, dans laquelle l'ancien diplomate fait état de la pratique des cadeaux en vigueur à Bangui dont bénéficient les visiteurs officiels. Pas de sommes ni de noms, il s'agit juste d'une histoire de gros cailloux, d'or ou de diamants. Dès lors, le soupçon s'installe, prélude à l'orage qui se prépare.

Le 10 octobre, trois semaines seulement après l'opération Caban, *Le Canard enchaîné* titre en rouge et en une : « Quand Giscard empochait les diamants de

Bokassa. » Et c'est en page trois que l'hebdomadaire publie le fac-similé d'un bon de commande adressé six ans plus tôt au Comptoir national du diamant, signé de la main du général Jean-Bedel Bokassa, sur lequel on peut lire : « Veuillez remettre à Mme Dimitri, secrétaire à la présidence de la République, une plaquette de 30 carats environ, destinée à M. Giscard d'Estaing, ministre des Finances de la République française ». *Le Canard enchaîné* donne la valeur de ces diamants : plus de 150 000 francs ! Quelques lignes plus bas, le journaliste ajoute que des diamants ont aussi été remis à deux cousins du président, ainsi qu'à l'un de ses proches conseillers. Le dossier s'épaissit. Toujours selon *Le Canard enchaîné*, décidément bien renseigné, les diamants ont été remis en avril 1973, au moment où Valéry Giscard d'Estaing était ministre des Finances, donc lorsqu'il régnait sur les douanes.

En fin de matinée, à l'issue du Conseil des ministres qui siège ce 10 octobre, le porte-parole de l'Élysée, Pierre Hunt, déclare que le Conseil n'a évoqué que des « affaires sérieuses ». Autrement dit : « Passez votre chemin. » Et dans l'après-midi, l'Agence France-Presse publie une dépêche : « En réponse à une question concernant la pratique des cadeaux diplomatiques, on indique, à l'Élysée, que les échanges de cadeaux de caractère traditionnel, notamment lors des visites de membres du gouvernement dans les États étrangers, n'ont, en aucun cas, ni le caractère ni la valeur qui ont été mentionnés par certains organes de presse. » Valéry Giscard d'Estaing, lui, répond par le silence. Erreur fatale !

Jacques Fauvet, directeur du *Monde*, dénonce ce silence. L'édito n'apporte pas d'éléments factuels supplémentaires mais par sa signature, il donne de l'ampleur et de la crédibilité aux accusations du *Canard.*

Une semaine plus tard, *Le Canard enchaîné* révèle avoir reçu de nouveaux documents provenant d'une source en Centrafrique. On y apprend que le président de la République a reçu d'autres cadeaux de la part de son ancien ami Bokassa, dont un deuxième diamant offert en 1970 ainsi qu'une plaquette de petites pièces de 20 carats en 1972. Dans l'opinion, de nombreuses voix s'élèvent pour que Valéry Giscard d'Estaing réponde aux graves accusations qui sont portées contre lui. À la sortie du Conseil des ministres, le porte-parole de l'Élysée lâche enfin quelques mots : « Je peux vous dire que le président de la République fera justice de ce sujet le moment venu et dans des conditions qui répondent à la confiance que lui témoignent les Français. » Comprenne qui pourra.

L'affaire rebondit le 24 octobre. Le ministre des Affaires étrangères de Centrafrique accuse *Le Canard enchaîné* d'avoir publié un faux. Là encore, circulez ! Sauf que l'opposition socialiste saisit la balle au bond, comme Georges Fillioud, député PS de la Drôme, futur ministre de la Communication de François Mitterrand : « Messieurs et Mes diam's… Je ne suis pas particulièrement fier du mot, d'ailleurs tout le monde sait qu'il n'est pas de moi. Il me ferait plutôt honte, honte pour mon pays. Mais notre peuple le dit, je le dis donc aussi. Pourquoi n'en parlerait-on pas ici ? Parce que depuis, vous l'avez interdit. Eh bien, justement, parlons-en de ces diamants qui vous gênent tellement. Cette bijouterie de Giscardie, ça vous ennuie, on l'a bien compris. Rien n'est clair dans cette affaire. Si ce n'est que vous vous êtes arrangés pour l'étouffer et que, au fond, vous y êtes assez bien parvenu. Ou alors si ce n'est pas le cas, il faudra nous le dire. »

Si, du côté de l'Élysée, le silence radio persiste, en

coulisses et sous les lambris de la République, c'est le branle-bas de combat ! Acculé, Valéry Giscard d'Estaing rassemble ses plus proches conseillers pour trouver une réponse. On lui propose de publier un démenti mais il refuse. Hors de question de se rabaisser ainsi. Et puis, de toute façon, la polémique finira bien par passer.

Les semaines défilent avec leur cortège de révélations agissant comme un poison, goutte après goutte. Il faudra attendre le 27 novembre pour que le président s'exprime enfin sur le sujet face à trois journalistes. Le ton est ferme mais les réponses restent pour le moins évasives : « Comme chef de l'État, je donne et je reçois des cadeaux officiels. La seule vraie question c'est celle que vous m'avez posée : qu'est-ce que j'en fais ? Ces cadeaux sont apportés à l'Élysée. Ils y sont conservés ou attribués à des œuvres de bienfaisance ou remis à des musées. Mon silence est quelque chose qui tient aussi à mon caractère et à l'idée que j'ai de ma fonction qui consiste à laisser les choses basses mourir de leur propre poison. » Pendant que le président de la République se prend les pieds dans le tapis sur le terrain médiatique donc politique, la DST enquête avec ce sentiment selon lequel, derrière toute cette affaire des diamants, se cache une opération de déstabilisation menée par Jean-Bedel Bokassa lui-même, le dictateur fou réfugié à Abidjan que la France a longtemps soutenu.

François Mitterrand, le futur adversaire de Giscard à la présidentielle de 1981 joue son rôle ; il cogne : « Je dis et je répète que pour les socialistes, il n'y a pas de raison d'État et que tout homme public, y compris bien entendu le plus important d'entre eux, doit être en mesure à tout moment d'expliquer et de s'expliquer sans que l'on préjuge en quoi que ce soit, approbation ou condamnation. Il n'y a pas de raison d'État. Il y a le déplorable processus de la politique franco-centrafricaine, la triste compromission de la France dans la dictature de Bokassa. »

Le 17 décembre 1980, Jean-Bedel Bokassa confirme, dans un entretien téléphonique avec la rédaction du *Canard enchaîné*, les révélations faites par ce journal depuis un an. *Le Monde* du 26 décembre publie sous le titre « Bokassa et la France », un éditorial signé de Jacques Fauvet : « L'affaire des diamants (…) se situe à plusieurs niveaux. Le moins important est celui des cadeaux, traditionnels en Afrique. Qu'ils soient conservés, vendus ou restitués importe peu. Ils ne sont qu'un signe, celui d'une certaine politique fondée sur des relations personnelles. Le second niveau est précisément celui d'un type de relations avec un pays dont nul n'ignorait la situation, avec un homme dont (…) les ambassadeurs n'ignoraient ni les mœurs, ni les crimes, ni… la générosité. Le dernier niveau est la manière dont, depuis plus d'un an, on a voulu effacer les traces de ces relations et de cette politique. Les maladresses se sont multipliées, au point que la presse anglo-saxonne ne parle plus que d'un possible Watergate. »

Vengeance

On sait aujourd'hui que c'est un ancien conseiller de Bokassa, Maurice Espinasse, qui a remis, par l'intermédiaire de Pierre Péan, la fameuse « note des diamants » au *Canard enchaîné.* Si ce document est vrai, les suivants que publiera le journal sont des faux, des produits fabriqués par un autre conseiller de Bokassa, Roger Delpey. Telle est la vengeance du tyran contre la France, qui après l'avoir installé au pouvoir, l'en a délogé avec autant de conviction.

En 1980, les diamants reçus par le président de la République sont photographiés et expertisés. Leur montant est finalement estimé à 15 000 francs, soit dix fois moins que les chiffres avancés dans les articles du *Canard enchaîné*. Toujours est-il que l'attitude silencieuse et distanciée du président face aux accusations de plus en plus insistantes des médias et de l'opposition a été perçue comme de l'arrogance, voire comme un aveu de culpabilité. Le chômage, l'inflation et un désir de gauche en France ont été les ingrédients principaux de la victoire de François Mitterrand en 1981, mais l'attitude de Valéry Giscard d'Estaing qui se voulait olympienne fut une monumentale erreur de communication et de stratégie, qui produisit des effets… dévastateurs.

Témoignage : Alain Duhamel,

journaliste-essayiste, chroniqueur à RTL

« L'affaire des diamants, c'est la touche personnelle qui s'ajoute aux échecs économiques et sociaux, et qui entretient une espèce d'animosité contre Giscard. Il a été un président populaire jusqu'à la fin de l'année 1980. Cela s'est gâté quand il est entré en compétition pour sa réélection. Il faut dire que François Mitterrand a mené une très bonne campagne, très intelligente, cynique, mais exceptionnellement professionnelle. Et puis, on disait de Giscard qu'il était un aristocrate, loin du peuple qu'il ne comprenait pas. Lui-même a ressenti cet enfermement qui a mis de la distance avec ceux qui l'ont élu et a fortiori avec ceux qui n'ont pas voté pour lui. Sa défaite ne m'a pas étonné : une campagne personnelle contre un président en exercice touchant à ce qu'on appelle maintenant "les affaires" était inédite – inimaginable sous le général de Gaulle. La polémique autour des diamants portait sur la véracité de l'accusation et sur son importance. Pour moi c'était plutôt véniel, mais je me suis vite rendu compte que cette affaire lui portait un très grave préjudice.

J'ai interviewé Bokassa avec Jean-Pierre Elkabbach à Bangui. Il nous a sorti un pot de confiture dans lequel il y avait des diamants bruts. Je lui ai demandé ce qu'il en faisait. "J'en donne à mes hôtes", m'a-t-il répondu, d'un air de dire : je suis bien élevé, je donne des diamants – comme nous on pourrait apporter des fleurs. Pour VGE, l'idée que son honneur personnel, que sa probité puissent être mis en cause, le révulsait. Il ne voulait pas en parler. Et ce qui est frappant, c'est que peu de temps avant notre interview il y a eu une conférence de presse avec trois cents journalistes et que la question ne lui a pas été posée. On n'a pas osé. »

1980

Coluche
C'est l'histoire d'un mec qui se présente

La candidature de Coluche à l'élection présidentielle de 1981, c'est l'histoire d'un mec de trente-cinq ans et de sa bande de copains qui, face à la censure, décident de monter un gros gag, un gag d'État ! Ensemble ils vont faire de Coluche le candidat de « ceux qui d'habitude ne votent pas ». Droite, gauche, si la France est coupée en deux, ce trublion au nez rouge compte bien la plier en quatre.

Mais ce qui ne devait être qu'une histoire de quelques semaines, pour rire et secouer le landerneau, se transforme vite en une histoire douloureuse. Car la scène du music-hall n'est pas la scène politique. Au fil des jours, la joyeuse bande découvre la réalité d'une campagne électorale, qui plus est la présidentielle qui, dans notre pays où l'incarnation du pouvoir est au moins aussi importante que le pouvoir lui-même, constitue un enjeu majeur, avec ses crispations, ses coups bas, ses basses besognes. Ici, les coulisses sont beaucoup moins romantiques que celles d'un théâtre. Vient alors le temps de la fatigue et des larmes pour Coluche et sa bande : l'aventure va s'arrêter avant même d'avoir pu aboutir, si tant est qu'elle eût pu aboutir, ce qui n'est pas l'hypothèse la plus probable.

LES PROTAGONISTES

Michel Colucci, alias Coluche, humoriste, candidat à la présidentielle en 1981
Valéry Giscard d'Estaing, président en exercice en 1980, candidat de la droite en 1981
François Mitterrand, candidat de la gauche en 1981
Romain Goupil, cinéaste, ami de Coluche

Clown de service

À la fin des années soixante-dix, partout, on entend et on voit Coluche. Il est l'agitateur public numéro un et rien ne semble résister à celui qu'on qualifie de « clown de service ». De son vrai nom Michel Colucci, il est un fils du peuple qui a beaucoup erré en enchaînant des petits boulots ici et là, avant de trouver sa vocation : le spectacle. C'est dans les cafés-théâtres, en particulier au Café de la Gare sous la houlette de Romain Bouteille et en compagnie de Miou-Miou ou de Patrick Dewaere, qu'il pratique son art.

On le retrouve dans toute la sphère médiatique : que ce soit la presse, la télé (clin d'œil du destin, c'est le 19 mai 1974 que Coluche apparaît à la télévision comme humoriste, pour « L'histoire d'un mec », juste avant l'allocution du perdant de l'élection présidentielle, François Mitterrand), mais aussi et surtout la radio où il anime pendant un an une émission sur Europe 1. Son ton sarcastique, son sens de la repartie et de la provocation font mouche. Il incarne à lui seul une époque en mal de changement après trente ans de droite au pouvoir. Avec son traditionnel costume, une salopette bleue à bretelles, un tee-shirt jaune, c'est un type simple, un monsieur tout le monde, le nez rouge en plus. Il est le chef de file d'une école humoristique qui a brillé entre le « comique à la papa », jamais méchant, genre Fernand Raynaud, et l'humour communautaire d'aujourd'hui représenté par Jamel Debbouze ou Gad Elmaleh.

L'humour des années soixante-dix et quatre-vingt, c'est l'humour rebelle, insolent, qui pointe les travers de la société. Comme Pierre Desproges mais dans un genre artistique différent, Coluche écorne, égratigne, blesse quelquefois, avec un talent hors norme. Il est de ceux, si rares, dont on peut dire qu'ils ont du génie. Comédien hors pair, maniant la rupture de rythme et de ton mieux que personne, inventeur de formules inoubliables – « J'ai un frère, il est intelligent. Il a fait toutes les études qu'on peut faire. Il aurait pu être notaire ou des conneries comme ça. Finalement il est ingénieur à Grenoble ». Il a créé un langage que tous les lycéens et les étudiants ont employé dans leurs conversations courantes. L'un de ses mots revenait comme un signe de ralliement – avant qu'il ne devienne une obsession beaucoup moins drôle pour nous tous : « La criiiise ! » Coluche nous faisait hurler de rire. Il était aussi une conscience, puisqu'il fut à l'initiative plus tard des Restos du cœur.

Durant l'été 1980, Coluche joue tous les soirs au théâtre du Gymnase. Malgré son succès, il reste très accessible. Il accepte de serrer la main ou d'échanger quelques mots avec ses admirateurs. Le fils du peuple aime le peuple, qui le lui rend bien. L'humoriste dit tout haut ce que l'on pense tout bas sur les politiques ou la police, dont il n'hésite pas à dénoncer le racisme et la violence. Cette animosité qu'il cultive vis-à-vis du pouvoir, il l'a transformée en catharsis car déjà, à l'époque, le monde politique fait l'objet d'un sévère rejet de la part des Français. Et dans l'émission « Carte blanche » sur Antenne 2, il cogne : « On est dans la merde en France. On est dans la merde. C'est-à-dire que, moi personnellement ça va, j'ai gagné du pognon et je le dis tout le temps, j'en ai rien à foutre, je vais me tirer. Mais pour ceux qui sont obligés de rester, c'est vraiment le bordel. Il y a une pyramide sociale où il y a un mec qui est en haut tout seul : Giscard. Vous me direz, il y a du vent en ce moment là-haut parce qu'il y a beaucoup de mecs qui veulent sa place. Et plus on descend plus on est nombreux. Et quand on arrive en bas, on est vraiment dans la merde. Moi ce que je voudrais, c'est qu'on remue la merde, que l'odeur monte jusqu'au nez des mecs qui dirigent et qu'au lieu de se tourner vers l'extérieur du pays, ils se tournent un peu vers l'intérieur et disent : Qu'est-ce qu'il y a ? Qu'est-ce qui se passe ? Ah merde, on leur prend tout leur pognon, faudrait leur en laisser un peu ! »

Le président Giscard d'Estaing et les diamants de Bokassa ou la mort bien mystérieuse du ministre Robert Boulin, retrouvé noyé dans un étang de Rambouillet, nourrissent les textes de Coluche : « J'ai peur que le régime de Giscard soit amené à prendre de l'ampleur et qu'on se mette à crier "Vive l'ampleur !". »

Si les frasques du clown font rire, quelquefois décadentes, voire grossières, elles provoquent aussi la gronde du pouvoir. Valéry Giscard d'Estaing lui-même ne supporte plus le ton sarcastique et critique de l'humoriste à son encontre. D'abord écarté d'Europe 1, Coluche est récupéré par Radio Monte-Carlo, mais l'aventure tourne court. Au bout de quelques jours, il est remercié par le directeur d'antenne Michel Bassi. Trente ans plus tard, face à la caméra du réalisateur Jean-Louis Perez, Bassi confesse à demi-mot avoir subi des pressions de l'Élysée pour congédier Coluche : « L'Élysée me disait : "Michel vraiment, tu as pris trop de risques avec ce type. Ça ne passe pas." Très bien. Je dis à Coluche : "Venez me voir, parce que vraiment ça va pas." Il est venu, et il m'a dit : "On vous demande que je parte ? – Oui", lui ai-je répondu. »

Candidature

Tout commence au 11 de la rue Gazan, XIVe arrondissement de Paris, dans une maison qui donne sur le parc Montsouris. Bienvenue chez Coluche ! Voilà une semaine que l'expérience sur RMC s'est terminée. Assis dans le salon, le maître des lieux est entouré de ses fidèles compagnons, dont Romain Goupil qui va jouer un rôle fondamental dans cette affaire. On parle politique et on évoque la présidentielle qui arrive. En France, aussi étonnant que cela puisse paraître quand on connaît le scénario final, le début de la campagne pour l'élection présidentielle ne passionne pas les foules. Valéry Giscard d'Estaing siège à l'Élysée, convaincu qu'il sera réélu. Il croit dur comme fer au principe de la prime au sortant, ce que lui confirment les sondages. D'ailleurs, à cette époque, les règles d'un second tour d'une élection présidentielle sont connues : il y a deux candidats et, à la fin, c'est celui de la droite qui gagne.

Soudain, un ami de Coluche l'interpelle : « Et toi alors, ne me dis pas que tu vas aller voter pour ces guignols ? » Coluche répond : « Moi, pas voter ? Un peu que je vais voter ! Je vote abstentionniste. Je suis le roi, je suis le président, plus : je suis le candidat des abstentionnistes ! »

Candidat : le mot est lâché. Tous se regardent, rigolent, débattent encore et encore. Et puis l'idée germe. Une idée qui va permettre à Coluche de prendre la parole librement dans les médias, de combattre la censure. Être candidat à la présidentielle ! C'est l'occasion de réussir un coup fantastique : venir troubler le jeu entre les officiels, Giscard et Mitterrand. Ce n'est pas plus compliqué que cela… sur le papier. Le plus populaire des comiques français veut aussi prouver que l'élection présidentielle est une farce. Une pierre, deux coups.

À la fin de l'un de ses spectacles, le 20 octobre 1980, au théâtre du Gymnase, il revêt une veste queue-de-pie sur sa salopette et une écharpe tricolore. La salle rit, la musique monte. Coluche prend la parole : « Mesdames messieurs, j'espère que vous allez voter pour moi ! Ça tombe très bien, je me présente pour vous ! »

Le lendemain, la nouvelle fait le tour du pays. On ne parle que de ça. Mais est-ce du lard ou du cochon ? Au moment où les candidats traditionnels annoncent leur entrée en campagne, Coluche organise une conférence de presse, le 30 octobre 1980. Il convoque une centaine de journalistes au théâtre du Gymnase pour leur faire part de « sa plaisanterie à caractère social », histoire de libérer le peuple du giscardisme : « Je suis dans le même cas que tout le monde, j'attends que tombe la date où on doit recevoir les cinq cents signatures (…). Comme on a voté pendant trente ans pour des gens compétents et intelligents, je propose aujourd'hui qu'on vote pour un imbécile qui n'y connaît rien, c'est-à-dire moi. »

Les journalistes s'amusent. Personne ne pense que cette histoire ira bien loin. Quelques heures avant la conférence, Coluche et ses amis rédigent un appel à la population. Une affiche, réplique de celle de l'appel du 18 juin 1940, est imprimée et diffusée dans *Charlie Hebdo*. On peut y lire : « J'appelle les fainéants, les crasseux, les drogués, les alcooliques, les pédés, les femmes, les parasites, les jeunes, les vieux, les artistes, les taulards, les gouines, les apprentis, les Noirs, les piétons, les Arabes, les Français, les chevelus, les fous, les travestis, les anciens communistes, les abstentionnistes convaincus, tous ceux qui ne comptent pas pour les hommes politiques, je les appelle à voter pour moi, à s'inscrire dans leur mairie et à colporter la nouvelle. Tous ensemble pour leur foutre au cul avec Coluche, le seul candidat qui n'a pas de raison de mentir. »

Précisons que Coluche n'est pas le premier humoriste à tenter de se présenter à l'élection présidentielle. Quelques années avant lui, Pierre Dac s'était lancé mais il avait dû abandonner face aux pressions venues tout droit du cabinet du général de Gaulle à l'Élysée. Cependant cette fois, c'est du sérieux. Politique-fiction pour certains, réalité qui dépasse l'affliction pour d'autres, Coluche est là, et il faudra compter avec lui. Face aux journalistes, toujours un peu incrédules, l'humoriste explique son rôle : « Mon programme est très simple : moi je suis un candidat nul, et je veux recueillir les voix des abstentionnistes. Je veux recueillir les voix des gens qui ont l'âge et la possibilité de voter en France et qui d'habitude ne votent pas. Je voudrais qu'ils montrent combien ils sont et pourquoi ils font ça, parce qu'ils ne sont pas représentés politiquement, ni par la droite ni par la gauche. (…) Si ces gens ont voté pour dire qu'ils ne voulaient pas élire un mec, à ce moment-là ils existent en tant que force. » Fumeux, mais la mayonnaise commence à prendre.

Task Force

Autour de l'emblématique Michel Colucci, sa femme, Véronique, et ses amis de longue date voient dans cette aventure l'occasion de bien rigoler. Parmi eux, les militants de la bande : le cinéaste Romain Goupil, Maurice Najman, journaliste libertaire et figure de Mai 1968, Jean-Michel Vaguelsy, son secrétaire et fidèle ami, ainsi que Paul Lederman, son manager. Des personnalités du monde du spectacle ont également répondu à l'appel : Eddy Mitchell, Michel Sardou et des intellectuels comme le philosophe Gilles Deleuze ou encore le sociologue Pierre Bourdieu ! C'est dire si le phénomène de la candidature Coluche prend de l'ampleur. Vive l'ampleur !

À l'image du candidat, le programme est établi à la hâte et dans le but, comme le dit Coluche, de « se foutre de la gueule du conformisme de l'État et de la bourgeoisie ». Rue Gazan, la petite équipe fait ce qu'elle peut pour trouver les idées les plus loufoques. Parmi elles : la fin du mariage, la fin de l'économie, et une collection de nouveaux droits : 365 Noëls par an, le droit de jeter des pierres aux aveugles, le droit de ne pas se laver les mains avant de toucher le pain, tout ce qui manquait pour rendre la société « plus agréable à vivre et moins chiante à supporter ». Pour appuyer sa démarche, le candidat Coluche peut compter sur *Hara Kiri* et *Charlie Hebdo*, alors en pointe dans la contestation politique. Ces deux journaux vont jouer les porte-voix de sa candidature aux relents très soixante-huitards.

En haut lieu on s'inquiète. Pour le ministre de l'Intérieur, Christian Bonnet, derrière la candidature de Coluche pourrait se cacher une opération de déstabilisation du pouvoir, savamment organisée par la gauche et l'extrême gauche. Pour une fois, l'imagination est au pouvoir. Cependant, il ne faut pas être devin pour se rendre compte que Coluche n'est absolument pas un proche des communistes, représentés par Georges Marchais, ni même des socialistes, emmenés par François Mitterrand, deux personnages dont il ne rate jamais une occasion de se moquer.

Face au « danger » qu'il représente, Christian Bonnet mobilise secrètement la direction des renseignements généraux pour ce dossier considéré comme prioritaire, estampillé « Michel Colucci, dit Coluche », n° 817.706. Le ministre exige des résultats. Tout son passé est décortiqué. Il en ressort qu'il est indiscipliné – il s'est par exemple absenté sans autorisation de son service militaire et aurait insulté des officiers gradés. Pour ces « délits », il a déjà passé cinquante-trois jours en prison. Et ce n'est pas tout : Coluche va même être surveillé vingt-quatre heures sur vingt-quatre par une unité très spéciale : le Groupe de direction des Renseignements généraux de police de la ville de Paris. Il s'agit de salir la réputation de Coluche par voie de presse, et dans un second temps de le déstabiliser en essayant de lui faire peur, avec des lettres de menaces anonymes en caractères bâton découpés dans des journaux, dont ce « Coluche attention à la mort », signé « Honneur de la Police », une cellule armée qui prétend lutter contre l'extrême gauche. Dans le pavillon de la rue Gazan, chez l'humoriste, l'ambiance se tend, la plaisanterie commence à devenir saumâtre. Mais Coluche, lui, se sent stimulé car il sait qu'il dérange.

L'impasse

Le 27 novembre 1980, on apprend l'assassinat de René Gorlin, le régisseur de Coluche, tué de deux balles dans la nuque. Pour Coluche qui est immédiatement convoqué à la PJ de Paris, le coup est violent. Il s'agit en réalité d'un crime passionnel, mais pour l'artiste qui ne le sait pas encore, c'est le choc. Face aux journalistes, il cherche ses mots et, confus, déclare : « Il a probablement été victime d'un truc crapuleux. (…) J'espère que ça n'a rien à voir avec notre récente candidature aux élections, parce que si des gens qui sont des professionnels de la politique agissent comme ça vis-à-vis des candidats, ça va leur retomber sur le nez, parce que je n'ai pas l'intention de me taire… »

Pour le candidat des abstentionnistes, c'est le début de la fin de cette aventure qui tourne mal. Coluche le sent. Dans cette ambiance morose, le 16 décembre 1980, un étonnant sondage paru dans *Le Journal du dimanche* révèle que les intentions de vote pour l'humoriste atteignent 16 %. À gauche comme à droite, on s'inquiète. François Mitterrand et Valéry Giscard d'Estaing vont même jusqu'à envoyer leurs plus proches conseillers convaincre Coluche de se retirer. En vain. Malgré le sondage événement du mois de décembre, lui-même part dans tous les sens. Il se rapproche par exemple de Gérard Nicoud, leader du CIDUNATI[1], un parti poujadiste. En désaccord, Romain Goupil quitte le groupe. Le ton a changé. À deux mois du premier tour, Coluche est pris au piège. Il n'a toujours pas les parrainages nécessaires pour valider sa candidature, qui prend une

1. Confédération intersyndicale de défense et d'union nationale.

tournure préoccupante. Il entame alors une fausse grève de la faim. Baroud d'honneur. Quelques jours plus tard, lors d'une conférence de presse à Strasbourg, il annonce à sa manière la fin de l'aventure : « Je ne veux pas de responsabilités politiques et puis avec ma candidature ça fait quand même six mois que je suis sur le coup, j'ai vu d'assez près certains représentants des partis politiques puissants pour savoir que de toute manière on ne peut pas s'entendre avec ces gens-là parce qu'ils n'ont pas du tout le même but que les Français. Ils veulent gagner les élections, et moi je voudrais que se soit les Français qui gagnent les élections. (...) Dans l'état actuel de ma candidature et de la censure, je préfère arrêter parce que ça commence à me gonfler. (...) Tant que ça m'a fait rire c'était très bien, à partir du moment où ça ne m'a plus fait rire, ça s'est gâté. Parce que si ça ne me fait pas rire, comment je vais faire pour faire rire les autres ? »

De fait, Coluche n'ira pas jusqu'au bout de son délire. Mais cet épisode aura révélé la fragilité des professionnels, des officiels de la politique, des grands candidats qui ont envoyé leurs négociateurs privés pour tenter de le dissuader. Jacques Attali était de ceux-là, alors au service de François Mitterrand. Il est pourtant devenu un fan de Coluche et même son ami. Étonnant attelage !

Témoignage : Romain Goupil,

cinéaste, à l'origine de l'opération Coluche candidat

« L'idée est venue du fait que Coluche ne pouvait plus s'exprimer librement. Il me contacte pour me demander de faire la revue de presse dans sa nouvelle émission sur RMC

qui ne va finalement durer que quatre jours. Et c'est là que je lui soumets l'idée de se présenter à la présidentielle, de façon à ce que personne ne puisse plus l'empêcher de parler. Tout Français qui a un casier judiciaire vierge peut se présenter. Lederman, l'imprésario, se cabre : il ne veut pas que son artiste se mette à dos une moitié de la France. Parfait. Michel [Colucci] l'écoute, mais ne cesse d'en parler. Et un jour du mois d'octobre 1980, Lederman se convertit à cette idée de candidature.
Il s'agissait de dire à tous ceux qui se plaignaient de ne jamais voir la gauche au pouvoir de s'inscrire sur les listes électorales pour voter contre le président sortant. Nous voulions faire perdre Giscard. Ce que les renseignements généraux ignoraient, c'est qu'on avait une seule signature de parrainage pour la candidature. En vérité, on ne voulait pas que Coluche soit candidat. Tout ce que baratinaient les flics, Giscard, Bonnet, le ministre de l'Intérieur, ou tous ces crétins était faux. Notre intention était de faire avancer nos idées et de battre la droite. Le problème, c'est qu'à partir du moment où il est crédité de 16 % dans les sondages, Michel se prend au sérieux. On commence alors à s'engueuler dans l'équipe, on réalise qu'on s'est lancés dans quelque chose qui nous dépasse et qu'il n'y a pas d'issue. Au début, on était dans un truc complètement déconnant. Coluche n'a jamais dit "Votez à gauche", or c'était pourtant le but de notre manœuvre. Quant à la fausse grève de la faim, c'était lamentable.
Je me suis brouillé avec lui pendant deux ans. Et puis il m'a écrit une lettre où il disait qu'avec cette histoire de candidature, on avait fait la connerie de notre vie. Mais on a gagné quand même, parce que la gauche est passée, et on a tous le souvenir de quelque chose de magnifique dans sa première phase. Qu'est-ce qu'on a rigolé ! »

1981

L'assassinat du juge Michel
Les parrains de Marseille

Six ans après le juge Renaud, victime de la pègre lyonnaise, son confrère Pierre Michel tombe sous les balles du milieu, à Marseille. Pour la deuxième et dernière fois à ce jour, en France, un juge est assassiné. Dans la cité phocéenne, pendant les années soixante-dix, les voyous, les bandits et les gros bonnets de la drogue se croient intouchables.

Venu de Metz, d'abord juge des mineurs, Pierre Michel peut mesurer les dégâts de la drogue sur la jeunesse. C'est probablement ce qui le pousse à s'attaquer aux trafiquants qui ont fait de Marseille la plaque tournante mondiale du commerce de stupéfiants. Pendant sept ans, il mène une guerre aux malfrats sur leurs terres, avec ses méthodes. Parrains locaux débusqués et arrêtés, laboratoires démantelés… Pour le juge Michel, peu importe la manière, l'idéal de justice doit l'emporter, la ville doit être nettoyée. Et c'est ainsi qu'à l'instar du juge Renaud, Pierre Michel se crée un réseau d'ennemis qui ont tous de bonnes raisons de le voir mort. Qui était vraiment ce juge ? Comment l'enquête a-t-elle abouti à la condamnation de plusieurs figures du milieu marseillais ? A-t-on arrêté les bons coupables ?

LES PROTAGONISTES

Pierre Michel, juge assassiné en 1981 à Marseille
Patrick Guérin et François Badie, deux magistrats chargés successivement de l'enquête
Charles Giardina, petit voyou qui mène à la piste des tueurs
Ciaramaglia surnommé « Coupe-Circuit », malfrat lié au clan Zampa
Gaëtan Zampa, parrain de la drogue à Marseille dans les années quatre-vingt, qui nie être le commanditaire du crime du juge Michel et qui se suicide en prison
François Girard surnommé le « Blond », trafiquant de drogue marseillais, **et Homère Filippi**, proche du clan Zampa, les commanditaires de l'assassinat
François Scapula, Philippe Weisgrill, Charles Altieri et François Checchi, trafiquants de drogue internationaux, arrêtés dans un canton de Fribourg, accusés, pour les deux derniers, d'avoir tiré sur le juge
Gaston Defferre, ministre de l'Intérieur de 1981 à 1984 et maire de Marseille jusqu'en 1986

Meurtre à l'italienne

À Marseille, en ce 21 octobre 1981, il est l'heure de déjeuner : greffiers, juges et avocats sortent du palais de justice. Parmi eux, un homme, serviette en cuir à la main, se dirige vers sa moto arrimée aux grilles du palais. Il la détache, met son casque blanc et démarre. Il rentre chez lui, 4, boulevard Marin dans le VIe arrondissement. Il prend la direction du sud de la ville, comme d'habitude, sans réaliser qu'il est suivi. Cinquante mètres derrière lui, une autre moto de plus grosse cylindrée sur laquelle ont pris place deux hommes habillés de vêtements sombres, le file, comme un chasseur guette sa proie en attendant le bon moment pour agir. Les motards passent l'avenue de Breteuil puis la rue Paradis. Dans la contre-allée du boulevard Michelet, au pied d'un immeuble Le Corbusier, le juge Michel marque l'arrêt à un stop. C'est la souricière, le piège mortel. Il est rattrapé par le deux-roues qui l'a pris en chasse et qui arrive sur sa gauche, à deux mètres. Le pilote hurle à son passager « Vas-y… Vas-y ! ». L'homme assis derrière sort une arme et tire, à trois reprises. Le juge Michel s'effondre, touché à l'abdomen et à la tête. Il ne se relèvera pas. La moto des tueurs repart, s'engouffre dans le dédale des rues avoisinantes.

Avertis par un témoin de la scène qui pense avoir assisté à un accident, des gendarmes en mission se déroutent et se rendent sur le lieu du drame. Ils sont les premiers à constater la mort du motard qui gît à terre. Un filet de sang s'échappe de son casque. Les gendarmes cherchent à établir son identité, et dans une poche de sa parka foncée, ils trouvent son portefeuille. Papiers, photos et carte professionnelle de magistrat, numéro 8864… Aucun doute, il s'agit du juge Pierre Michel, en charge de l'enquête sur un réseau de trafiquants aux multiples ramifications, héritier de la célèbre « French Connection ».

Le soir même, la nouvelle fait la une de tous les médias : « On a tué un juge », en France. Pour la presse, une seule chose est certaine : c'est un coup de professionnels parfaitement mis au point. Le juge Michel était-il sur le point de découvrir une grosse affaire ? S'agit-il d'un geste spectaculaire destiné à impressionner les autres magistrats ? Personne ne le sait. Pour le moment, il n'y a ni pistes ni explications.

L'enquête est confiée au magistrat Patrick Guérin. L'État met de gros moyens à la disposition de la justice pour retrouver les coupables. Quarante policiers se relaient vingt-quatre heures sur vingt-quatre. Il faut dire que dans la ville du ministre de l'Intérieur, Gaston Defferre, l'assassinat d'un juge fait mauvais genre et surtout mauvaise presse. Pour les enquêteurs, le mode opératoire des tueurs est une signature : une moto de grosse cylindrée volée, des hommes cagoulés, un revolver neuf millimètres, c'est bien le milieu qui a frappé contre un juge trop motivé. Oui mais qui précisément ? Le juge Guérin pense que la réponse se trouve très probablement dans le bureau de son collègue assassiné, parmi les affaires qu'il a déjà traitées ou qu'il instruisait au moment où il a été tué. Mais il y en a tellement ! À moins d'une dénonciation ou d'une piste miracle, les policiers savent qu'il sera très compliqué de remonter jusqu'aux deux tueurs à moto et plus difficile encore d'en identifier les commanditaires. En sept ans de carrière, le juge Michel a instruit les dossiers les plus brûlants du grand banditisme, de la fausse monnaie, de la drogue et des attentats. Chacun de ces dossiers contient en soi une longue liste de suspects. De surcroît, nul ne peut totalement rejeter l'hypothèse de la vengeance d'un voyou que Pierre Michel aurait fait condamner voici quelques années. Autant chercher une aiguille dans une botte de foin !

Les policiers vérifient qu'aucun truand connu dans la région n'a eu une subite envie de vacances à l'étranger.

Ils écoutent aussi les conversations dans les bars, au cas où quelqu'un se vanterait d'avoir descendu un juge… La routine. Mais la véritable enquête se fait dans les dossiers de Pierre Michel et notamment dans celui de la filière sicilienne, patronnée par la mafia, au sein de laquelle les Marseillais occupent les places de chimistes et de commis voyageurs très spéciaux. Tout le monde est d'accord pour dire que la mafia avait vraiment intérêt à voir disparaître le juge et qu'elle seule pouvait organiser un assassinat en plein jour et en centre-ville. Les tueurs cependant ont eu besoin de complices, ne serait-ce que pour se procurer une moto et une arme. Il faut peut-être commencer à chercher des renseignements de ce côté-là.

La première piste effectivement est celle de la moto, une Honda CB-900 rouge Bol d'or aperçue par les différents témoins. Une moto volée bien sûr. Coup de chance, on la retrouve quarante-huit heures après le crime, abandonnée dans un quartier malfamé de la cité phocéenne. La machine est intacte. Elle est aussitôt rapatriée, inspectée, puis désossée pour trouver le moindre indice. On en trouve un : une empreinte digitale au dos de l'autocollant d'une marque d'huile apposée sur le carénage. Une piste sérieuse car le propriétaire de la moto à qui on l'a dérobée un an plus tôt affirme aux enquêteurs que l'étiquette n'était pas là quand il possédait le véhicule. Les policiers font alors le tour des petits caïds et des voleurs de motos, sans succès. Au siège de la police judiciaire, on croise une à une les empreintes digitales des personnes fichées pour voir si elles correspondent à celle d'un individu parmi les dizaines de milliers dont regorgent les classeurs de la police marseillaise. Un travail de bénédictin ! Il faut près de deux mois aux enquêteurs avant d'arriver à un premier résultat. Pendant ce temps, le juge Patrick Guérin continue d'éplucher tous les dossiers que son collègue Pierre Michel a instruits durant ses sept ans de carrière au palais de justice de Marseille.

Le cow-boy

Pierre Michel, c'est d'abord un parcours atypique, celui d'un professeur de sciences naturelles qui quitte l'Alsace pour Marseille, la capitale du crime et du trafic de drogue. C'est pour suivre sa femme, professeur d'histoire-géographie mutée en 1973, qu'il se retrouve ici. Et s'il décide de devenir « auditeur de justice » puis magistrat après son doctorat en droit, c'est parce qu'il a la conviction qu'il peut apporter quelque chose de nouveau au système judiciaire. Paul-Louis Auméras, ancien procureur de Marseille, en témoigne : « Un jour un garçon dégingandé, élégant, les cheveux d'une longueur supérieure à celle de la norme judiciaire habituelle, pousse la porte de mon bureau. Il est timide, emprunté. Il m'informe qu'on l'envoie en stage chez moi pour plusieurs semaines. Nous avons presque le même âge, une trentaine d'années. Au hasard des conversations, il apparaît que nos personnalités quelque peu psychorigides se ressemblent. C'est un Lorrain, il en la rigueur et le sérieux. Nous partageons la même difficulté à nous accommoder du tempérament méditerranéen et singulièrement de celui de Marseille. J'ai un peu d'avance sur lui mais nous allons découvrir cette ville ensemble. »

Pierre Michel, c'est un « article 22 », l'un de ces juges qui n'a pas fait l'école de la magistrature et qui a commencé en bas de l'échelle, dans la poussière des dossiers classés sans suite. Une période pendant laquelle il apprend auprès des meilleurs, René Saurel entre autres, le premier juge antidrogue de la ville qui a fait tomber la « French Connection ». Le 31 décembre 1974, Pierre Michel est nommé juge d'instruction. Il entend bien profiter de toute l'indépendance liée à sa fonction. D'emblée, il tranche avec ses prédécesseurs. C'est un magistrat de terrain qui aime enquêter, confondre et pister les truands. Ce n'est pas un casanier qui reste dans son bureau à signer des actes de perquisition. Pas étonnant qu'il soit apprécié des policiers qui le surnomment le « shérif », exactement comme le juge Renaud avant lui à Lyon. Il va même jusqu'à leur signer des mandats de dépôt en blanc au cas où ceux-ci en auraient besoin. Très vite, Pierre Michel se construit sa réputation d'obstiné, travaillant en marge de la procédure si la situation l'exige. L'important est d'être efficace. Avocat au barreau de Marseille, souvent opposé au juge Michel, Daniel Borde garde de lui un souvenir précis : « J'appréciais grandement l'intelligence et la clairvoyance de Pierre Michel. C'était un magistrat sévère, aussi bien dans sa pratique que dans son aspect. Il était convaincu du bien-fondé de sa mission et de ses actions. Il y avait effectivement des dizaines et des centaines de gens qui lui en voulaient beaucoup. »

L'art sans la manière

À partir de 1977, les policiers qui travaillent avec lui disent qu'il est entré en « croisade » contre le trafic de stupéfiants, une sorte de mission sacrée pour laquelle tous les moyens sont bons. Aussi, lorsqu'il en vient à soupçonner les gros bonnets de blanchir l'argent de la « blanche » grâce à leurs restaurants, leur bars ou encore leurs boîtes de nuit, il fait aussitôt fermer les établissements, saisir l'argent sur les comptes bancaires et va jusqu'à incarcérer les épouses des barons de la drogue pour qu'elles avouent et que leurs conjoints finissent par craquer. L'une de ces femmes de parrain, enceinte, accouche en prison ! « À méthodes de trafiquants, méthodes de juges », réplique Pierre Michel. Malgré des résultats probants en l'espace de quelques années, près de soixante-dix trafiquants incarcérés et six laboratoires de « blanche » détruits, l'arrestation d'un réseau international de trafic de drogue – « la Sicilian connection » –, et le démantèlement d'un réseau de fausse monnaie, en 1981, le juge se sent de plus en plus isolé, lâché par une hiérarchie qui préfère des méthodes plus classiques. Il se retrouve entre le marteau et l'enclume. La pègre dont il gêne considérablement les affaires cherche aussi à l'intimider. Il reçoit de plus en plus de menaces de mort. Mais bien qu'il sente en cet automne 1981 que le danger se concrétise, il refuse de prendre une protection rapprochée.

L'histoire a confirmé ses craintes, à l'image de ce portrait qu'en fait un détenu dans le journal *Libération* quelques jours avant son assassinat : « Il avait une gueule chouette mon hibou de juge. Il m'a même dit bonjour avec tant de conviction que j'en ai oublié l'absence de mon avocat. Jamais vous ne verrez autant de haine que ce que j'ai vu dans les yeux de mon juge, surtout lorsqu'il se jette avec aisance en arrière pour te montrer la crosse de son arme qui dépasse du pantalon. Il me fait marrer avec ses allures de shérif à la recherche d'une gloire marseillaise. Mon juge, il est sympa comme la mort. J'assisterai à ses obsèques. »

La piste Zampa

Deux mois ont passé depuis le meurtre du juge. Les enquêteurs n'ont trouvé aucune piste, ni aucun autre indice que cette empreinte digitale au dos de l'autocollant de la moto des tueurs. Mais le 31 décembre 1981 enfin, un nom ressort : Charles Giardina. Petit voyou, il n'a pas la carrure ni le profil du tueur, encore moins celui du tueur de juge. Mais les enquêteurs se rendent vite compte, au fur et à mesure qu'ils filent Giardina, que celui-ci est proche d'un certain Ciaramaglia, surnommé « Coupe-Circuit », ultraviolent et capable d'exécuter n'importe quelle sale besogne. La police est persuadée d'avoir trouvé les coupables. Le procureur Albert Villatte les inculpe d'homicide volontaire avec préméditation, recel, infraction à la législation sur les armes, association de malfaiteurs et complicité. Au fil de leurs interrogatoires et de leurs perquisitions, les enquêteurs découvrent que Gäetan Zampa dit « Tany Zampa », ou encore le « Caïd de Marseille », a fait de nombreux cadeaux à Ciaramaglia : une moto, des vêtements, l'effacement de ses dettes.

Gäetan Zampa règne sur le milieu de la drogue dans la cité phocéenne au début des années quatre-vingt. Un sérieux client ! Il tremperait dans tous les trafics, il gérerait plusieurs bars et boîtes de nuit, il aurait des laboratoires de drogue, il serait aussi l'auteur de règlements de comptes et d'exécutions. Un parrain, comme dans les films. En juillet 1981, à Saint-Maximin, le juge Michel est à deux doigts de l'arrêter. Après une enquête de plusieurs mois, il démantèle un laboratoire de stupéfiants et arrête dix malfrats connus dont Homère Filippi, proches du clan Zampa. Il saisit des armes de gros calibres et vingt-sept kilos d'héroïne en phase de transformation. Dans un carnet relevé lors d'une perquisition au domicile d'un suspect, Marc Chambault, on trouve un numéro de téléphone. C'est celui de Gaëtan Zampa. Marc Chambault accepte de parler. Il déballe tout sur les méthodes et les affaires du clan Zampa. Rendez-vous est pris avec le juge Michel le 22 octobre 1981. Le 21, il est assassiné.

Gaëtan Zampa, le gros poisson. Il a l'envergure, les moyens d'organiser l'assassinat d'un magistrat, et un mobile. Peu de temps auparavant, à Saint-Maximin, Pierre Michel lui a encore fait perdre un laboratoire et beaucoup d'argent. Mais ce ne sont là que des présomptions, les enquêteurs n'ont aucune preuve. Et puis Zampa est introuvable. Il faut attendre deux ans, en novembre 1983, pour qu'il soit interpellé dans le cadre d'une affaire de fraude fiscale. Mais le parrain nie en bloc : non, il n'a pas fait tuer le juge Michel ! Huit mois plus tard, dans des circonstances encore troubles, le parrain marseillais se suicide dans sa cellule, en emportant avec lui ce qu'il sait. L'enquête repart de zéro.

Trois ans après la mort de Pierre Michel, on ne tient toujours pas les coupables. Le spectre de l'affaire Renaud se dessine. On n'a jamais réussi à élucider le meurtre de ce magistrat lyonnais en 1975. Va-t-il en être de même pour son collègue de Marseille ? On finit par le penser, un peu résigné, quand une autre affaire, venue de Suisse celle-là, relance l'enquête.

Le 10 novembre 1985, une vaste opération antidrogue menée conjointement par les polices américaine, française et italienne dans un chalet du canton de Fribourg en Suisse, permet l'arrestation de onze trafiquants internationaux, dont quatre Français fichés au grand banditisme. Cerise sur le gâteau, onze kilos de « blanche » transformée à 99 % sont saisis. Les Français arrêtés s'appellent Philippe Weisgrill, François Scapula et un duo de moins gros calibre, Charles Altieri et François Checchi. Six mois plus tard, les langues se délient. Philippe Weisgrill, le chimiste de la bande, finit par avouer qu'il connaît ceux qui ont tiré sur le magistrat : « Je ne sais ni pourquoi ni comment ils ont monté leur affaire (...) mais on m'a dit par contre que Checchi et Altieri ont trempé dans un vilain coup et que depuis, François Girard prend soin d'eux. Il les gâte. J'ai fini par comprendre que ce sont eux qui ont probablement abattu le juge Michel. Si une autre personne connaît toute la vérité sur cette histoire, c'est bien François Scapula ! »

Altieri pilote la moto, Checchi tire sur ordre exprès de François Girard, l'un des parrains marseillais emprisonnés par le juge Michel proche de Gaëtan Zampa... Pour les enquêteurs, l'histoire se tient, la piste semble solide.

Scapula, « la balance »

Pour le juge d'instruction François Badie qui succède à Patrick Guérin dans cette affaire, la priorité est désormais d'entendre François Scapula, bras droit de François Girard et ami d'enfance de ce dernier. Or à la surprise des enquêteurs, dans sa prison suisse, François Scapula craque. Il brise la loi du silence des malfrats en échange de sa non-extradition vers la France. Il bénéficie d'un accord avec les Américains et de leur programme de protection de témoins qui prévoit la possibilité de recommencer une nouvelle vie pour le repenti. Scapula confirme l'histoire racontée par Weisgrill. Il explique qu'Altieri était bien le chauffeur, Checchi le tireur, et François Girard ainsi qu'Homère Filippi, les commanditaires.

Quelques années plus tard, Scapula accorde une interview aux journalistes de France 2, visage masqué, voix déformée. Il explique pourquoi il collabore avec la justice : « Moins il y aura de gens qui me reconnaîtront, mieux ce sera. Il est certain qu'ils veulent encore attenter à ma vie. (...) Lorsque vous avez plus de quarante ans de prison sur le dos, plusieurs affaires dans plusieurs pays différents, et qu'on vient vous proposer d'être libre rapidement et de refaire votre vie sous une autre identité, vous collaborez. Chose primordiale, la France ne pourrait jamais demander l'extradition pour les condamnations par défaut qui étaient les miennes. »

Mais la déposition d'un truand esseulé, malgré une apparence de bonne foi, ne vaut pas grand-chose pour la justice. Entendu par les policiers, François Checchi craque lui aussi. Les larmes aux yeux, il se résigne : « Je vais tout vous dire, c'est moi ! » Après plusieurs jours de tergiversation, il finit par balancer son ami d'enfance Charles Altieri, qui lui aurait proposé d'assassiner un gars qui aurait fait un mauvais coup à la bande. Mais il ne savait pas qu'il tuerait un juge. La moto est fournie par Ciaramaglia. Charles Altieri avoue également, même s'il revient plus tard sur ses déclarations. Pour les enquêteurs, il y a assez d'éléments pour aller au procès.

Le procès

Il s'ouvre aux assises d'Aix-en-Provence en juin 1988. Dans le box des accusés, quatre personnes ont pris place : François Checchi, François Girard ainsi que leurs deux épouses qui auraient joué les coursiers depuis la prison des Baumettes. Entre-temps, le pilote de la moto, Charles Altieri, s'est évadé de sa prison suisse. L'accusation repose uniquement sur des témoignages. Durant les audiences, François Girard crie au complot. Les deux seuls éléments qui l'accusent sont ceux d'Altieri et de Scapula, absents du procès. À la barre, il affirme être innocent, victime d'une machination : « On peut m'accuser de bien des choses, mais pas d'avoir tué un juge ! Ça non ! » Mais Girard a le profil pour commettre un tel acte. C'est un gros bonnet, de ceux qui prennent les décisions. Aurait-on pu assassiner le juge sans son accord ? C'est possible. Mais les enquêteurs sont convaincus que c'est lui qui a accordé le permis de tuer. D'autant plus qu'il a un mobile : le juge Michel l'a mis en prison pour trafic de stupéfiants pour vingt ans.

Le verdict tombe : perpétuité par contumace pour Charles Altieri, perpétuité pour François Girard considéré comme le commanditaire, perpétuité par contumace pour Homère Filippi, l'autre commanditaire ! Seules les épouses de ces deux derniers sont relaxées. Charles Altieri est arrêté à Chypre en 1993. Il est rejugé et condamné à perpétuité assorti d'une peine de sûreté de dix-huit ans. Il est revenu sur ses aveux mais dans ses déclarations figurent de nombreux détails identiques à ceux décrits par Checchi. Quant à Homère Filippi, des rumeurs du milieu disent qu'il a été abattu par des proches de Gaëtan Zampa, qui lui reprochaient la mort du juge.

François Checci, l'homme qui a tiré sur le juge Michel, finit par livrer cette confession étonnante : « J'ai tué un homme, pas la magistrature ! J'ai fait le tour de France des prisons. Je suis resté huit ans en quartier d'isolement. J'en supporte les conséquences. C'est normal. Mais si je reconnais sans discussion être l'auteur de cet acte que je regrette profondément, j'affirme qu'en ce jour d'octobre 1981, j'étais persuadé de participer à un simple règlement de comptes entre voyous. J'ignorais absolument que la victime qui m'avait été désignée était un magistrat. »

Pour la justice, les assassins de Pierre Michel sont condamnés et le dossier définitivement bouclé.

Le juge Renaud, le juge Michel. Tous les deux ont payé de leur vie leur conscience professionnelle, leur idéal de justice. Ils sont les Falcone et Borsellino français. Raconter leur histoire, c'est aussi rendre hommage à leur courage. Ce livre s'y sera attelé, et pour l'un, et pour l'autre.

Témoignage : Éric Pelletier,

journaliste et grand reporter à *L'Express*, auteur avec Jean-Marie Pontaut du livre intitulé *Qui a tué le juge Michel ?* paru en octobre 2014 aux éditions Michel Lafon

« Trente-trois ans après les faits, Marseille n'est toujours pas nettoyée. Mais il faut faire attention aux miroirs déformants. On voit cette ville à travers le prisme des règlements de comptes dans les cités. À l'époque, il y en avait beaucoup plus. L'héroïne était partout, et surtout elle était exportée. Marseille était une tête d'épingle dans le sud de la France, mais c'était une zone de guerre pour les Américains qui nous envoyaient ses agents et qui faisaient pression sur le gouvernement français qui ne bougeait pas beaucoup. Le juge Michel est l'héritier du juge Saurel. Quand il arrive au début des années soixante-dix à Marseille, on a le sentiment que la "French Connection" est derrière nous. Et pourtant, avec un certain nombre de policiers de terrain, Pierre Michel tire les derniers fils de l'organisation et révèle que les labos tournent toujours. Ce qui ne plaît pas à un certain nombre de personnes dans cette ville où il y a du laisser-aller. Tout est imbriqué. Filippi par exemple, un personnage clé de cette histoire, est à la confluence de la pègre et des milieux politiques. Je ne dirais pas que Michel est sur la piste, comme certains ont pu l'évoquer, de Gaston Defferre, mais il est vrai que les milieux politiques trouvent que ce juge a un peu la nuque raide dans une ville de compromis, voire de compromissions. Zampa, c'est un parrain, même au niveau national. Il incarne tout ce que Marseille a pu porter comme mythes dans le grand banditisme. Il est l'ombre du milieu portée sur la ville. C'est quelqu'un de très nerveux, instable. Son cas relève de la psychiatrie. Il est toujours aux aguets. Il a le sentiment d'être potentiellement une cible. Le policier qui l'a arrêté nous a confié que Zampa n'en pouvait plus, qu'il avait "l'impression d'avoir fait dix ans de Vietnam". Pourtant, je pense qu'il est extérieur à l'assassinat du juge Michel. Mon sentiment, c'est qu'il a eu un certain nombre d'informations selon lesquelles il se tramait quelque chose. Sans doute connaissait-il le nom des assassins et n'a-t-il rien fait pour empêcher le crime. Mais c'est une supposition.

Aujourd'hui à Marseille, une salle d'audience porte le nom du juge Michel. Il reste, avec le juge René Saurel, l'une des figures les plus marquantes de la lutte contre le trafic de drogue en France. Quand Renaud est assassiné à Lyon, Pierre Michel dit : "Chez nous, il y en a tellement qui meurent dans leur lit !" Il lui rend hommage de cette manière. Michel est un juge qui descend dans l'arène, qui va au contact et qui veut faire changer les choses. C'est un juge flic. En tout cas, c'est ce que disent les voyous. Il a commencé comme prof. Il n'a pas directement intégré la carrière de magistrat. À dire vrai, il est un peu meurtri par ça, et sans doute a-t-il un sentiment de revanche vis-à-vis de certains de ses confrères. Et puis, il trouve sa place. Il arrive tout jeune et timide à Marseille, et quelques années plus tard, il apparaît un peu comme le père des juges d'instruction marseillais, voire comme celui des juges d'instruction modernes. »

1982

Les Irlandais de Vincennes
L'État paranoïaque

En cet été 1982, la France fait confiance à François Mitterrand, président de la République depuis un an. La gauche se revendique de la morale contre le pouvoir de l'argent qui, comme le dit joliment le président socialiste, « pourrit tout jusque dans la conscience des hommes ». « Avec lui, on a plus de liberté, plus de dialogue et plus de transparence », annoncent fièrement ses partisans.

Cependant, Paris et sa proche banlieue sont la cible de plusieurs attentats non revendiqués, au pub Saint-Germain, contre les locaux du journal *Minute* ou contre des bâtiments de la diplomatie israélienne, et François Mitterrand, à qui le costume du président monarque va comme un gant, autorise l'usage de la force et du secret d'État pour éradiquer toute forme de menace. Il lance sur le devant de la scène ses mousquetaires, les super-gendarmes du GIGN, qui se sont illustrés avec brio dans le passé pour dénouer des situations difficiles et qui apparaissent rapidement comme sa garde prétorienne. Fidèles à leur réputation, ils agissent vite et fort. Le 29 août, ils interpellent dans un appartement de Vincennes trois individus de nationalité irlandaise soupçonnés d'avoir commis des actes terroristes et les jettent en prison sans la moindre enquête. Une victoire qui se transforme au fil des mois en un fardeau, une bévue majeure. Toute la procédure d'arrestation et d'accusation est revue par la justice qui la considère comme nulle et non avenue : les Irlandais sont libérés et les gendarmes accusés.

Alors pourquoi la gauche, fraîchement installée à l'Élysée, a-t-elle voulu montrer ses muscles jusqu'à l'absurde dans le déni de l'État de droit ? Qui a monté cette opération ? Et comment a-t-elle été découverte par la presse qui en a fait l'un des scandales majeurs de l'ère Mitterrand ? Avec l'arrestation de ceux qu'on appelle « les Irlandais de Vincennes », preuve est faite que le pouvoir et l'abus de pouvoir pourrissent tout, jusque dans la conscience des hommes.

LES PROTAGONISTES

François Mitterrand, président de la République
Steve King, Michael Plunkett et Mary Reid, les trois Irlandais de Vincennes suspects dans un attentat
Christian Prouteau, commandant du GIGN, installé à la tête d'une cellule antiterroriste en 1982
Le capitaine Paul Barril, second de la cellule antiterroriste de l'Élysée
Jean-Michel Beau, lieutenant-colonel responsable de l'arrestation des trois présumés terroristes
Bernard Jégat, militant au service de l'INLA qui retourne sa veste et dénonce Michael Plunkett et ses comparses à Paul Barril
Edwy Plenel, journaliste au *Monde* à l'époque

Vague d'attentats

Face aux attentats, les mêmes noms reviennent en boucle : Action directe, Abou Nidal (un terroriste palestinien, fondateur du Fatah-Conseil révolutionnaire) ou ceux des activistes arméniens qui n'en finissent pas de courir après la repentance des Turcs pour le génocide de 1915. Au siège de la DST, le contre-espionnage français, les enquêteurs piétinent car les méthodes et les cibles ne révèlent pas de liens cohérents. Le paroxysme est atteint le 9 août 1982, lorsqu'un commando armé fait irruption dans le restaurant Goldenberg de la rue des Rosiers à Paris, tue les clients et ressort en tirant au hasard sur la foule. Le bilan est dramatique : sept morts et vingt-deux blessés. L'opinion publique est meurtrie, le président de la République furieux : « Il faut trouver les coupables et envoyer un message fort aux Français. La gauche, c'est aussi la sécurité ! » Pour la morale, on verra plus tard.

François Mitterrand annonce à chaud la création d'une « mission de coordination, d'information et d'action contre le terrorisme » et la mise en place d'une cellule spéciale de lutte basée à l'Élysée. Elle lui est directement rattachée. Il s'en explique : « Toute organisation se réclamant d'une idéologie politique qui instaurera la violence en système sera poursuivie et dissoute, interdite, et ses membres seront pourchassés, arrêtés, condamnés. La justice française fera son devoir (...). Pour ce qui touche au terrorisme international, je l'ai dit, nous le traquerons, nous l'atteindrons à la racine. Nous savons qu'il peut encore nous toucher. Viendra le jour où lui-même succombera sous nos coups. » Le discours est martial.

À la tête de la cellule antiterroriste, François Mitterrand nomme Christian Prouteau, le commandant du GIGN, l'homme de la libération des otages de Djibouti en 1976 et celui des mutins de La Mecque en 1979. Autant dire qu'il bénéficie de la confiance et de l'écoute du président. Prouteau et ses hommes ont carte blanche. Ils ne vont pas chômer.

Coup de filet

À peine quatre jours après la création de cette cellule, l'officier en second, le capitaine Paul Barril, en est certain : il est sur un gros coup. Il affirme au commandant Prouteau avoir trouvé la cache des terroristes qui ont commis l'attentat rue des Rosiers. Sirène hurlante, il traverse Paris pour se rendre avec une quinzaine de gendarmes au 82, rue Diderot à Vincennes. Les membres du GIGN en civil investissent l'immeuble à la façade de briques rouges. Après quelques foulées dans les escaliers, ils tombent nez à nez sur Steve King, l'un des trois suspects qu'ils sont venus chercher. Celui-ci raconte la scène : « J'allais faire quelques courses pour préparer le dîner. Dans l'escalier je tombe sur un homme qui me braque le canon de son arme sur la tête, en me disant qu'il est là pour m'arrêter. On me plaque au sol, on me passe les menottes dans le dos, comme si en jean ou en tee-shirt je pouvais dissimuler quoi que ce soit ! Ensuite, ce même homme me pousse vers la porte de l'appartement. Lui et les autres ont l'air tendus. Je leur dis que l'appartement est vide. Celui qui semble être leur chef me répond : si on tombe sur quelqu'un, je te fais sauter la tête ! »

À ce moment précis, Steve King ne sait pas qui sont

ces hommes qui viennent l'arrêter. Des policiers ? Que lui veulent-ils ? Serait-ce lié à ce qu'il a fait par le passé en Angleterre ? Steve King n'est pas un enfant de chœur, tout comme Michael Plunkett qui est arrêté à son tour lorsqu'il arrive à l'appartement quelques heures plus tard. La troisième personne soupçonnée, Mary Reid, est interpellée chez elle. Certes, ces trois-là faisaient partie de l'INLA, l'Armée irlandaise de libération nationale, mais en tant que petites mains, logisticiens. Après avoir fouillé leurs appartements de fond en comble, le GIGN les embarque. En milieu de soirée, l'information tombe sur les téléscripteurs de l'Agence France-Presse : « Urgent. Des arrestations jugées importantes ont été opérées aujourd'hui en France dans les milieux du terrorisme international. » On précise que de faux documents et des armes de gros calibres, parmi lesquelles trois armes de poing, deux détonateurs et cinq cents grammes de plastic, ont été saisis. À Vincennes, on pêche du gros poisson et la presse s'en fait l'écho : « Les hommes qui ont été arrêtés hier sont des terroristes de très haut niveau, en liaison avec d'autres groupes terroristes en Allemagne, en Suisse, aux Pays-Bas. Ils ont été neutralisés par le GIGN dans une opération éclair, grâce à des renseignements très sûrs recueillis par le contre-espionnage qui a la certitude que les deux hommes devaient faire exploser plusieurs bombes de forte puissance aujourd'hui même, dimanche, à Paris. Des bombes qui devaient être placées dans des lieux publics pour tuer un maximum de gens. »

L'effet est exactement celui recherché par l'Élysée. Faire face à l'émotion et montrer que l'État punit sévèrement tous ceux qui perpétuent le mal terroriste. Sauf que six mois après, le journal *Le Monde* lève le lièvre. Le journaliste Edwy Plenel titre de façon évocatrice :

« Les fausses manœuvres des gendarmes du président », un article dans lequel il recense toutes les incohérences du dossier. La perquisition qui a eu lieu à Vincennes est entachée de nombreuses irrégularités : des photos d'identité ont disparu, les armes à feux n'ont pas été répertoriées, aucun relevé d'empreintes n'a été effectué… Pire encore, les gendarmes qui ont participé à l'opération donnent des versions contradictoires sur l'emplacement des explosifs retrouvés. Ces nouvelles informations confortent les avocats des trois prévenus irlandais. Et puis l'attitude cavalière avec laquelle le capitaine Barril a court-circuité toute sa hiérarchie en interdisant même aux policiers l'accès aux lieux ne fait qu'accentuer les doutes.

Pschiit !

L'information judiciaire confirme bien que la procédure n'a pas été respectée. Déjà dans les jours qui avaient suivi l'arrestation, la gendarmerie avait été dessaisie de l'affaire au profit de la police judiciaire, et le bruit selon lequel il s'agissait d'un « super-échec des super-gendarmes » avait couru. Le brigadier Pierre Caudan se met à table, avoue que des irrégularités ont été commises et qu'il a reçu des « ordres » afin de les dissimuler.

Après plus de neuf mois de prison, le 21 mai 1983, les trois Irlandais inculpés, Michael Plunkett, Steve King et Mary Reid sont enfin libérés. Face aux caméras, Michael Plunkett dénonce un coup monté : « J'ai réalisé qu'il y avait une machination. J'ai dit au juge, et c'est enregistré je crois, que la police a fabriqué des preuves. J'accepte les responsabilités en ce qui concerne le pistolet. Quant à la bombe, il aurait été stupide d'avoir

Témoignage : Edwy Plenel,
directeur du site d'informations en ligne *Médiapart* et journaliste au *Monde* lors de l'affaire des Irlandais de Vincennes

« Quand cette affaire démarre, je viens d'avoir trente ans. Mes souvenirs se résument à deux mots : patience et indépendance. Mener une enquête, c'est construire un puzzle. Ce n'est pas un cadeau qui vous tombe du ciel. Cette affaire s'étale sur trois ans, c'est long. Ensuite, c'est un devoir d'indépendance, parce que avec un autre journaliste qui travaillait au *Canard enchaîné* à l'époque, Georges Marion, nous nous sommes heurtés à ce que j'ai coutume d'appeler depuis "le journalisme de gouvernement", c'est-à-dire le journalisme qui prend au pied de la lettre ce que disent les pouvoirs – qu'ils soient politiques, policiers ou économiques. Quand il croit reconnaître Plunkett, Bernard Jégat n'appelle pas M. Barril. Il contacte des journalistes, en l'occurrence des confrères du *Nouvel Observateur* qui appellent à leur tour l'Élysée. C'est le journal qui envoie M. Jégat à Prouteau qui ensuite le conduit à Barril. De mon côté, j'ai une source, un magistrat, qui évoque les incohérences judiciaires du dossier. Ce que je raconte dans mon premier article. Et il y a un troisième élément qui va prendre de l'ampleur et qui est le fruit du hasard : lors d'un pot au ministère de l'Intérieur pour les vœux du président, un membre du cabinet un peu bavard dit : "Moi, l'explosif, je sais qui l'a mis à Vincennes." Ce fil nous fait remonter jusqu'à Jégat, qui connaît le montage de Barril. Pourquoi se passe-t-il trois ans avant qu'on fasse cette découverte ? Raison d'État. Officier de police judiciaire, habillez-moi tout ça pour que ça tienne devant le juge !

Au départ il y a cette cellule antiterroriste créée par François Mitterrand sous le choc des attentats. Un abus de pouvoir qui n'est pas lié à la gauche mais à notre système présidentiel. Les présidents, et c'est le cas encore aujourd'hui, peuvent outrepasser leurs pouvoirs de manière presque institutionnelle, et François Mitterrand, dans une paranoïa qu'on comprend depuis son cancer, sa double vie privée, construit son bouclier. Ce sont ses gendarmes. Sous prétexte de terrorisme, il constitue un cabinet noir qui procède à des écoutes illégales et qui se comporte comme son service secret personnel. Tous ces gens finissent généraux, préfets, etc.
Nous journalistes, nous ne sommes pas au service des gens qui gouvernent ni de ceux qui nous emploient. Nous sommes au service du droit de savoir des citoyens, quitte parfois à bousculer nos propres convictions. (...) Je l'ai payée cette histoire, par des écoutes téléphoniques, des campagnes dans la presse. (...) Dans toute démocratie normale, cette affaire aurait donné lieu à une commission d'enquête parlementaire, des auditions publiques. Il n'y en a pas eu non plus pour le *Rainbow Warrior*. Chez nous, toute audition sur les questions militaires, de défense ou de services secrets, se fait à huis clos. Telles sont les institutions d'un pouvoir qui garde les atours de la monarchie. (...)
Il faut refonder la démocratie française. Dans l'affaire des Irlandais de Vincennes, je les ai tous vus défiler : Pierre Mauroy, Premier ministre, Laurent Fabius, son successeur à Matignon, Pierre Joxe, ministre de l'Intérieur, ils sont tous venus au procès. Ils ont confié leur embarras. Ils ont dit au président de la République : "Quand même, ça ne va pas votre histoire" et après ils ont arrêté. Pourquoi ? Parce que c'était le président ! Ce n'est pas possible. »

1985

Rainbow Warrior
Les eaux troubles de la raison d'État

L'affaire du *Rainbow Warrior*, appelée aussi l'« affaire Greenpeace », constitue l'échec le plus retentissant des services secrets français en opération extérieure. C'est l'histoire d'un ordre absurde, donné au plus haut niveau de l'État, sous la présidence de François Mitterrand, à une équipe de barbouzes de la DGSE : couler dans le port d'Auckland en Nouvelle-Zélande le *Rainbow Warrior*, un bateau de Greenpeace.

Les services spéciaux laissent derrière eux tous les petits cailloux qui vont permettre à la police néo-zélandaise de remonter rapidement jusqu'à eux. Mais pourquoi s'être attaqué à Greenpeace, cette association écologique de combat, certes très vert-rouge à l'époque, mais pacifiste ? La réponse est politique. Les bateaux de l'association présents dans le Pacifique sud gênent les militaires français qui, depuis des lustres, essayent leurs armes nucléaires sur l'atoll de Mururoa, disséminant ainsi leurs résidus radioactifs à l'autre bout du monde, le plus loin possible de la métropole.

Les remous de l'affaire étant plus violents que ceux du Pacifique un jour de gros temps, ils vont nécessiter l'arbitrage du Secrétaire général des Nations unies pour trouver une sortie à la crise. Comment en est-on arrivé là ? Qui a donné l'ordre et qui l'a couvert ? Et pourquoi cette mission a-t-elle tourné au fiasco ? Les services secrets en général considèrent qu'ils ont tous les droits sauf celui de se faire prendre. Or l'épisode du *Rainbow Warrior* est une triple faute : un faute professionnelle de leur part, une faute politique et diplomatique de leur hiérarchie – le pouvoir en place –, mais surtout une faute morale, car dans cette histoire, il y a mort d'homme. Ce drame donne à l'affaire le statut d'un scandale d'État, exposé sur la place publique la plus grande qui soit : le monde entier.

LES PROTAGONISTES

François Mitterrand, président de la République
Charles Hernu, ministre de la Défense de 1981 à 1985
Pierre Joxe, ministre de l'Intérieur de 1984 à 1986
Amiral Lacoste, patron des services secrets
Jean-Claude Lesquer, chef du service Action à la DGSE
M. et Mme Turenge, noms d'emprunt des deux agents spéciaux français qui s'appellent en réalité Alain Mafart et Dominique Prieur

Les services secrets en alerte

Au milieu des années quatre-vingt, dans un monde qui vit ses derniers moments de guerre froide, les services spéciaux français se sont auréolés de gloire avec l'affaire

Farewell. Un lieutenant-colonel soviétique devenu agent double a offert à la France de François Mitterrand les plus grands secrets du KGB, qui les a lui-même transmis au président Reagan, s'assurant ainsi un capital confiance inestimable aux yeux de Washington. Mais quatre ans plus tard, l'opération *Rainbow Warrior* ruine la réputation de nos services secrets. L'opération est baptisée « Satanique ». Un nom bien trouvé quand on sait que le diable se trouve dans les détails, car c'est bien un détail qui fait tout capoter ici.

Si jusque-là Paris s'est montré tout au plus agacé par la présence de Greenpeace dans le Pacifique sud, la donne n'est plus la même à la fin de l'année 1984. Au mois de novembre, plusieurs rapports inquiétants parviennent sur les bureaux du ministère de la Défense. Selon les informations des autorités militaires à Papeete et d'un agent dormant infiltré dans l'organisation écologique, celle-ci prépare une campagne beaucoup plus virulente et plus agressive que par le passé : elle veut prendre l'opinion internationale à témoin sur les expérimentations nucléaires françaises. Pour Paris, c'est clair, il faut agir, mais dans la discrétion, d'où la méthode que propose le patron des services secrets, l'amiral Lacoste, qui préconise de semer la discorde dans les groupes antinucléaires, paralyser leurs systèmes informatiques ou encore leur logistique. Mais ce type d'action demande de l'organisation et du temps. Or la DGSE en manque. L'amiral Lacoste l'explique lui-même : « Nous avons tout de suite lancé une série d'enquêtes et d'études préparatoires mais il est vite apparu qu'en raison de délais beaucoup trop brefs, nous n'aurions ni le temps ni les moyens de monter des contre-mesures non violentes. Nous pensions à des actions subtiles, conformément à la discrétion des services spéciaux. » Il faut donc improviser, se résoudre à agir dans l'urgence. Mais qui dit urgence dit précipitation.

Lieu ultra-sensible et hautement stratégique, l'atoll de Mururoa concentre toute l'attention de l'état-major des armées. Il représente par excellence le sanctuaire du secret-défense, ce concept qui permet au pouvoir de se placer au-dessus des lois quand la situation l'exige, un tranquille déni de démocratie qui s'applique encore aujourd'hui. Mais les militants de Greenpeace veulent marquer cette année 1985 d'une pierre blanche dans la lutte qui les oppose aux pays pro-nucléaire. Il leur faut donc à tout prix perturber les essais. C'est le *Rainbow Warrior* qui s'y colle. Long d'une quarantaine de mètres, cet ancien chalutier a été racheté par l'ONG en 1978. Il peut embarquer une vingtaine de personnes et des zodiaques rapides qui fonctionnent avec de puissants moteurs. Il n'y a aucune arme à bord.

Le 7 juillet, le *Rainbow Warrior* arrive dans la rade d'Auckland. Il est accueilli en grande pompe par des dizaines de petites embarcations qui viennent à sa rencontre pour saluer son équipage. Les Néo-Zélandais sont aussi de farouches opposants aux essais nucléaires français. Leur gouvernement a répété maintes fois à Paris qu'il ne saurait y avoir de collaboration économique entre les deux pays tant que la question du Centre d'expérimentation nucléaire du Pacifique ne serait pas réglée.

L'attentat

Le temps est calme, l'air est frais en ce 10 juillet 1985 sur le port d'Auckland.

Mais à 23 h 50, il est réveillé par une première explosion de faible puissance, puis par une seconde, beaucoup plus forte. C'est le *Rainbow Warrior* qui est touché. L'équipage et des passagers qui ont organisé une petite fête sur le pont ont le temps d'évacuer le bateau après la première déflagration qui a éventré la coque sur près de trois mètres. Mais une personne manque à l'appel. C'est le photographe portugais de l'expédition parti chercher son matériel. Il meurt, noyé dans le navire qui prend l'eau. L'affaire prend alors une tout autre dimension.

Le lendemain matin, la presse du monde entier se fait l'écho de la terrible nouvelle, et pour tous les médias, il s'agit d'un attentat. Qui peut donc en vouloir à Greenpeace à ce point-là ?

Et puis il y a un élément troublant : peu avant l'explosion, un camping-car bleu et blanc, de location, dans lequel ont pris place un homme et une femme, quitte le port. Sa plaque d'immatriculation est immédiatement relevée par un agent de sécurité qui croit avoir affaire à des cambrioleurs. Une petite vérification de routine. L'information est transmise à la police d'Auckland.

L'émotion est grande en Nouvelle-Zélande, d'autant plus qu'il s'agit du premier attentat que connaît ce pays calme, essentiellement connu pour son équipe de rugby, la meilleure du monde : les All Blacks. Une enquête pour homicide volontaire est ouverte. Tous les moyens sont mis en œuvre pour retrouver le ou les auteurs de cet acte qualifié sur place de « terroriste ».

Deux jours plus tard, le 12 juillet, la Criminal Investigation Branch, la police criminelle néo-zélandaise, arrête un couple de touristes francophones à l'aéroport d'Auckland. Il vient de restituer son véhicule de location dont la description amène tout droit au camping-car bleu et blanc qui semblait si pressé de partir. Le couple, un homme et une femme d'une trentaine d'années, est arrêté. Ils sont titulaires de deux passeports suisses délivrés à des années différentes mais dont les numéros se suivent. Si l'on ajoute à cela la découverte, près du lieu de l'attentat, d'un zodiac et d'une bouteille de plongée utilisée exclusivement par l'armée française, cela commence à faire beaucoup !

Mais faute de charges et de réponse des autorités helvétiques à Berne, la police locale doit relâcher les suspects au bout de vingt-quatre heures. Logés dans un motel en périphérie de la ville, monsieur et madame doivent toutefois rester à la disposition de la justice. Mais d'ailleurs, comment s'appellent-ils ?

Les faux époux Turenge

Dans les jours qui suivent, après vérification avec Interpol, les passeports se révèlent être des faux. La presse néo-zélandaise commence alors à mettre en cause… la France. Le 15 juillet, la police arrête à nouveau le couple. Si les Pieds nickelés de la bande dessinée sont trois, là, ils sont deux ! M. et Mme Turenge, qui évidemment ne s'appellent pas ainsi dans la vraie vie, sont des agents français et ils viennent de se faire griller. Dans les cabinets du ministère de l'Intérieur et de la Défense, c'est le branle-bas de combat.

Qu'à cela ne tienne, à la DGSE, on dément toute manœuvre en Nouvelle-Zélande. À la DST, on a compris que les services secrets extérieurs se sont pris les pieds dans le tapis. Les deux organisations sont rivales mais le linge sale doit se laver en famille et il faut éviter un scandale international. Les faux époux sont dans de sales draps, tout comme la France, pour laquelle ils travaillent.

Dans les heures qui succèdent à leur arrestation, le

ministre de la Défense Charles Hernu demande à rencontrer son collègue de l'Intérieur, Pierre Joxe, car il faut trouver une solution pour sauver la face. Malgré les tentatives menées pour retarder ou déboussoler l'enquête de la police néo-zélandaise, celle-ci progresse grâce à la coopération de la police judiciaire française. C'est cette dernière qui révèle que le numéro appelé à Paris est en réalité un numéro attribué à la ligne de secours de la DGSE – un procédé utilisé par les services secrets au cas où les choses tournent mal. Est-ce une erreur des policiers qu'on n'avait pas prévenus ou s'agit-il d'un nouvel épisode dans la guerre qui oppose la police aux militaires ?

Quoi qu'il en soit, à Paris, on nie. Personne ne se doute alors que cette histoire va déclencher un scandale national et international avec, sous le feu des projecteurs, l'amiral Lacoste, Charles Hernu et forcément le président de la République, François Mitterrand. Début août, la presse française mène son enquête. Il en ressort, selon plusieurs sources, que les faux époux Turenge se nomment en réalité Dominique Prieur, capitaine, et Alain Mafart, chef de bataillon.

Opération Satanique

« Soumis à une très forte pression du ministre de la Défense, j'avais pour mission d'empêcher Greenpeace de rejoindre la zone interdite autour de Mururoa, raconte l'amiral Pierre Lacoste. Il fallait faire en sorte que le *Rainbow Warrio*r ne puisse appareiller. Faute d'avoir trouvé une autre solution, j'ai entériné le plan de sabotage conçu par les spécialistes du service Action. Cette opération était trop compliquée, trop risquée et surtout, totalement condamnable dans son principe même. J'en ai parlé plusieurs fois au ministre de la Défense, Charles Hernu, qui a fait taire mes scrupules en me disant : "On nous fait la guerre, la poursuite des essais nucléaires est vitale pour la défense française. C'est l'un des attributs fondamentaux de notre souveraineté, nous ne pouvons pas tolérer que quiconque nous interdise de poursuivre ces expérimentations." » Tout est dit.

Le groupe Action, c'est l'unité spéciale de la DGSE, chargée des interventions aux quatre coins du monde. C'est lui qui élabore l'opération Satanique. Son chef, Jean-Claude Lesquer, nommé à ce poste après l'échec tragique des services secrets qui n'ont pas su prévoir ni empêcher l'attentat de l'immeuble du Drakkar responsable de la mort de cinquante-huit militaires français à Beyrouth en 1983, veut redorer le blason de ses agents et faire briller le service. Il propose trois plans à son directeur, l'amiral Lacoste, du plus soft au plus dur. Or c'est le plus dur qui est retenu par le ministère de la Défense, contre l'avis de nombreux agents du service. L'opération vise à mobiliser une vingtaine de nageurs de combat de la base d'Aspretto en Corse qui ont pour mission de placer deux charges explosives sur la coque du navire de Greenpeace, dans le but de lui infliger assez de dégâts pour le scotcher à Auckland, en d'autres termes, pour le couler.

La chute de Charles Hernu

Le ministre de la Défense, Charles Hernu, veut envoyer un message fort aux écologistes. Fini le temps où l'on trafiquait le réservoir des bateaux, ils doivent cesser de nuire une bonne fois pour toutes. Il faut dire que ce ministre soupçonne Greenpeace d'être un sous-marin de Moscou – ce qui, évidemment, ne sera jamais prouvé.

Charles Hernu est un personnage haut en couleur dans le gouvernement socialiste. Compagnon fidèle de François Mitterrand, il règne sur la ville de Villeurbanne qu'il administre depuis la nuit des temps, en potentat débonnaire, arborant constamment un petit sourire ironique, voire énigmatique. C'est un homme affable, apprécié et touchant dans la jouissance qu'il montre à exercer le pouvoir là où il rêvait de l'exercer, à la tête des armées. Il adore les militaires, les uniformes, les galons, le matériel, le nucléaire militaire. Pour lui, la protection des sites d'essais comme Mururoa est une mission sacrée.

Prudent, l'amiral Lacoste veut s'assurer, avant l'opération Greenpeace, qu'il s'agit bien du choix de son ministre et que celui-ci assumera. « Quand on m'a informé que tout était prêt, et avant de donner le feu vert pour l'exécution de l'opération, j'ai tenu une dernière fois à obtenir la confirmation de l'ordre du ministre. Je voulais m'assurer que nous étions bien en phase sur l'emploi de la méthode choisie. Il m'a reçu le 4 juillet au matin dans son bureau et me l'a confirmé. À partir de ce jour, j'étais en droit de considérer que nous étions solidaires dans cette action. L'arrestation du couple Turenge le 12 juillet à Auckland a été le point de départ de cette solidarité effectivement. Dans les semaines suivantes, je me retrouvais très souvent seul avec Charles Hernu, tentant de sauver ce qui pouvait encore l'être ». L'opération contre le *Rainbow Warrior* est un fiasco, un raté notoire et criminel. Il n'y a plus, dès lors, dans les allées du pouvoir à Paris qu'une stratégie : celle du mensonge.

« Tricoter » un rapport pour donner le change

Le 6 août, informé que la presse s'apprête à révéler l'implication des services français dans l'affaire, François Mitterrand demande à son Premier ministre d'ordonner sans délai une enquête rigoureuse. Le chef de gouvernement que le président offre à la France a trente-huit ans quand il accède à Matignon. Velours à l'extérieur, acier à l'intérieur, brillant, élégant, audacieux – « Lui c'est lui, moi c'est moi », dira-t-il plus tard du président, son pygmalion, lorsque celui-ci recevra le général polonais Jaruzelski –, Laurent Fabius présente tous les attributs d'un futur président. Mais une équation compliquée avec l'opinion française, l'affaire du sang contaminé et plus tard l'arrivée surprise de la candidate Ségolène Royal, lui barreront la route de l'Élysée. Aujourd'hui, Laurent Fabius est le ministre des Affaires étrangères, l'un des membres du gouvernement les plus respectés.

C'est lui qui, au cœur de l'affaire Greenpeace, charge le conseiller d'État Bernard Tricot de mener une enquête impartiale. Le rapport est rendu vingt jours plus tard. Les médias commentent : « Le voici, enfin, le fameux rapport Tricot que tout le monde attendait. D'abord, il n'y a aucune raison de penser que la DGSE a donné aux agents en Nouvelle-Zélande des instructions autres que celles tendant à mettre correctement en œuvre les directives gouvernementales. Ce sont les termes employés par M. Tricot qui mettent hors de cause la Direction des services secrets français. Concernant le deuxième point sur lequel tout le monde s'interrogeait, la part de responsabilité gouvernementale dans cette affaire, voici ce que l'on peut lire encore sous la plume de M. Tricot : “Tout ce que j'ai entendu et vu me donne la certitude qu'au niveau gouvernemental il n'a été pris aucune décision pour que le *Rainbow Warrior* soit endommagé." »

Pas de coupable désigné. On espère à l'Élysée que la tension va retomber et que la presse va passer à autre chose. Mais à la rentrée, le 17 septembre, le journal *Le Monde* assène un coup de massue.

Révélations

Edwy Plenel et Bertrand Le Gendre révèlent de source sûre que le *Rainbow Warrior* a été coulé par une deuxième équipe de plongeurs de combat dont personne ne soupçonnait l'existence jusqu'alors, et qui rend enfin plausible les théories de la police néo-zélandaise, à savoir que le faux couple Turenge n'était qu'un intermédiaire entre les marins du bateau *Ouvéa*, chargé de convoyer les explosifs, et un commando de nageurs de combats.

L'article fait grand bruit, mais face à la presse, Charles Hernu persiste dans le déni. En coulisses, il affirme que c'est un coup des Anglais, et sur la place publique, il ajoute : « Aucun service, aucune organisation dépendant de mon ministère n'a reçu l'ordre de commettre un attentat contre le *Rainbow Warrior*[1]. La DGSE n'avait pas en Nouvelle-Zélande, outre le commandant Mafart et le capitaine Prieur, d'autres agents que ceux qui composaient l'équipage de l'*Ouvéa*. Si on m'a désobéi, si on m'a menti, je le ferai immédiatement savoir, et je demanderai au gouvernement d'en tirer les conséquences. »

Le lendemain, le président Mitterrand lâche son

1. Charles Hernu pousse le patriotisme jusqu'à prononcer « varior ».

ministre en plein conseil. « Je veux savoir, et je veux savoir maintenant. » Charles Hernu, prostré, ne réagit pas. Trois jours après les révélations du *Monde*, il est contraint de démissionner, et le chef de la DGSE, l'amiral Pierre Lacoste, est limogé. Détail piquant, le directeur adjoint du cabinet de François Mitterrand s'appelle Gilles Ménage…

Le 22 septembre 1985, lors d'une allocution télévisée, le Premier ministre Laurent Fabius reconnaît la triste vérité : « Sur l'affaire du *Rainbow Warrior*, les conclusions permettent désormais de cerner la vérité. Ce sont ces agents de la DGSE qui ont coulé ce bateau. Ils ont agi sur ordre. Cette vérité a été cachée au conseiller d'État Tricot. J'ai rendu compte au président de la République de ces faits graves. Et nous avons estimé que des mesures immédiates s'imposaient. Premièrement, un nouveau chef de la DGSE sera nommé dès le prochain conseil des ministres. Il devra prioritairement réorganiser l'ensemble de ses services. Deuxièmement, le gouvernement est favorable à la création d'une commission d'enquête parlementaire. » En définitive, ce sont bel et bien une vingtaine d'hommes du service Action qui ont pris part à l'opération, avec un financement provenant directement des fonds spéciaux, qui ne peuvent être débloqués sans l'aval des généraux proches du président. Alors, qui savait et qui ne savait pas ? Telle est la question politique de cette affaire.

Paul Quilès remplace Charles Hernu au ministère de la Défense, le général Imbot succède à l'amiral Lacoste à la tête de la DGSE. Le 22 novembre 1985, la justice néo-zélandaise condamne les agents Dominique Prieur et Alain Mafart à une peine de dix ans de prison pour homicide involontaire. Mais grâce à un accord entre la France et la Nouvelle-Zélande, ils sont finalement autorisés à rejoindre la Polynésie un an plus tard, gardés au secret quelque temps.

Pour résoudre le conflit diplomatique qui gangrène les relations entre la France et la Nouvelle-Zélande après cette affaire, les deux pays font appel au Secrétaire général des Nations unies, Javier Pérez de Cuéllar. Sa décision intervient en juillet 1986, un an après les faits. Le premier des diplomates de la planète accorde une double réparation à la Nouvelle-Zélande avec des excuses officielles de la France, comble de l'humiliation, et une réparation de 7 millions de dollars US, au titre des dommages et intérêts.

Aujourd'hui, le temps a fait son œuvre, apaisant. Mais les Néo-Zélandais sont encore nombreux à esquisser un sourire narquois quand on leur parle de la France. Une réaction qui en dit long sur le fossé entre les deux cultures, d'une part celle d'un pays écologiste qui ne pèse pas de façon significative sur les affaires du monde, d'autre part celle d'un pays qui entend perpétuer son influence au-delà de ses frontières, pour le meilleur et pour le pire.

Témoignage : Jean Guisnel,

journaliste, spécialiste des questions militaires et de renseignement. A enquêté sur l'affaire du *Rainbow Warrior*

« François Mitterrand était évidemment au courant d'une opération conduite contre Greenpeace à Auckland, mais vraisemblablement pas des modalités précises, notamment de la destruction du bateau. Il savait qu'il y aurait une opération d'entrave, mais pas nécessairement celle-là. Charles Hernu, lui, a donné l'ordre précis de couler le bateau. Mais certains de ses collaborateurs voulaient aller encore plus loin. Ils auraient préféré que le bateau fût coulé au large, avec les gens à bord. Cette opération démente n'a pas été réalisée, heureusement. Laurent Fabius, lui, n'était au courant de rien, on en est certains. La chaîne de commandement est connue : le pivot, l'exécuteur, le donneur d'ordre, c'est Charles Hernu, l'aval est donné par le chef d'état-major particulier du président, et l'exécution est réalisée par Pierre Lacoste.

Au début des années quatre-vingt, une vague terroriste meurtrière secoue la France. Complètement désemparés, à la fois sur le plan judiciaire et technique, ni la police ni la justice ni le gouvernement ne comprenaient ce qui passait. Ils ont donc pris la décision erronée d'utiliser les services secrets pour mener des représailles extrêmement rapides. On disait : "Il y a un attentat, on va trouver le commanditaire et on va le frapper le plus vite possible." C'est cette mentalité qui a déteint sur l'affaire Greenpeace. Il y a un gêneur, on l'empêche d'agir le plus vite possible. Les militaires ont obéi. Ils ont pris des risques inconsidérés et n'ont pas respecté les mesures qu'ils auraient dû appliquer dans le port, ils n'ont pas calculé les marées notamment.

Ce que voulait faire Pierre Lacoste, une fois l'échec consommé, c'est aller voir son homologue en Nouvelle-Zélande et lui dire : "C'est nous, c'est une connerie, on assume, on paie, vous nous dites combien ça coûte et on se quitte bons amis." Cette solution-là aurait pu être mise en œuvre, et l'affaire aurait été traitée comme elles le sont toujours entre services secrets : tout aurait été enfoui et personne n'en aurait jamais parlé. Mais le gouvernement français a refusé cette option. »

1986

Le Carrefour du développement
Le scandale de la cohabitation

Le 28 avril 1986 éclate le premier grand scandale politico-financier des années Mitterrand. Des dizaines de millions de francs d'argent public disparaissent. Fausses factures, financement occulte des partis politiques, vrai-faux passeport, avec pour toile de fond une association au nom étrange : « le Carrefour du développement ».

Cette histoire s'inscrit pendant la première cohabitation de la Ve République. Entre coups bas et déclarations choc, la droite et la gauche s'affrontent sans mesurer, au début, l'impact sur l'opinion française de cette affaire qui va durablement discréditer la classe politique. Si les révélations entachent les deux camps, la gauche est la plus touchée puisqu'un ministre issu de ses rangs va se retrouver inculpé par la Haute Cour de justice, procédure rare dans l'histoire politique française. Après les affaires des Irlandais de Vincennes et du *Rainbow Warrior*, ce nouveau dossier confirme que le terrain de la morale sur lequel la gauche déclare inscrire son action n'est qu'une vue de l'esprit.

LES PROTAGONISTES

François Mitterrand, président de la République
Guy Penne, conseiller spécial pour l'Afrique de François Mitterrand
Yves Chalier, président de l'association, chef de cabinet et trésorier de Christian Nucci
Michèle Bretin-Naquet, coprésidente de l'association
Christian Nucci, ministre socialiste de la Coopération de 1983 à 1986, créateur de l'association Carrefour du développement
Michel Aurillac, nouveau ministre de la Coopération en 1986 avec la cohabitation
Jacques Chirac, Premier ministre à partir de 1986
Charles Pasqua, ministre de l'Intérieur en 1986
Pierre Joxe, nouveau ministre de l'Intérieur en 1988 quand François Mitterrand est réélu
Jacques Delebois, ancien chef des services de la DST qui aide Yves Chalier à fuir hors de France

« Un baril de fange »

Juin 1983. Depuis sept mois, Christian Nucci est ministre de la Coopération. Maire de Beaurepaire puis député de l'Isère, plein d'allant, Christian Nucci se lance avec vigueur dans sa fonction ministérielle. Il crée une association, Carrefour du développement, dont les objectifs sont aussi larges que flous. En somme, il s'agit de promouvoir des actions dans les pays du tiers-monde. Christian Nucci y place des personnes de confiance : Michèle Bretin-Naquet à sa tête et Yves

Chalier, son chef de cabinet, comme trésorier. Jusqu'ici, tout va bien.

Mais les 11 et 12 décembre 1984, tout bascule lorsque François Mitterrand décide d'organiser le onzième sommet franco-africain à Bujumbura au Burundi. La mission est confiée à Christian Nucci. Il ne dispose que de six mois pour mettre en place un sommet international dans un petit pays qui ne possède pas la moindre infrastructure adaptée pour l'occasion. Lorsque Yves Chalier rentre de ses repérages, il est catastrophé, le budget alloué, 80 millions de francs, ne suffira pas. C'est mission impossible. Les deux hommes décident alors de passer par l'association Carrefour du développement.

Le 17 mars 1986, la France de gauche se réveille avec la gueule de bois. La veille, les électeurs ont donné la majorité à la droite à l'Assemblée nationale. Le président conserve sa garde rapprochée à l'Élysée et observe la droite au pouvoir. Pour le ministère de la Coopération, Jacques Chirac, chef du gouvernement, choisit Michel Aurillac.

En avril 1986, à peine entré en fonction, le nouveau ministre reçoit un compte rendu de la Cour des comptes concernant le Carrefour du développement, dissous depuis janvier 1986. Michel Aurillac découvre que l'association affiche un trou de plusieurs dizaines de millions de francs. Il décide de rendre l'information publique. « J'ai découvert un certain nombre d'irrégularités, qui dépassent tout ce que j'avais pu imaginer au départ. La justice est un pouvoir indépendant du pouvoir exécutif. Je ne fais pas de perquisition, je n'inculpe pas et je condamne encore moins. Je n'ai aucune joie à voir manier un baril de fange, mais il faut que l'administration française sache qu'on ne fait pas impunément des manipulations de deniers publics. J'ai trouvé des choses tout à fait irrégulières. Ça fait trente-cinq ans que je sers l'État dans différentes fonctions, qu'elles soient nommées ou électives. C'est la première fois que je rencontre une affaire de cette importance. »

Michel Aurillac mène son enquête, en coulisses. Il va de surprise en surprise. Au-delà des dépenses faramineuses du sommet du Burundi, de nombreuses transactions occultes sont passées par l'association Carrefour du développement. On y trouve l'achat par Yves Chalier d'un studio dans le XVIe arrondissement, puis d'un autre appartement pour l'une de ses maîtresses, ainsi que la rénovation de celui de son ex-femme, des bijoux, des voitures et des billets d'avion. Il y a aussi l'achat et la restauration du château d'Ortie en Sologne, destiné à recevoir des cadres africains bénéficiant de formations et de séminaires. Des cadres qui ne viendront jamais. L'opération s'élève à 3 300 000 francs. Cette transaction implique une seconde association, Promotion française, dont la présidente est Marie-Danielle Bahisson, sous-préfète, et la trésorière Lucette Norbert, médium par ailleurs. Enfin, certaines dépenses entrent en lien direct avec les activités politiques de Christian Nucci, l'ancien ministre de la Coopération : de fausses factures auraient été établies pour le financement d'affiches électorales lors de sa campagne des législatives en mars 1986, ainsi que pour la réception de dignitaires africains dans une villa à Beaurepaire sur ses terres électorales en Isère ; et le règlement de ses cotisations au parti socialiste serait passé par un compte qu'il aurait en commun avec son chef de cabinet Yves Chalier. La plupart des justificatifs de paiement sont paraphés de la main de Christian Nucci.

Yves Chalier sait que la Cour des comptes enquête depuis plusieurs jours. Il essaie de gagner du temps.

Il traverse Paris, les archives de l'association sous le bras, pour s'en débarrasser. D'abord, il se tourne vers son camp, le parti socialiste. Il révèle à Guy Penne, conseiller Afrique de François Mitterrand, les problèmes de financement du sommet du Burundi et la comptabilité douteuse de l'association. Guy Penne refuse de conserver les archives de l'association. Yves Chalier se tourne alors directement vers le président de la République, à qui il explique tout. Il va jusqu'à lui montrer la R25 blindée stationnée dans la cour du palais, qui a été payée par le Carrefour du développement. Il lui demande de bloquer l'enquête de la Cour des comptes. François Mitterrand n'en revient pas, il n'a jamais entendu parler de cette association et renvoie son interlocuteur sur-le-champ.

Yves Chalier comprend qu'il est lâché par son propre camp. Le 21 avril 1986, il finit par se présenter au cabinet de Michel Aurillac. L'ambiance est tendue. Il propose de donner au nouveau ministre les archives de l'association. Michel Aurillac refuse. Il l'invite à remettre ces archives au siège de l'association ou à la Cour des comptes. Mais curieusement, dans la nuit du 22 au 23 avril 1986, le dossier disparaît des bureaux du Carrefour du développement, un cambriolage semble-t-il, mais sans traces d'effraction !

C'en est trop. Michel Aurillac porte plainte contre X, tout comme la présidente de l'association, Michèle Bretin-Naquet. Le juge d'instruction Jean-Pierre Michaud hérite de l'enquête. Tous les regards se tournent vers Yves Chalier. Mais celui-ci a mystérieusement disparu depuis plusieurs jours, de même que les dizaines de millions de francs. Puis c'est au tour de Christian Nucci, l'ancien ministre, d'être suspecté.

Le duel Yves Chalier-Christian Nucci

Commence alors une lutte à distance entre Yves Chalier et Christian Nucci. Le premier à porter l'estocade, c'est l'ancien chef de cabinet, qui envoie un document de curieuse nature : treize pages manuscrites, rédigées à la troisième personne, sans signature, glissées directement dans la boîte aux lettres personnelle du ministre Michel Aurillac par un intermédiaire.

Que contient ce document ? Rien de moins que les confessions d'Yves Chalier. Il raconte tout, insiste sur le rôle de Christian Nucci dans l'affaire, détaille précisément son train de vie, ses dépenses ministérielles et son intimité. Le rapport se conclut même par une attaque particulièrement dure envers son ancien ministre : « Les deux plus grandes préoccupations de Christian Nucci étaient le sport et les femmes. »

Michel Aurillac s'empresse d'en donner copie à Jacques Chirac et confie le document à la police judiciaire, qui lance un mandat d'arrêt international contre Yves Chalier. De son côté, Christian Nucci, qui a entendu parler du document par voie de presse, fait sa première apparition télévisée depuis le début de l'affaire et nie tout en bloc : « Il n'y a pas eu de fonds versés par Carrefour du développement au parti socialiste. Vous m'accorderez de dire que c'est quand même pour le moins surprenant que ce document, qui selon ce que j'en sais d'après la presse, me concerne et concerne d'autres personnes, ne m'ait pas été adressé, que je n'aie même pas été informé. Curieuse démarche de mon ancien chef de cabinet. Je m'interroge. » Dans la foulée, Christian Nucci décide de porter plainte pour faux et usage de faux.

Dans le même temps, un certain Daniel Ronjat, un imprimeur de Beaurepaire, est inculpé pour une histoire de fausses factures. Pour des affiches électorales ? Cet épisode semble accréditer la thèse d'un financement occulte de campagnes électorales, ce que, le 26 juillet 1986, Chalier confirme dans un entretien exclusif au *Figaro Magazine* : « La dernière fausse facture qui a été établie concernait une étude bidon sur des systèmes de comptabilité en Afrique, un truc comme ça. Elle était de 2 150 000 francs. Et elle a servi également à payer des affiches électorales. C'est Ronja qui a fait ces affiches. Il a même établi des factures. Ça m'avait fait rigoler d'ailleurs parce que habituellement on est discret dans ce genre de truc. » Réfugié au Paraguay, alors même qu'il est sous le coup d'un mandat d'arrêt international, Yves Chalier continue de se dénoncer et d'entraîner dans son sillage plusieurs personnalités importantes de la gauche française. L'étau se resserre.

De son côté, le juge Michaud continue son instruction. Les inculpations tombent en cascade. Le 9 octobre 1986, il place en détention l'amie d'Yves Chalier, Maggy Bacquian, dont la maison à Rambouillet aurait été financée par l'association.

Et c'est pendant l'automne 1986 que l'affaire du Carrefour du développement connaît une deuxième phase, celle de l'affaire dans l'affaire. Coup de théâtre à Paris !

L'affaire dans l'affaire : le vrai-faux passeport

Après plusieurs mois de cavale, Yves Chalier rentre en France et se rend à la police. Incarcéré à la prison de la Santé à Paris, il est inculpé de faux en écriture publique, usage de faux, abus de confiance et vol. Quelques jours auparavant, dans une interview au *Point* réalisée par Jean-Marie Pontaut, il affirme détenir un document qui prouverait que ce sont bien les services secrets français qui ont organisé sa fuite. Mais pourquoi ? Lorsqu'il se livre à la justice, Yves Chalier remet au juge Michaud un document dont on va beaucoup parler : un « vrai-faux passeport ». L'expression fera date. Et il explique que c'est la Direction de la surveillance du territoire, la DST, qui le lui a remis alors même que la police française était à ses trousses.

C'est au moment où l'affaire est rendue publique qu'il aurait rencontré Charles Pasqua, ministre de l'Intérieur. Puis, il se serait rapproché d'anciennes connaissances de la DST et notamment de Jacques Delebois, qu'il avait rencontré lors du sommet de Bujumbura en 1984. Ce dernier vient d'être nommé au poste de contrôleur général de la police. Il aurait accepté de l'aider, en organisant sa fuite au Brésil. De là, il l'aurait mis en contact avec un intermédiaire qui aurait accepté de prêter un appartement au fugitif à Rio et de lui trouver un emploi dans une société d'informatique. Une nouvelle vie, quoi !

Mais selon Yves Chalier, cette aide était un prêté pour un rendu. En échange de sa couverture, il devait donner des informations à charge contre Nucci, d'où l'envoi du document manuscrit au ministre Michel Aurillac. Yves Chalier aurait donc été retourné et manipulé par la droite au pouvoir à des fins politiques.

Le 2 décembre 1986, le juge Michaud inculpe Jacques Delebois. Mais, dans le même temps, le directeur de la DST oppose le secret-défense au juge d'instruction, l'arme de dissuasion massive. Tous les regards se tournent alors vers le ministre de l'Intérieur, Charles

Pasqua, qui en légitime l'emploi : « J'ai répondu au juge d'instruction qu'effectivement le secret-défense me paraissait légitime. Les informations publiées me semblent relever du dénigrement et de la diffamation. Alors, ça m'ennuie. Je ne voudrais pas que les relations que j'ai avec la presse se fassent uniquement par l'intermédiaire du parquet de Paris. Mais si j'y suis contraint, je le ferai. »

Au début de l'année 1987, ce vrai-faux passeport donne une tournure politico-judiciaire historique à l'affaire. Dans le sillage de la cohabitation, le dossier traduit les dissensions, les coups bas portés par chaque camp, le tout amplifié par la perspective de l'élection présidentielle prévue un an plus tard. Jacques Chirac vient au secours de Charles Pasqua : « Je lui fais toute confiance et je puis vous dire que ça me laisse dans un état de sérénité parfait et que ça ne peut en aucun cas m'empêcher de faire quoi que ce soit. » À la question d'un journaliste qui s'étonne qu'on ait pu délivrer un vrai-faux passeport à quelqu'un qui était recherché par la justice afin de l'aider à se réfugier à l'étranger pour le mettre à l'abri des poursuites, Jacques Chirac répond : « Vous en avez la preuve ? La justice est saisie, cher monsieur, ne préjugez pas. C'est un peu facile. Moi je pourrais dire des choses sur vous qui vous seraient probablement très désagréables, ce que je me garderais bien de faire en tous les cas, tant que je n'en aurai pas la preuve. Alors respectez également la justice et son cours. Et respectez votre prochain. » « Si je pose cette question, c'est qu'elle a été posée par un juge d'instruction à un ministre », rétorque le journaliste. Jacques Chirac répond : « Comment le savez-vous ? Il y a en France le secret de l'instruction. Ce n'est pas parce que quelques journaux mènent des campagnes de diffamation à des fins politiques qu'il faut prendre ce qu'ils disent pour argent comptant. »

À gauche, on accuse Charles Pasqua. À droite, on continue d'attaquer l'ancien ministre socialiste Christian Nucci. Après plusieurs mois d'enquête, douze inculpations, de nombreuses auditions, et surtout le retour d'Yves Chalier avec ses déclarations explosives, le juge Michaud transmet le dossier Nucci au parquet. Le magistrat estime avoir accumulé suffisamment de charges pour inculper l'ancien ministre socialiste. Mais vu sa fonction à l'époque des faits, seule la Haute Cour de justice peut statuer.

Haute Cour de justice

Le 30 avril 1987, le parquet ouvre une procédure, confirmant les délits reprochés à Christian Nucci. La Haute Cour est une procédure rare et complexe. Elle est composée de députés et de sénateurs. Pour que le dossier soit mené devant cette instance, il faut qu'une majorité vote « pour » dans les deux assemblées.

L'affaire prend ouvertement un tournant politique. Tout doit se jouer à l'Assemblée. Alors d'un côté comme de l'autre, on cogne. Pour la gauche, si Christian Nucci doit se retrouver face à la Haute Cour, Charles Pasqua aussi. Jack Lang, notamment, monte au créneau : « Pourquoi M. Pasqua protège-t-il l'homme, un collaborateur personnel, qui a délivré un faux passeport au véritable coupable de cette affaire, M. Chalier ? Pourquoi M. Pasqua invoque-t-il le secret-défense ? Et puisque le RPR entend poser toute une série de questions, à mon tour j'en pose une autre : d'où vient aujourd'hui l'argent qui coule à flots dans les caisses du RPR et de l'UDF ? Peut-on fournir aux Français des garanties que les privatisations, à l'occasion desquelles les groupes repreneurs sont choisis par le gouvernement, ne génèrent pas des récompenses ? »

Le 8 octobre 1987, à l'Assemblée, l'ambiance est pesante dans l'hémicycle. Tous ont conscience de vivre un moment très particulier, historique. Christian Nucci prend la parole : « Vous ne pouvez pas accepter pour l'honneur du Parlement de prendre une décision qui reposerait sur des éléments tronqués. Il ne faudrait pas confondre justice et précipitation. À moins que cette précipitation ait des motivations auxquelles la justice est étrangère. Ce n'est pas une mise en accusation que vous allez voter, mais bel et bien une accusation dont vous porterez pour toujours l'entière et surtout l'individuelle responsabilité. J'en appelle à votre conscience. »

Sans succès. Une alliance exceptionnelle, qui va de l'extrême droite à l'extrême gauche, en passant par les gaullistes et les giscardiens, vote pour la comparution de Christian Nucci devant la Haute Cour de justice. La gauche qui brandissait son exigence morale voit l'un des siens jugé en Haute Cour. Celle-ci rend son rapport le 19 février 1988. Elle inculpe l'ancien ministre pour faux en écritures publiques et privées, usage et soustraction de fonds par dépositaire public.

Les socialistes de retour aux affaires

Une nouvelle donne vient changer le paysage politique. En mai 1988, à l'issue d'une campagne extrêmement habile, un modèle du genre, François Mitterrand est réélu président de la République. Dès lors, les socialistes reprennent l'avantage. Et ça ne traîne pas !

Pierre Joxe, nouveau ministre de l'Intérieur, lève le secret-défense imposé par Charles Pasqua dans l'affaire du faux passeport. Ainsi, le 20 novembre 1989, le juge d'instruction chargé de l'affaire, Philippe Jeannin, reçoit le directeur de la DST, Bernard Gérard, qui lui avoue que le passeport et le permis de conduire ont bien été fabriqués sur ordre de Pasqua.

Puis, le 7 décembre 1989, l'Assemblée nationale vote une loi d'amnistie sur le financement des partis et des campagnes politiques. Miracle pour Christian Nucci dont le dossier se retrouve tout à coup vidé puisque les principaux griefs retenus contre lui sont liés au financement de sa campagne pour les législatives de 1986. La Haute Cour de justice rend donc un non-lieu sur le dossier de l'ancien ministre. Rideau !… croit-on, car Yves Chalier, lui, va être jugé.

L'addition

Ce 23 mars 1992, après six ans d'instruction, s'ouvre enfin le procès de l'association Carrefour du développement. Quatre personnes ont pris place sur le banc des prévenus, Yves Chalier bien sûr, René Trillaud, le chef de service des dépenses du ministère, accusé d'avoir fermé les yeux, Philippe Leroy, P-DG de l'entreprise de transports Socotra fournisseur présumé de fausses factures, et Marie-Danièle Bahisson, présidente de l'association Promesse française. Comble de l'ironie, côté partie civile se retrouvent Christian Nucci et Michèle Bretin-Naquet. Finalement, seuls Yves Chalier et Philippe Leroy sont respectivement condamnés à cinq et deux ans de prison.

Puis, au printemps 1994, Yves Chalier et Jacques

Delebois sont jugés en correctionnelle pour l'affaire dans l'affaire, le « vrai-faux passeport ». Jacques Delebois est condamné à quatre mois de prison avec sursis tout comme Yves Chalier à qui l'on reproche l'utilisation du document trafiqué. Quant à Christian Nucci, c'est en espèces sonnantes et trébuchantes que l'affaire du Carrefour du développement se rappelle à lui. La Cour des comptes lui présente la facture, une vraie celle-là, d'un montant de un million de francs.

Fin 1996, un projet de loi du gouvernement finit par contraindre Christian Nucci et Yves Chalier à rembourser respectivement 20 millions et 1 million et demi de francs. La boucle est bouclée, on a retrouvé l'argent disparu des caisses du Carrefour du développement.

Plusieurs années d'enquête, des rebondissements, un vrai-faux passeport, des fausses factures, des soupçons de financement occulte de campagne électorale, une loi d'amnistie miraculeuse, tous les ingrédients de cette affaire apparaissent comme une synthèse de toutes les autres affaires que la France connaît depuis, jusqu'à aujourd'hui. Une recette qui gangrène la vie politique et qui fait le lit de la théorie dangereuse du « tous pourris ».

Un éternel recommencement.

Témoignage : Jean-Marie Pontaut,

journaliste au *Point*, protagoniste

« Dès qu'on a su qu'Yves Chalier avait disparu, on l'a cherché. On a réussi à le contacter nous-mêmes et à lui faire accepter une interview au Brésil.

Je passe à la rédaction du *Point*. Je me prépare pour partir. Je dis au journal qu'il me faut un passeport et de

l'argent, pour aller là-bas. Et, avec Jacques Derogy, on se rend au rendez-vous que nous a fixé l'intermédiaire qui devait nous conduire au Brésil. Je m'en souviendrai toute ma vie, c'était le 1er novembre 1986, place d'Auteuil. Et là, je vois débarquer Yves Chalier, tranquillement, comme une fleur, alors que toute la police le recherche ! Il arrive directement du Brésil, via Genève. Il semble très paisible. Estomaqués, on l'emmène dans l'appartement d'un ami. Il commence par nous raconter l'affaire Carrefour du développement. Il nous explique aussi qu'il a utilisé une partie de l'argent pour lui, mais juste un peu, parce qu'il voyait passer des valises de billets et qu'il a fini par "péter les plombs".
L'association Carrefour du développement établit des fausses factures pour des sociétés, comme par exemple, et c'est assez triste, du matériel médical. Évidemment, tout ça n'existe pas. Donc l'argent est rendu en liquide, et Chalier va lui-même au Burundi accompagné par des policiers où il transporte des valises de billets et se sert au passage. D'autant plus qu'il a le sentiment qu'il est couvert. Ensuite, Yves Chalier nous apprend qu'il est parti au Brésil, parce que c'est la droite, plus précisément un membre du cabinet de Pasqua, qui l'y a envoyé pour dénoncer les agissements de la gauche. Je lui réponds : "C'est très gentil mais c'est énorme, votre histoire. Vous avez une preuve ?" "Bien sûr que j'ai une preuve." Il me sort un passeport, flambant neuf, au nom d'"Yves Navarro", et un permis de conduire. Il ajoute : "C'est le cabinet de Pasqua et le commissaire Delebois, un ancien de la DST, qui me les ont donnés." On est sidérés ! C'est ce qu'on appelle un "vrai-faux" dans les services : un passeport anonyme que possède "en blanc" la DST pour les agents spéciaux. Commence alors le moment surréaliste où tous les deux jours, on le change d'hôtel. On le cache. On sait

que la police le cherche, mais on veut faire cette interview. On finit par l'interroger dans les locaux du journal, dans une pièce où on se met en bras de chemise pour faire croire qu'on est au Brésil. On enlève nos cravates, on laisse nos chemises ouvertes.

Il y a deux choses terribles dans cette affaire pour l'image de l'homme politique. Tout d'abord, on a l'impression que la droite et la gauche, en temps de cohabitation, font chacune des magouilles pour utiliser cet homme : la gauche, en lui faisant détourner de l'argent, la droite, en essayant de le récupérer et en le planquant au Brésil pour le faire parler. Puis il y a une conséquence qui est peut-être plus grave encore, ce sont les lois d'amnistie dont a bénéficié Nucci.

Cet événement a eu un effet dévastateur sur la gauche. Il n'y avait aucune explication rationnelle qui justifiait le sommet franco-africain de Bujumbura. Mitterrand voulait une piste pour faire atterrir le Concorde. Ce qui a coûté une fortune absolue. Pierre Mauroy, le Premier ministre, avait dit à Mitterrand. "Monsieur le président, ça ne va pas être facile parce qu'on n'a rien." Mitterrand avait répondu : "Débrouillez-vous, c'est vos affaires, pas les miennes." On s'est débrouillé, on a fabriqué le Carrefour du développement et ça s'est terminé en scandale d'État. »

1986

L'affaire Patrick Dils
L'horreur judiciaire

Le 28 septembre 1986, à Montigny-lès-Metz, la police découvre les corps sans vie de deux enfants de huit ans, massacrés à coups de pierres. Plusieurs personnes sont interrogées et après quelques mois, un coupable est trouvé : Patrick Dils, timide adolescent de seize ans, qui avoue. Il écope de la peine maximale, la réclusion criminelle à perpétuité.

Il faut attendre quinze ans et trois procès d'assises pour qu'il soit officiellement innocenté par un verdict d'acquittement en avril 2002. Qui est le meurtrier ? Francis Heaulme, le « routard du crime », le suspect numéro un qui, après avoir bénéficié d'un non-lieu en décembre 2007, est à nouveau arrêté. Quelqu'un d'autre ?

En 2014, l'affaire rebondit. Un autre homme se serait trouvé avec Francis Heaulme sur les lieux, à l'heure du crime, en ce dimanche de septembre 1986. Or ce troisième personnage ne serait ni plus ni moins que le premier suspect, Henri Leclaire, celui que les policiers avaient entendu en décembre 1986 mais dont ils n'avaient pas cru les aveux. Pendant toutes ces années, Patrick Dils paye pour tout le monde. Son éprouvante garde à vue, l'acharnement de la justice et les traitements inhumains dont il a été la victime en prison, plusieurs fois tabassé et violé par ses codétenus, font de lui un martyr. Pendant quinze ans, le désespoir et la violence ont terrassé ce jeune homme fragile. Son histoire est l'une des plus bouleversantes de la chronique judiciaire.

LES PROTAGONISTES

Alexandre Beckrich et Cyril Beining, les deux garçons de huit ans assassinés en 1986
Patrick Dils, suspect condamné à tort du crime des deux garçons, incarcéré pendant quinze ans
Inspecteur Varlet, chargé de l'enquête en 1986
Mireille Maubert, juge qui condamne Patrick Dils à la perpétuité en 1989
Maître Becker et maître Florand, deux avocats successifs de Patrick Dils
Jean-François Abgral, gendarme qui découvre la présence de Francis Heaulme sur les lieux du crime
Francis Heaulme, alias le « routard du crime », tueur en série présent sur les lieux du crime, suspecté aujourd'hui
Henri Leclaire, suspect également présent sur les lieux du crime, qui a avoué le meurtre en 1986

Une enquête balbutiante

Alexandre et Cyril habitent à Montigny-lès-Metz, une petite ville de la banlieue de Metz. En ce dimanche

28 septembre 1986, vers 17 h 30, ils se dirigent du côté de la rue Venizelos, un endroit peu fréquenté qui longe une voie ferrée désaffectée. C'est là qu'ils aiment jouer, loin des adultes. Ils grimpent sur les talus ou fouillent dans les bennes installées à côté.

À 19 heures, Cyril et Alexandre ne sont toujours pas rentrés à la maison. Les parents s'inquiètent et font ce que tout parent ferait en la circonstance : ils alertent les pompiers et la police. Quelques minutes plus tard, les deux bicyclettes sont retrouvées sur le talus. Mais aucune trace des deux garçons ! La panique prend le pas sur l'inquiétude. Elle est justifiée. À 19 h 30, leurs corps inertes sont découverts par un policier prévenu par la grand-mère, Ginette. Ils gisent à côté des voies, allongés sur le dos, lapidés. L'un des garçons a la tête écrasée, enfoncée de dix centimètres sous les pierres du ballast. Du sang a giclé jusque sur les wagons.

Chez les deux familles, la vie s'arrête ce jour-là. La population bouleversée voit soudain rejaillir le spectre de l'affaire Patrick Henry qui avait enlevé et tué un jeune garçon en 1976. On entend déjà des voix qui réclament la peine de mort pour le ou les assassins. Le soir même, sous la direction de la juge Mireille Maubert, les policiers de Metz commencent leur enquête et s'interrogent. Le lieu est isolé. Cyril et Alexandre auraient-ils surpris des trafiquants ou été des témoins gênants et auraient-ils été tués froidement ? Seraient-ils victimes d'un pervers ? À ce stade de l'enquête tout est possible.

Les témoignages manquent, personne n'a rien entendu, pas le moindre cri, rien. Pourtant les enfants ont été assassinés avec une violence inouïe. Le médecin légiste donne un créneau très large pour l'heure de leur mort. Elle remonterait à 17 h 30. Mais sans thermomètre pour évaluer la température des corps, cette évaluation est approximative. Dans la nuit, sur la scène du crime, les policiers vont trop vite et certaines pièces n'auraient pas été mises sous scellés, comme les vêtements des deux garçons ou une cordelette retrouvée près des corps. L'enquête s'oriente alors vers plusieurs suspects dont un jeune apprenti cuisinier de seize ans, voisin du petit Alexandre, un certain Patrick Dils. Ce dernier a l'habitude de se rendre du côté des bennes situées non loin de la rue Venizelos où il décolle les timbres sur les enveloppes jetées aux ordures. C'est son passe-temps favori. Le 1er octobre, ce grand adolescent roux est placé en garde à vue. Mais l'hypothèse ne tient pas.

La police interroge près de cinq cents personnes, en vain. Elle ne trouve pas le moindre indice sérieux. L'expertise médicale confirme que les enfants n'ont subi aucune violence sexuelle. On sait aussi qu'un jeune homme d'une trentaine d'années a été aperçu le dimanche 28 septembre sur les lieux du crime et qu'une voiture, une Fiat Panda, stationnait tout près cet après-midi-là.

Au bout de trois mois, l'enquête semble s'accélérer. Le 10 décembre 1986, les policiers entendent un suspect. C'est un manutentionnaire âgé de trente-huit ans, employé aux éditions Le Lorrain situées rue de Venizelos. Il s'appelle Henri Leclaire. Son travail consiste à surveiller les bennes dans lesquelles sont jetés des papiers à recycler. Cet homme raconte aux enquêteurs et à leur chef, l'inspecteur Varlet, qu'il s'est bien rendu le dimanche 28 septembre du côté des bennes et qu'il a effectivement vu deux enfants. Il précise qu'ils se sont sauvés en courant le long des wagons, qu'il les a poursuivis et giflés. Un garçon est tombé, raconte-t-il, alors il l'a frappé avec une pierre avant de s'en prendre à l'autre.

Un récit insoutenable, et peut-être enfin le dénouement. Sauf qu'après vérifications, les policiers affirment que Leclaire est incapable physiquement de monter sur le talus et de poursuivre les enfants. Ces aveux seraient l'affabulation d'un homme malade. L'enquête repart de zéro, avec une deuxième convocation de Patrick Dils, puis avec un nouveau suspect en février 1987 qui se révèle être une fausse piste. L'émoi grandit à Montigny-lès-Metz. On se demande si l'énigme sera un jour résolue. Le temps passe et la pression sur les enquêteurs s'accroît.

Aveux

En avril 1987, un couple se présente à la police judiciaire et confirme avoir aperçu Patrick Dils le jour du crime. Ce dernier est entendu une troisième fois. Il reconnaît avoir menti lors de ses deux dernières déclarations et avoue les deux meurtres. Détails à l'appui, il raconte son emploi du temps lors du tragique après-midi de septembre : « Vers 18 h 30, après être revenu avec mes parents de notre maison de campagne située à Dainville dans la Meuse, je me suis rendu à la poubelle située à proximité de la rue Venizelos. J'y ai déposé un sac d'ordures. J'en ai profité pour regarder si au fond de la poubelle je ne trouvais pas des enveloppes usagées. Je souhaitais y décoller des timbres. Il était environ 19 heures. J'ai traversé la rue Venizelos. Sur le talus j'ai aperçu deux enfants à vélo. J'ai immédiatement reconnu Alexandre. Les deux enfants se sont dirigés vers les wagons. Je les ai rejoints. Pour une raison que je ne m'explique pas, j'ai saisi une pierre que je tenais dans ma main droite. Je me suis approché de Cyril qui me faisait face. Je lui ai donné un coup avec la pierre, assez fort pour qu'il tombe. J'ignore s'il a saigné, il est tombé et il ne disait plus rien. Par contre, Alexandre poussait des cris de frayeur. Il ne bougeait plus, comme s'il était paralysé. Il criait fort et cela m'a affolé. Comme j'avais jeté la pierre que j'avais utilisée pour le premier enfant, j'en ai ramassé une autre, d'une grosseur identique, et j'ai frappé Alexandre au milieu du front, pour le faire taire. Il est tombé à environ un mètre de son copain. Je pense ne lui avoir donné qu'un coup. Après le crime, j'avais hâte de rentrer chez moi. J'ai couru, courbé pour ne pas être repéré, jusqu'à la maison de mes parents. J'ai directement grimpé à l'étage où se trouve ma chambre. Personne ne m'a vu. Puis j'ai changé de vêtements et me suis lavé les mains. J'ignore les raisons qui m'ont poussé à monter sur le talus de la SNCF puis à suivre les enfants et à les tuer. J'avais l'impression d'agir dans un état second, (...) comme si ce n'était pas moi. »

L'inspecteur Varlet et son équipe ne lâchent plus celui qu'ils prennent pour le coupable. Patrick Dils réitère ses aveux devant la juge Maubert puis les psychiatres. Lors de la reconstitution du crime, il mime les gestes effectués pour tuer les enfants. Et surtout, élément capital qui pèsera lourd lors du procès, il prend les pierres l'une après l'autre, en effectuant exactement l'enchaînement des gestes qu'il avait exposé aux policiers. Pour la juge, il n'y a aucun doute : Dils a assassiné les deux enfants. Il est inculpé d'homicides volontaires et incarcéré à la prison de Metz. Un passeport pour l'enfer.

Puis le 30 mai, alors qu'il est détenu depuis un mois, l'adolescent revient sur ses aveux. Dans une lettre envoyée à son avocat, maître Becker, il explique : « Je n'ai pas tué Alexandre et Cyril. J'ai avoué uniquement pour que les policiers me laissent tranquille. » Et il signe : « L'innocent incompris. » Il confirme ses propos devant la juge Maubert le 17 juillet 1987, mais ce revirement ne la convainc pas.

On envoie Patrick Dils en préventive à la prison de Toul, une version moderne des oubliettes. Ce n'est qu'en février 1989 que ses parents sont autorisés à lui rendre visite, deux ans après son arrestation, une éternité pendant laquelle le jeune homme est privé de tout soutien affectif et moral, seul face à la machine pénitentiaire et quelques monstres, ses codétenus, qui lui en font voir de toutes les couleurs parce qu'il est reconnu coupable d'infanticides. Il continue de crier son innocence. Quant à ses avocats, ils ne cessent de dénoncer les incohérences du dossier. Comment Dils, de faible constitution physique, aurait-il pu frapper si fort l'un des enfants au point d'enfoncer sa tête de dix centimètres sous le ballast ? Comment aurait-il pu commettre ce double meurtre situé selon le médecin légiste entre 17 heures et 18 heures, alors que les témoins attestent qu'il n'est rentré de sa maison de campagne avec ses parents qu'à 18 h 30 ? Enfin, est-il possible que les parents de Dils, le soir du crime, ne se soient pas aperçus que les vêtements de leur fils étaient tachés de sang ?

Le 27 janvier 1989, Patrick Dils est reconnu coupable. Il est condamné à la réclusion à perpétuité par la cour d'assises des mineurs de la Moselle. Il devient le plus jeune à subir cette peine, la plus lourde depuis l'abolition de la peine de mort. Fait rarissime, alors que Dils n'avait que seize ans au moment des faits, la cour lui refuse la circonstance atténuante de la minorité. À l'annonce du verdict, la salle reste silencieuse, tout comme l'accusé qui ne manifeste pas la moindre émotion. Il déclare simplement : « Je suis innocent, je suis sincère. » Garçon âgé de dix-huit ans à présent, il n'a que huit ans d'âge mental selon les psychiatres, Patrick Dils, qui a toujours craint l'autorité, est sonné. L'air absent, le regard vague, il se laisse traîner hors du box par les policiers. Ses parents assis au premier rang n'osent pas dire un mot. Ils sont pétrifiés.

La seule arme judiciaire qui lui reste, c'est un pourvoi en cassation, que son avocat maître Becker peut déposer dans les cinq jours qui suivent le verdict.

Un nouvel élément

Les avocats demandent la révision du procès. À deux reprises, la Cour de cassation refuse, au motif qu'aucun fait de nature à faire douter de la culpabilité du condamné n'existe. Mais en 2000, enfin, un élément nouveau change tout : Francis Heaulme, tueur en série, surnommé le « routard du crime » était sur le lieu des deux meurtres le 28 septembre 1986. C'est un tournant majeur !

La réaction de Patrick Dils, véritable démonstration de sagesse, a de quoi surprendre : « Je ne me permettrai jamais de dire que Francis Heaulme est l'auteur des faits, parce que je sais trop ce que c'est que d'être en prison quand on est innocent. Dans la justice, la police, la magistrature, ce sont, comme nous, des hommes. Et tout le monde peut se tromper. L'erreur est humaine. Je demande simplement qu'ils le reconnaissent et qu'ils disent : "OK, on a commis une erreur, on va essayer de la réparer." Point à la ligne. »

Son avocat, lui, parle de l'erreur judiciaire du siècle. La découverte de la présence du tueur en série sur les lieux et à l'heure du crime, Dils la doit au travail remarquable du gendarme Jean-François Abgrall. Cet adjudant a passé des heures en tête à tête avec Francis Heaulme à la prison de Brest. Il reconstitue pas à pas la vie de l'assassin. Heaulme s'invente parfois un meurtre dont il a lu les détails dans la presse locale, par jeu, pour brouiller les pistes. Le gendarme lui ne joue pas, scrupuleusement, il vérifie. Il envoie des PV aux tribunaux concernés et interroge les ordinateurs centraux de la gendarmerie. Il se souvient alors que le tueur en série lui avait confié avoir effectué une promenade à vélo le long d'une voie de chemin de fer, dans l'est de la France, qu'il avait reçu des pierres jetées par deux enfants, et que plus tard, il avait vu leurs corps gisant près des wagons, non loin de poubelles et d'un pont. L'adjudant Abgrall fait évidemment le rapprochement avec l'affaire de Montigny-lès-Metz et se replonge dans le dossier. Il transmet une note qui arrive six mois plus tard sur le bureau de maître Florand, le second avocat de Patrick Dils.

Le 28 juin 2000, la cour demande un supplément d'instruction. Le rapport de synthèse de la gendarmerie émet des doutes sur la responsabilité directe de Heaulme mais assure que les éléments prouvant sa présence sur les lieux du double meurtre le 28 septembre 1986 sont irréfutables.

Début avril 2001, la chambre criminelle de la Cour de cassation ordonne que Patrick Dils soit rejugé, et le 29 juin, l'avocat général requiert l'acquittement. Mais rien n'y fait, la cour d'assises des mineurs de la Marne condamne Patrick Dils à vingt-cinq ans de prison ! Pour les parties civiles, justice est faite. Pour l'avocat

Jean-Marc Florand, le verdict est incompréhensible. « J'avais l'intime conviction, comme mon confrère le bâtonnier Becker et comme monsieur l'avocat général Sarcelet, que la cour d'assises avait compris l'innocence de Patrick Dils et la culpabilité de Francis Heaulme. À quinze ans d'intervalle, malgré les nouveaux éléments, la justice adopte une position aussi incompréhensible et aussi rigide que la cour d'assises de la Moselle en 1989. On en revient aux mêmes errements, notamment le refus de l'excuse de la minorité pourtant dénoncé par la Cour de révision, par la bouche de madame l'avocate générale Commaret. Cette décision n'a pas de sens. »

Les avocats de Patrick Dils s'acharnent et font appel. L'affaire poursuit son parcours hors norme dans l'histoire judiciaire. Patrick Dils doit être rejugé une troisième fois par une nouvelle cour d'assises, et ce troisième procès s'ouvre le 8 avril 2002 devant la cour d'assises du Rhône à Lyon. Patrick Dils doit expliquer pourquoi, s'il est innocent, il s'est accusé six fois du meurtre des deux enfants. Puis vient le moment où il raconte ses longues années en prison, si jeune et si seul. Il parle, il parle, et pour la première fois, il est entendu : « En détention, j'ai passé mon CAP de cuisinier, et j'ai le plus souvent travaillé aux cuisines. Mon plaisir c'était la pâtisserie. Mais comme j'ai fait aussi quelques bêtises – j'ai fabriqué de l'alcool artisanal, et j'ai participé à un petit trafic de haschich –, je me suis parfois retrouvé au mitard, avec retour à la case départ. Le pâtissier est rétrogradé à la plonge, puis à l'atelier reliure. Qu'importe, j'ai occupé intelligemment mon temps libre à la peinture, la sculpture, le chant, j'ai appris les percussions, j'ai fait des maquettes d'avion. »

« Bref, ce n'est pas trop mal en somme la prison », lui rétorque l'avocat de la partie civile. Dils le regarde fixement et répond : « J'avais seize ans lorsque j'y suis entré, monsieur, je n'ai rien connu de la vie, je ne possède rien, je n'ai connu aucune femme. Mais j'ai connu les agressions, ça oui ! » Silence. Son avocat le pousse à en dire plus. Au diable la pudeur, Dils doit libérer sa parole. C'est peut-être son salut. Alors il parle et raconte avec courage : « C'était pendant mes premiers mois de détention, je venais d'être transféré à la prison de Toul. Quand on prend des douches on n'est pas toujours seul, vous savez. Qu'est-ce qu'il fallait que je fasse devant une vingtaine d'individus ? J'ai été violé, oui, j'ai été violé, j'ai honte. J'ai l'impression d'être sale. Après tout y est passé : "T'es qu'un pédé, un enculé"… »

Résurrection

Cet homme de trente et un ans à la silhouette trop longue, l'air jeune et fragile, est déterminé. Il veut faire oublier ses craintes, sa timidité. Il veut faire reconnaître son innocence et raconter ses quinze ans de souffrance. Alors il s'y emploie, sans réserve, et finit par toucher les jurés dans leur conscience. Après trois heures de délibérations en ce 24 avril 2002, la cour d'assises des mineurs du Rhône acquitte Patrick Dils, mettant ainsi un terme à quinze années de détention subies dans les pires conditions qui soient. Il est libéré le soir même. Avant que le jury ne se retire, il déclare : « Je suis extrêmement fatigué, usé. J'aimerais essayer tout simplement de vivre. » L'un de ses avocats, maître Florand, avait conclu devant la cour : « L'erreur judiciaire est un malheur public et la justice s'anoblit en la reconnaissant. » Patrick Dils, lui, parle de ce qu'il compte faire à présent : « Pas grand-chose en fait. Simplement marcher, profiter de Paris, profiter de ma famille. C'est ce qui est pour moi le plus important après quinze ans de galère. Quinze années, ce n'est pas quinze jours, ce n'est pas quinze mois, c'est quinze ans. C'est une décennie et demie. C'est considérable. La souffrance est partie en larmes, tellement j'étais content. Je ne mesurais pas la conséquence de ce verdict. Mais quand mes avocats m'ont dit ça y est, on a gagné, ouf, je ne peux pas dire mieux, c'était magique. C'est très beau. (...) Ce qui m'a permis de tenir en prison, c'est mon innocence et rien d'autre. Ma famille aussi, bien entendu. S'évader ? Ça voudrait dire quoi ? Être coupable ! Me suicider ? Non, c'était laisser un doute. Il n'y a pas de doute à avoir, je suis innocent, et il faut que tout le monde se le mette bien en tête. »

Mais cette histoire terrible n'en finit pas et la machine judiciaire continue ses recherches. En mars 2014, un nouveau procès s'ouvre en Moselle pour les meurtres de Montigny-lès-Metz. Mais cette fois l'accusé est Francis Heaulme. Dans le box, le tueur en série croise le regard de Patrick Dils qui, lui, se retrouve du côté des témoins. Au cours de ce procès, Heaulme se dit innocent et dès le premier jour, Henri Leclaire, un temps soupçonné avant d'être laissé libre par les enquêteurs, est relié à la scène du crime par de nouveaux témoins. Heaulme lui-même l'accuse : « Je l'ai vu qui descendait du talus. Il avait du sang sur le T-shirt, le pantalon. » Les déclarations contradictoires de Leclaire à la barre du tribunal, au deuxième jour d'audience, aboutissent à un report. Après enquête, si des charges suffisantes sont retenues, un nouveau procès aura lieu avec, aux côtés de Francis Heaulme, un autre accusé,

Henri Leclaire. Ce sera le sixième procès de l'affaire de Montigny-lès-Metz !

L'affaire Dils-Heaulme-Leclaire, c'est d'abord l'histoire de Patrick Dils. Ce qu'il a vécu pendant tout ce temps, l'angoisse et le désespoir, est probablement de l'ordre de l'indicible. Lui-même parle de « quinze ans de galère ». « Galère » ! S'il emploie cet euphémisme, absurde au regard de la violence qui lui a été infligée, celle de la justice et de ses codétenus, c'est parce qu'il n'existe pas de mot pour traduire l'exacte dimension de ce qu'est l'erreur judiciaire aux dépens d'un innocent, si ce n'est « l'horreur » judiciaire.

Témoignage : Emmanuel Charlot,
journaliste, auteur du livre *L'Affaire Dils-Heaulme, la contre-enquête,* publié chez Flammarion en mars 2008, réédité en mars 2014

« Les aveux de Patrick Dils sont impressionnants, tant ils sont circonstanciés et détaillés. À l'époque, on se demande comment il peut ne pas être l'auteur des faits. C'est très troublant. Moi-même, j'ai été estomaqué par ses aveux. Mais quand on détaille la façon dont ils ont été recueillis, je serais tenté de dire qu'ils lui ont été dictés, et on n'a pas hésité à signer les procès-verbaux à sa place. Pendant sa garde à vue, il n'a pas été victime de mauvais traitements physiques. Mais il avait huit ans d'âge mental. Vous imaginez l'un de vos enfants de huit ans, entre les griffes de trois policiers pendant plus de trente heures ? Tout est dit.
La juge, elle, ne s'est jamais expliquée. Elle a toujours refusé de rencontrer le moindre journaliste. Elle a interdit la famille de Patrick Dils de tout permis de visite pendant

près de deux ans. C'était une jeune juge, d'une trentaine d'années, c'était son premier gros dossier criminel. Et je pense qu'elle s'est appuyée sur le directeur d'enquête qui, lui, était chevronné et qu'elle l'a laissé faire. Le drame dans cette affaire, c'est qu'il faut absolument un coupable. Nous sommes en 1986, deux ans après l'affaire Grégory Villemin qui s'est déroulée dans les Vosges, en Lorraine également. Deux infanticides ! Le contexte aboutit à la construction d'un coupable.

J'ai rencontré plusieurs fois Patrick Dils depuis sa sortie de prison. Je n'ai toujours pas compris comment il avait pu se construire de la sorte derrière les barreaux. À seize ans, c'était un adolescent, un gamin, et maintenant il a un discours d'adulte, il est père de famille. C'est un parcours plus qu'étonnant. Je ne sais pas comment j'aurais évolué à sa place, mais lui a réussi à le faire de manière très favorable, très étonnante.

Je suis intimement convaincu que Patrick Dils est innocent et que les assassins étaient deux. Je le pense depuis le début. On cite Heaulme et Leclaire, malgré la présomption d'innocence. Seuls eux deux mentionnent le fait que les enfants ont jeté des cailloux. Patrick Dils n'en parle jamais, alors que c'est acté dans la procédure. C'est un élément important. »

1987

Action directe
Les enfants perdus de Mai 1968

L'histoire d'Action directe, dernier groupe terroriste d'extrême gauche en France, c'est l'histoire de la dérive criminelle de l'idéologie des « années de plomb » à la française. Rien de tout à fait comparable avec ce qui s'est passé en Italie et ses Brigades rouges, en termes de victimes, d'enjeu politique et géopolitique et de durée, mais le parallèle s'impose. Les méfaits d'Action directe ont mobilisé la police pendant des années. Ses membres, recherchés, arrêtés puis relâchés faute de preuves et en raison de l'amnistie consécutive à l'élection de François Mitterrand en 1981, sont mis en dehors d'état de nuire en 1987, cueillis par la police dans une ferme du Loiret, à Vitry-aux-Loges, où ils s'étaient cachés. Comment s'est constitué ce groupe ? Quelles sont ses racines politiques ? Ses membres étaient-ils des enfants perdus du mouvement de Mai 68 qui a déboutonné la société française et n'a pas débouché sur le Grand Soir tant attendu par certains, en particulier par les partis d'extrême gauche ? Contrairement à ce qu'avait dit La Rochefoucauld à Louis XVI à propos des événements de 1794 : « Non, sire, ce n'est pas une révolte, c'est une révolution », Mai 68 n'était qu'une révolte, incapable par définition de créer un ordre nouveau. Alors quel était le sens de ce choix de la lutte armée, désespéré et sans issue ?

LES PROTAGONISTES

Nathalie Ménigon, Joëlle Aubron, Jean-Marc Rouillan, Georges Cipriani, Moad Amani et Régis Schleicher, membres d'Action directe
Joëlle Crépet, Bernard Blanc, André Olivier et Max Frérot, membres de l'Affiche rouge, faction d'Action directe basée à Lyon
Georges Besse, P-DG de Renault qui se fait assassiner par Action directe en 1986
Charles Pasqua, nommé ministre de l'Intérieur en 1986

Le noyau dur

Il est un peu plus de 20 heures, le 17 novembre 1986, quand Georges Besse, P-DG de Renault, se fait déposer devant son domicile boulevard Edgard-Quinet à Paris. Soudain, une jeune femme l'approche et sans un mot, ouvre le feu. Elle s'empare de la serviette de la victime, et tire une seconde fois. Puis elle disparaît boulevard Raspail après avoir balancé une poignée de tracts sur lesquels figurent les noms des auteurs du crime ainsi que ceux des prochaines cibles. La presse arrive sur les lieux et questionne les témoins : « Je sortais du métro et j'ai vu la police, les pompiers. (...) Il y avait un corps sur lequel on pratiquait la respiration artificielle. (...) Il était tout blanc, avec un trou au milieu de la poitrine. (...) On m'a dit qu'on avait entendu trois ou quatre coups de feu. Plusieurs témoins ont vu deux personnes s'enfuir, d'autres, une seule. Quelqu'un a vu une personne s'enfuir de l'autre côté, à droite. »

L'opération est signée Action directe, qui n'en est pas à ses premiers meurtres. Qui sont ces terroristes qui se livrent depuis des mois à ces meurtres et attentats ?

C'est un bien étrange attelage composé d'individus aux origines sociales variées que rassemble une même conviction : à la violence sociale qu'inflige la société capitaliste, seule la violence physique s'impose, la lutte armée financée par le vol et la dérive criminelle que le groupe appelle, pour la justifier, « la réappropriation prolétarienne ». Ils se nomment Jean-Marc Rouillan, Nathalie Ménigon, Joëlle Aubron, et Georges Cipriani, le dernier venu. C'est le noyau dur d'Action directe.

Joëlle Aubron, vingt-sept ans, connaît l'organisation depuis le début. Considérée comme une bourgeoise au motif qu'elle a été élevée à Neuilly, elle suit une scolarité moyenne et rate le baccalauréat, s'éloigne de sa famille et fréquente des squats où elle fait la connaissance de militants d'extrême gauche. En 1982, elle est arrêtée en possession d'un véritable arsenal avec Moad Amani qui s'illustre l'année suivante en abattant deux policiers avenue Trudaine. Libérée en 1984, elle épouse Régis Schleicher, l'autre tueur de l'avenue Trudaine. Après l'assassinat de Georges Besse, sa photo est placardée dans tous les commissariats.

Quant à Rouillan et Ménigon, ils se connaissent depuis longtemps. Ce sont eux qui ont fondé Action directe avec quelques camarades en 1979. Le premier, originaire du Sud-Ouest, a débuté sa carrière de franc-tireur en Espagne dans un mouvement terroriste antifranquiste sous le pseudonyme de « Sebas », avant de rejoindre le GARI (Groupe d'action révolutionnaire internationaliste). « J'ai vingt-neuf ans. J'ai fait partie d'une organisation de lutte armée espagnole et j'ai été arrêté en France. Je suis resté deux ans et demi en prison. Quand je suis sorti en 1977, je me suis trouvé face à une réalité sociale bloquée. J'ai pensé que la lutte armée était un moyen qui pouvait changer la situation. » Issue d'un milieu ouvrier, Nathalie Ménigon est employée de banque. On l'a souvent considérée comme l'intellectuelle et la théoricienne du groupe.

Enfin, Georges Cipriani, né à Tunis, est tourneur chez Renault à Boulogne-Billancourt. Il intègre la Gauche prolétarienne, un parti d'extrême gauche et part vivre en Allemagne jusqu'à la fin des années soixante-dix. C'est à son retour sur le sol français qu'il rejoint Action directe. À trente-cinq ans, c'est le garde du corps de Jean-Marc Rouillan et Nathalie Ménigon. La justice le recherche pour la tentative d'attentat contre le juge Jean-Louis Bruguière.

Pendant près de dix ans, ces quatre individus qui constituent le socle d'Action directe narguent la police, sèment la terreur et le malaise. Quelles convictions peuvent justifier l'assassinat de sang-froid d'innocentes victimes dont le seul tort est d'avoir endossé l'uniforme de la société établie ? Et des braquages sauvages, l'arme au poing ? Et le placement d'explosifs dans des lieux publics pour faire le plus grand nombre de victimes et marquer les esprits ? D'autant que, paradoxalement, ces gens-là se réclament de la justice et d'une société plus humaine, débarrassée de l'exploitation de l'homme par l'homme.

L'idéologie

Si le nom d'Action directe est choisi par ses fondateurs, c'est parce que son but est d'agir en dehors des partis et des syndicats. Pour sortir de son isolement, l'organisation a cherché un soutien hors de France. C'est le début de l'internationale terroriste européenne. Le groupe français a déjà à son actif plusieurs hold-up, mitraillages et plasticages à leur actif. Dans une logorrhée qui constitue leur signature, ils s'insurgent contre l'exploitation des faibles et la transformation des citoyens en consommateurs.

De nombreux signaux de la montée en puissance d'une ultragauche radicale apparaissent depuis plusieurs années en Europe occidentale. Il est même question, selon les services de sécurité, d'une « internationale insurrectionnelle » ou d'un « triangle anarchiste méditerranéen » réunissant l'Italie, l'Espagne et la Grèce, tandis que réapparaissent en Allemagne des bandes révolutionnaires comme la Fraction armée rouge. Tous tirent parti de la culture de la clandestinité de l'extrême gauche et utilisent ses techniques d'action et de renseignement. Ils sont formés en majorité de jeunes gens idéalistes et déterminés tels que celui-ci : « Moi j'ai vingt-quatre ans, mon cheminement politique commence à l'âge de seize ans, avec la loi Debré, en 1973, contre laquelle je manifeste au lycée. À travers la lecture de quelques bouquins et des discussions, je me définis comme de sensibilité "anar". Et puis, il y a tout un cheminement politique. Il arrive un moment où, quand tu t'aperçois de ta propre misère, ce n'est pas la vie qu'on te propose mais la survie ! Tu ne fais plus confiance aux partis traditionnels ou réformistes. Et tu penses qu'il faut envisager d'autres types d'actions. (...) Des actions illégales comme des diffusions de tracts, des prises de parole dans des meetings, ou autres... La lutte armée en fait partie. Mais ce n'est pas une finalité. » C'est à l'occasion des grands sommets internationaux que s'expriment de la manière la plus spectaculaire ces groupes altermondialistes anticapitalistes.

Action directe s'est divisée en deux factions. L'une basée à Paris – avec le quatuor Rouillan, Ménigon, Aubron et Cipriani –, l'autre à Lyon, sous l'appellation Affiche rouge, avec Joëlle Crépet, Bernard Blanc, André Olivier et Max Frérot, que Cipriani a longtemps fréquentés, démantelée en 1986. Les deux branches se démarquent idéologiquement.

À Paris, Rouillan publie le manifeste *Pour un projet communiste* se réclamant d'une idéologie libertaire largement inspirée des thèses des Brigades rouges (les organisations révolutionnaires d'extrême gauche italienne). La branche lyonnaise, composée d'ex-maos et d'anars, se définit comme marxiste-léniniste. À ses débuts, Action directe répugne à attenter à la vie d'autrui. Son objectif se cantonne à des actions symboliques sur des bâtiments représentatifs de « l'establishment ». Ensuite, lorsque le groupe se radicalise, il revendique ses approvisionnements en armes et papiers d'identité auprès de circuits conformes à leur action, comme le dit Nathalie Ménigon au journaliste Jérôme Bonaldi : « Jamais nous n'avons eu de contact avec le milieu traditionnel. Nous n'avons jamais volé de sacs aux petites vieilles, nous nous sommes toujours efforcés d'avoir une attitude correcte et des relations politiques avec les gens, (...) d'être clairs politiquement. »

Mauvaises influences

C'est lorsque le groupe développe des liens avec l'organisation terroriste italienne Prima Linea, en 1982, qu'il prend le virage de la violence. Il s'agit d'un groupe voisin des Brigades rouges, qui réalise qu'en France les attaques à main armée sont plus faciles à réaliser qu'en Italie, provoquant un durcissement d'Action directe. C'est de cette dernière période, qui va de 1982 jusqu'à son démantèlement, que datent les assassinats commis par le groupe français. En 1984, il s'est également allié à la RAF, la « Fraction armée rouge » allemande, alias la « Bande à Baader ». On ne connaît pas vraiment la date de la fondation de celle-ci, mais c'est après la mort d'Andreas Baader en 1977 que ses membres commettent les premiers attentats. Un prolongement sans réelle cohérence historique d'une série de doléances et de protestations contre la guerre du Vietnam, la nature de l'enseignement, la visite du shah en Allemagne, la mort du Che… La liste est longue et hétéroclite. En tout état de cause, les membres de la RAF, très organisés, se livrent à des actes terroristes à répétition, toujours plus violents afin d'installer un régime marxiste révolutionnaire en Allemagne. C'est dans ce contexte international tendu que le groupe Action directe entre en scène.

L'arrestation de la bande française en 1987 permet de découvrir des preuves de cette alliance : trois armes volées en Allemagne fédérale, quinze cartouches d'explosif dérobées dans une carrière belge, des papiers ouest-allemands retrouvés et les pièces recueillies par la police dans la planque de Vitry-aux-Loges où ils ont été arrêtés. Une coopération logistique qui s'accompagne vraisemblablement de la recherche d'une ligne idéologique commune. Des traductions en français de tracts de la Fraction armée rouge ouest-allemande l'attestent. Un croquis grossier de l'aéroport militaire américain de Francfort laisse également penser que l'attentat perpétré en août 1985 contre cette base, qui fit deux victimes, était monté par les deux groupes. Les experts du terrorisme pensent que le mariage n'a tenu que quelques mois, de l'automne 1984 à l'été 1985. Et de fait, les armes découvertes à Vitry-aux-Loges ont été volées au cœur de cette période.

Crescendo de violence

Le 1er mai 1979, rue Pierre-Ier-de-Serbie à Paris, la façade du Conseil national du patronat français est mitraillée. Le commando est composé d'André Olivier, Max Frérot, Jean-Marc Rouillan et Nathalie Ménigon. Le 25 mai à Sceaux, c'est une agence immobilière qui est attaquée à l'explosif. C'est la première opération revendiquée par Action directe. Même les locaux secrets de la DST sont visés. Le 18 mars, le ministère de la Coopération est pris pour cible alors que son titulaire, Robert Galley, vient à peine de quitter son bureau. Des tracts signés « Action directe », frappés de l'étoile rouge à cinq branches, sont laissés sur place. Et les actions se poursuivent. Le 5 août, la mairie du XIVe arrondissement est braquée par un commando qui s'empare de documents et de cachets officiels. Ils sont retrouvés plus tard dans les mains des membres d'Action directe, comme autant de signatures.

La police leur tend alors un piège. Elle utilise un informateur qui propose aux membres du commando une rencontre avec des émissaires de Carlos, une sommité en matière de terrorisme. Il s'agit, auprès de lui, de mettre au point un projet fou contre le barrage d'Assouan en Égypte. Une rencontre entre les futurs associés est organisée. Au cours de ce rendez-vous, Jean-Marc Rouillan et Nathalie Ménigon sont arrêtés rue Pergolèse à Paris. Lors de l'interpellation, Nathalie Ménigon tire sur les policiers. En garde à vue, les deux complices reconnaissent onze attentats et mitraillages à Paris depuis le début de leurs activités en mai 1979. Ils sont déférés devant la Cour de sûreté de l'État. En fin d'année, ce qui reste du groupe fait savoir qu'il suspend ses opérations durant la campagne présidentielle.

Dans la foulée de l'élection de François Mitterrand, Rouillan est amnistié avec d'autres détenus, mais Nathalie Ménigon, accusée de tentatives d'homicides contre des agents de la force publique, reste incarcérée. Elle entreprend une grève de la faim pour influencer le magistrat, Guy Joly. Elle est soutenue par des manifestations et une partie de la presse de gauche. Forte de ces soutiens, elle obtient sa libération pour raisons de santé en septembre 1981. Cette mesure provoque la colère des policiers et des personnalités politiques de droite.

En janvier 1985, après une longue série d'attentats et d'actions violentes et notamment un attentat avenue Trudaine, Nathalie Ménigon participe à l'assassinat du général Audran, un ingénieur responsable des affaires internationales du ministère de la Défense. Une ligne a été franchie. Un climat de terreur s'installe.

En 1986, Charles Pasqua est nommé ministre de l'Intérieur du gouvernement de cohabitation. Il tient à se démarquer de l'ancienne majorité socialiste qu'il qualifie de laxiste : « Ce n'est pas le gouvernement auquel j'appartiens qui a proposé la libération de Rouillan et de Ménigon. Ce n'est pas le gouvernement auquel j'appartiens qui a autorisé l'installation sur le territoire national de trois cents membres des Brigades rouges italiennes. Nous avons obtenu du Parlement les lois qui nous donnent les moyens nécessaires pour intervenir, prévenir et réprimer. Quant à Action directe, et pour les deux branches qui la concernent, les vingt-deux membres de cette organisation criminelle sont sous les verrous, dont les assassins des policiers de l'avenue Trudaine. Ils répondront prochainement de leurs forfaits. » Le ministre de l'Intérieur désigne Action directe comme cible prioritaire, ce qui n'empêche nullement le groupe d'assassiner Georges Besse en novembre de cette même année.

La fin du groupe

Le ministère de l'Intérieur décide d'utiliser les grands moyens. On ratisse large, on questionne des anciens voisins, des ex-sympathisants, d'anciens amis et militants. Un budget important est mis à la disposition des enquêteurs pour faciliter leurs déplacements dans le cadre de leur traque. Tous les commissariats de France et de Navarre affichent les portraits des quatre terroristes. Une prime d'un million de francs est offerte pour tout renseignement permettant de les localiser.

C'est ainsi que la petite bande se fait prendre en douceur et sans préavis le 21 février 1987 dans la ferme du Gué Girault à Vitry-aux-Loges près d'Orléans. La méthode est classique. On peut toujours compter sur ses voisins dans ce genre de situation. C'est en effet un voisin qui donne aux forces de l'ordre les renseignements nécessaires pour l'arrestation. L'intuition des policiers fait le reste. Ils comprennent que derrière le couple de chercheurs belges censés habiter la ferme, se cachent ceux que toute la France recherche. Repérés alors qu'ils font leurs courses au supermarché du coin, Rouillan et Ménigon, qui se font appeler Nadine Paquet et Robert de Greef, sont arrêtés dès leur retour chez eux. Les vitres de la porte d'entrée volent sous les coups de masse, la brusque rafale d'une arme automatique retentit et les terroristes sont neutralisés. Les hommes du RAID n'ont même pas à utiliser la grenade qu'ils avaient déjà dégoupillée.

Les membres d'Action directe sont jugés en 1989 par la cour d'assises spéciale de Paris. Verdict : réclusion criminelle à perpétuité pour les quatre, assortie d'une peine incompressible de dix-huit ans pour le meurtre de Georges Besse.

Les conditions de détention des quatre militants d'Action directe sont très dures, les plus dures qui soient car ils ont été reconnus coupables d'actes terroristes, le chef d'inculpation le plus grave en France comme dans d'autres pays. En prison, Jean-Marc Rouillan épouse Nathalie Ménigon. Après le rejet de plusieurs requêtes, Joëlle Aubron est libérée en 2004 pour raisons médicales. Elle meurt d'un cancer le 1er mars 2006. Entre-temps, Georges Cipriani fait plusieurs séjours à l'hôpital psychiatrique. C'est la fin d'Action directe, la fin d'une aventure désespérée et désespérante écrite en lettres de sang.

1993

Jean-Claude Romand
Cinq morts sur ordonnance

C'est l'histoire d'un homme qui a tué sa femme, ses deux enfants, son père et sa mère, un soir de janvier 1993. Le lendemain à Prévessin-Moëns, lieu du drame et de la vie passée de la famille Romand, le sentiment est indescriptible, d'abord face à l'horreur de la situation, mais aussi autour de cette question : comment cet homme si respectable a-t-il pu en arriver là ? Ce père attentif, engagé dans la vie associative et auprès des parents d'élèves, était en fait un menteur professionnel qui a construit son destin autour d'une obsession qu'il s'est évertué à cacher toute son existence, jusqu'à commettre cinq meurtres : l'échec d'un examen à la fac de médecine.

Il n'était ni médecin ni chercheur. Il était un autre qui se faisait passer pour lui, un exemple paroxystique de déséquilibre et de déviance que les psychiatres vont disséquer et tenter de comprendre. L'affaire Jean-Claude Romand est probablement l'un des faits divers les plus fascinants de l'après-guerre parce qu'elle renvoie aux faiblesses de la condition humaine, à ses pires paradoxes. Il assassine les membres les plus proches de sa famille parce que le mensonge qu'il a entretenu pendant tant d'années ne doit pas être découvert. Logique impitoyable pour ses victimes, conflit fatal entre Jean-Claude Romand et son pire adversaire : lui-même. *L'Adversaire*, c'est le titre qu'a choisi l'écrivain Emmanuel Carrère pour l'un de ses livres, hanté à l'époque par cette histoire, comme elle en a hanté bien d'autres, au point d'inspirer trois romans, autant de films et de pièces de théâtre et six documentaires. Les confessions de Jean-Claude Romand rapportées dans ce texte sont extraites du livre *L'Adversaire*.

« C'est le silence qui s'impose à moi. Je comprends que mes paroles et même ma survie ajoutent au scandale de mes actes. J'ai voulu assumer et le jugement et le châtiment. Je suis un monstre.

Jean-Claude Romand. »

LES PROTAGONISTES

Jean-Claude Romand, faux médecin et faux chercheur, meurtrier de toute sa famille, aujourd'hui en prison
Florence, Antoine et Caroline Romand, sa femme et ses enfants
Aimé et Anne-Marie Romand, ses parents
Chantal, maîtresse de J.-C. Romand
Jeanne Crolet, mère de Florence
Yvette Vilvert, présidente du tribunal

La tuerie

Le 11 janvier 1993, dans le journal de France 3 Rhône-Alpes, un drame fait la une. Dans une maison en feu de Prévessin-Moëns, dans le département de l'Ain, les corps d'une femme et de ses deux enfants tués par balles viennent d'être découverts. L'époux, lui, a été sauvé des flammes, brûlé, mais vivant. Il s'appelle Jean-Claude Romand. Retrouvé dans le coma, il est conduit dans la matinée à l'hôpital de Genève. Selon les pompiers, il n'a plus que quelques jours à vivre. Puis, doucement, il remonte à la surface. Pendant ce temps, on découvre les corps de son père Aimé et de sa mère Anne-Marie, tués eux aussi par balles, chez eux. En téléphonant à Genève, au siège de l'OMS, où Jean-Claude Romand est censé travailler, les inspecteurs découvrent qu'aucun médecin ou chercheur répondant à ce nom n'y est employé. Aucune trace non plus de son diplôme obtenu à Lyon en médecine ni de son internat à Paris. Rien. Romand était-il un médecin imaginaire, sans qu'aucun de ses proches ne s'en soit rendu compte pendant près de vingt ans ? Comment est-ce possible ? À l'hôpital de Genève, Romand est sorti du coma. Il est transféré en médecine pénitentiaire à Lyon. Le juge, le procureur, son substitut, un greffier et son avocat débarquent pour interroger celui qui est considéré jusque-là comme le seul survivant de l'incendie.

Comme par réflexe, Romand retombe dans le cercle du mensonge. Pour justifier ses activités professionnelles qui n'existent pas, il parle d'une mission en tant que consultant scientifique pour une société qui, elle non plus, n'existe pas. Il argumente, se contredit, puis change tout et réinvente à chaque fois une nouvelle histoire, tout comme il n'a cessé d'inventer sa vie. Au bout de sept heures d'interrogatoire, la vérité le rattrape, enfin ! Et il avoue. Il reconnaît avoir tué ses parents, avoir défoncé le crâne de son épouse, Florence, avec un rouleau à pâtisserie et avoir assassiné à la carabine 22 long rifle sa fille de huit ans, Caroline, et son fils de cinq ans, Antoine, après les avoir embrassés une dernière fois. Puis il explique qu'il a tenté de se suicider en mettant le feu à la maison, tentative avortée par l'intervention rapide des pompiers. Entre les faits et le procès, il n'y a pas de zones d'ombre, de témoignages contradictoires, rien qui d'un point de vue purement policier, ne crée de difficultés. Le meurtrier avoue, ne se rétracte pas. Tout est clair dans le scénario.

Et c'est en juin 1996 que Romand est appelé à répondre de ses actes devant la cour d'assises de l'Ain. Dans la ville de Bourg-en-Bresse, c'est l'effervescence. L'ensemble des rédactions des grands quotidiens envoient à la hâte leurs chroniqueurs judiciaires pour couvrir cette affaire, l'une des plus troublantes à ce jour. Dans le prétoire, l'enjeu n'est pas de mettre un nom sur un coupable, il est là et il assume, mais de comprendre l'histoire de ce meurtrier que l'on décrivait encore le soir du drame comme un homme doux et sociable. « C'était un monsieur sympathique, il avait de bonnes relations avec le voisinage, tout le monde vous le dira. Pour moi, c'est incompréhensible », explique cette dame de Prévessin-Moëns où vivait la famille Romand. La justice va donc essayer de trouver des réponses là où les inspecteurs n'ont obtenu que des silences.

Dr Jekyll et Mr Hyde

Pendant six jours, la présidente et les avocats essaient de faire toute la lumière sur la vie secrète de Romand, de comprendre les motifs qui l'ont amené à écrire la fin en lettres de sang. La justice n'est pas que la chambre d'enregistrement des infractions et des crimes, elle est aussi cette sphère où l'on décompose, où l'on essaie de comprendre les fractures intimes de nos sociétés. Le temps d'un procès, c'est le temps où l'on tente de remettre à plat une vie, d'y chercher le fil des vérités, de mettre des mots sur l'impensable. Pendant six jours, au palais de justice de Bourg-en-Bresse, les familles des victimes, les juges et les journalistes vont plonger dans l'invraisemblable et dans l'insoutenable de la vie de Jean-Claude Romand.

Le 25 juin 1996, le procès débute. « C'est le procès d'une double vie et d'un quintuple meurtre. » Devant le palais de justice, une foule de curieux attend l'ouverture des portes. L'affluence est telle que, fait exceptionnel, une salle de retransmission vidéo est installée pour permettre au plus grand nombre d'assister au procès. Jean-Claude Romand a accepté la présence de photographes et de cameramen de la télévision au début de l'audience. Il le sait, ces images ne représentent rien. Elles sont comme lui, silencieuses. La vérité se dessine ailleurs, hors-champ.

Chaque séance commence par le même rituel : l'arrivée du public, l'entrée des avocats et des familles, puis celle de la présidente du tribunal, des jurés et de l'accusé. C'est la première fois que les journalistes voient Romand sans filtre dans la réalité. La vie carcérale change les corps, la peau, le regard. Il paraît très loin du Jean-Claude Romand des photos qu'on a prises de lui avant la tuerie et publiées par la presse. Visage blanc sur costume noir. Jean-Claude Romand est devenu presque chauve. Il garde les yeux fixés sur le sol et sur ses mains jointes. Certains journalistes le comparent à un curé de campagne, à un voisin de palier. C'est souvent le cas avec les criminels. Après coup, on dit souvent : « C'était un homme sans histoire, monsieur tout le monde. » On se perd dans le regard de Jean-Claude Romand. On voudrait tant comprendre !

En face de lui, sur une petite table, les pièces à conviction sont déposées. Sous le fusil du crime, on aperçoit quelques photos du bonheur passé de la famille Romand : Jean-Claude avec Florence, Jean-Claude et ses enfants Caroline et Antoine, Jean-Claude et ses parents Aimé et Anne-Marie ; puis d'autres qui le montrent seul, fixant l'objectif. C'est cette vie officielle, celle qu'il s'est construite, ordonnée, sans accidents ni fracas qui est au centre des premières heures du procès. Qui était Jean-Claude Romand… avant ?

L'étudiant en médecine

Élève studieux, il a passé avec succès le baccalauréat en 1971 avec un an d'avance. Il a obtenu la note de 16/20 à l'épreuve de philosophie dont le sujet, pour le moins ironique en rapport avec son histoire était « La vérité existe-t-elle ? ». Jean-Claude Romand se lance dans les études de médecine. À Lyon, il y retrouve une cousine éloignée, Florence, un amour secret qu'il entretient depuis ses quatorze ans mais qui n'est pas réciproque. En seconde année, Florence échoue à l'examen et se lance en pharmacie. Romand, lui, n'a pas eu de problème, on le retrouve en septembre au cours de troisième année. Personne ne le sait mais lors de l'examen du mois de mai, comme cela arrive à des milliers d'étudiants brillants chaque année, Jean-Claude Romand a manqué de quelques points l'obtention de son diplôme. Rien de grave, un jour sans, une question mal comprise… Et puis, peu importe, la session de rattrapage est faite pour ça. Mais Romand décide de ne rien dire, et surtout, de ne pas aller à la session de septembre. Il entre directement en troisième année comme si de rien n'était. C'est le premier mensonge, celui qui déclenchera tous les autres et le mènera à l'abîme.

Ainsi pendant près de douze ans, il fait semblant. Il accompagne ses amis, suit les cours, prête ses photocopies, ses notes, achète les ouvrages. Romand est brillant. En juin, après chaque examen, personne ne remarque l'absence de son nom sur les listes d'admission. Aussi étonnant que cela puisse paraître, personne n'a même le réflexe de lui demander quelle note il a obtenue. Ce qui n'échappe pas à la présidente du tribunal bien sûr. Elle le questionne sur ce point. Romand répond en haussant les épaules : « Je me suis posé cette question tous les jours pendant vingt ans. Je n'ai pas de réponse. Quand même, les résultats des examens sont affichés ! Je peux vous assurer que je ne suis pas allé ajouter mon nom à la main. D'ailleurs, les listes étaient derrière des vitres. C'est une énigme, pour moi aussi. »

La construction d'un personnage

C'est à cette époque qu'il séduit Florence. En 1980, ils se marient. Cinq ans plus tard, Caroline vient au monde, puis Antoine en 1987. À cause du travail de

Jean-Claude à l'OMS à Genève, le couple Romand s'est installé à la frontière de la Suisse, au pays de Gex, lieu de vie des hauts fonctionnaires internationaux qui aiment ces espaces verts et vallonnés d'une partie du département de l'Ain. La présidente du tribunal, Yvette Vilvert, l'interroge longuement sur sa relation avec sa femme, ce mariage fondé sur le mensonge, sa fausse fonction de chercheur, la sécurité financière qu'il ne pouvait lui offrir. Elle ponctue son interrogation d'indignations et de colère pour essayer de comprendre, arracher une explication. Romand lui répond : « C'est vrai qu'il aurait suffi de quelques paroles pour qu'elle soit encore là. Ce qui est dramatique, c'est que j'ai réussi à masquer ce déséquilibre par un faux équilibre qui a trompé tout le monde, moi le premier. Je me voyais tel que les autres me percevaient. » Pendant toutes ces années, pour ses voisins, ses amis, Jean-Claude Romand a une tête et un comportement qui inspirent confiance, c'est comme ça.

Mais comment se déroulait la vraie vie de Jean-Claude Romand ? Que faisait-il de ses journées ? Devant les jurés et la présidente, Romand livre ses souvenirs de faux médecin, de comédien-menteur attendant derrière le rideau, sa nouvelle scène. « J'accompagnais mes enfants à l'école. Et je restais dans mon bureau qui, selon les saisons, pouvait être ma voiture, une cafétéria ou une bibliothèque. Je stationnais sur les parkings des supermarchés, les aires d'autoroute, ou près d'un jardin botanique. » La solitude est un compagnon fidèle de Jean-Claude Romand. Ses journées, il les passe seul, à lire des revues spécialisées pour nourrir son rôle de chercheur, pour avoir réponse à tout, y compris et surtout auprès de ses amis médecins. Convié avec son épouse à un dîner chez l'un d'eux, Jean-Claude Romand se retrouve à discuter avec un autre convive, cardiologue de profession, de sujets médicaux assez pointus. À la fin de la soirée, après le départ du couple, le praticien aurait parlé de Jean-Claude Romand en ces termes : « À côté de gens comme lui, on se sent tout petit. » Mais dans la réalité, Romand prend la route, sans but, sans horizon. La Suisse, il la connaît comme sa poche à force de la sillonner : les vignobles en pente douce de Lavaux, sa lumière exceptionnelle du mois de septembre juste avant les vendanges, la route qui serpente au dessus du lac Léman. Parfois, il s'arrête voir ses parents à Clairvaux et se promène en forêt avec son père, Aimé. Ainsi vit Romand, bon fils, bon citoyen qui s'investit dans le Secours catholique, à la paroisse, chez Greenpeace ou au sein de la fondation Brigitte Bardot. Il y a aussi le Romand flambeur, celui qui aime le golf, le ski, le tennis et d'autres compagnies que celle de sa femme, qui utilise son temps libre et son agenda « chargé » pour mentir une nouvelle fois à Florence. Mais comme il ne travaille pas et ne déclare aucun revenu, comment fait-il ? Comment le mensonge peut-il devenir un salaire ?

Pour survivre, Romand se sert encore d'un mensonge. Il propose à ses proches de jouer les intermédiaires auprès de financiers suisses, pour ceux qui se laisseraient tenter par l'évasion fiscale. Ainsi, son beau-père lui remet plus de 350 000 francs, un oncle lui en confie 50 000, puis un ami 10 000 et ainsi de suite… En tout il accumule près de 2 millions et demi de francs. Une somme qui explique le standing de la vie des Romand : la villa, la belle voiture, l'école privée et les voyages. L'argent est au cœur de la supercherie. Sans lui, le médecin de l'OMS n'existe plus. En 1991, Chantal, une dentiste de la région et amie du couple, vend son cabinet. Elle devient sa maîtresse, nouvel élément d'une double vie, et lui confie la somme de la vente de son cabinet : 900 000 francs. Mais en fin d'année 1992, elle demande à récupérer ses économies pour s'installer à Paris. La tuile ! À aucun moment bien sûr, Romand n'a placé l'argent de ses proches. Il passe Noël en famille et sait au fond de lui-même que bientôt, l'étau va se resserrer.

Vertige !

Les cinq crimes

Au troisième jour du procès, Jean-Claude Romand est interrogé sur les meurtres du 9 janvier 1993. Calme, posé, il fait visiter à la cour chaque recoin de sa vie de façon ordonnée, puis laisse sa place peu à peu à un autre Jean-Claude Romand qu'on n'avait encore jamais entendu, celui des larmes. La présidente le questionne sur sa relation avec Florence et le taux important d'alcool retrouvé dans le sang de sa femme. Elle imagine une dispute autour du mensonge que son épouse aurait peut-être découvert. Romand explique : « S'il y avait eu une scène de ménage, pourquoi la cacher ? Je ne me sentirais pas moins coupable mais ce serait une explication. Ce serait peut-être plus acceptable. Je ne peux pas dire avec certitude qu'elle n'a pas eu lieu, mais je ne me souviens pas. Je me rappelle les autres scènes de meurtre qui sont tout aussi horribles, mais pas celle-là. Je suis incapable de dire ce qui s'est passé entre le moment où je consolais Florence sur le canapé et celui où je me suis réveillé avec le rouleau à pâtisserie taché de sang entre les mains. » Pourtant, après son premier meurtre, Jean-Claude Romand ne s'endort pas dans son canapé. Il nettoie le rouleau à pâtisserie, répond à un appel téléphonique, celui d'une amie de Florence. Sans stress apparent, il entame la conversation et indique que son épouse s'est endormie. Mais ses enfants se réveillent. Il les amène dans le salon, les assied dans le canapé et lance la cassette des *Trois Petits Cochons*. Romand prépare deux bols de céréales, puis s'assoit avec eux. Il confie à la cour : « Je savais, après avoir tué Florence, que j'allais aussi tuer Antoine et Caroline et que ce moment, devant la télévision, était le dernier que nous passions ensemble. Je les ai câlinés. J'ai dû leur dire des mots tendres. Cela m'arrivait souvent. Ils y répondaient par des dessins. Nous sommes restés comme ça peut-être une demi-heure. Caroline a vu que j'avais froid, elle a voulu monter chercher ma robe de chambre. J'ai dit que je les trouvais chauds, eux, qu'ils avaient peut-être de la fièvre et que j'allais prendre leur température. Caroline est montée avec moi, je l'ai fait coucher sur son lit. Je suis allé chercher la carabine… » Dans le palais de justice, des cris et des pleurs accompagnent l'intenable confession de Romand. Dans la petite pièce aménagée avec le retour vidéo, le public est tétanisé, certains sont debout, d'autres quittent la salle sans bruit.

Puis Jean-Claude Romand raconte la mort de ses parents. Son départ de la maison conjugale, la route vers Clairvaux-les-Lacs, l'ouverture du portail, comme il dut le faire des milliers de fois, le dernier dîner, puis la mort, tranchante, chirurgicale. Son père, sa mère, son chien. Dans un sanglot, Romand confesse : « En quittant Clairvaux, j'ai eu le même geste que d'habitude. Je me suis retourné pour regarder le portail et la maison. Je le faisais toujours car mes parents étaient âgés et malades et je me disais que c'était peut-être la dernière fois que je les voyais. » Élément troublant : lorsque Romand raconte les cinq meurtres, le ton qu'il emploie est froid, presque distant. Mais quand il arrive à l'épisode du chien, il craque. Malaise dans le prétoire.

Puis l'accusé revient à la non-explication de ses meurtres. L'énigme persiste jusqu'à ce qu'il formule enfin ce que tout le monde pressentait. Romand indique qu'il ne voulait pas faire subir à sa femme et à ses parents l'intolérable mensonge, celui de sa vie. Dans son esprit, mieux valait qu'ils meurent plutôt qu'ils sachent… On avait cru comprendre. On n'osait pas imaginer que le narcissisme pût trouver une traduction aussi extrême, aussi dramatique !

Chantal, l'absente

Au quatrième jour du procès, encore sous le choc des déclarations de Romand, la salle attend avec impatience le témoignage de Chantal, son ancienne maîtresse. Et pour cause, elle est la seule survivante, la dernière personne qui a vu ce jour-là le Romand meurtrier, celui qui est passé à l'acte. Le 9 janvier 1993, après avoir assassiné ses proches, Jean-Claude Romand fonce à Paris rejoindre Chantal. Il l'a invitée à l'accompagner à un dîner chez l'un de ses amis, Bernard Kouchner. Sauf que cet ami, il ne le connaît pas, et que ce dîner n'existe pas. Jean-Claude Romand conduit Chantal vers Fontainebleau, lieu de la supposée soirée. Il se perd, prétexte une erreur dans le trajet, ne retrouve plus le numéro de téléphone de son ami. Il tourne en rond durant plusieurs minutes puis stoppe la voiture en pleine forêt. Romand sort, fouille dans son coffre, et revient avec une bombe lacrymogène et un taser électrique. Chantal se défend, hurle, l'interpelle. C'est la première fois qu'une voix brise le silence de sa folie meurtrière. Elle résiste, lui s'écroule et cesse. Il pleure dans ses bras, s'excuse, parle de fatigue, de son traitement contre son cancer, faux lui aussi.

Choquée, elle ne dira rien, ne portera pas plainte. Elle attend toujours le retour de ses 900 000 francs qu'il promet de lui rendre dès le lundi suivant. Romand rentre à Prévessin-Moëns. Au palais de justice, on attend toujours l'arrivée de Chantal. À 14 heures, on apprend qu'elle s'est fait porter pâle. On n'en saura pas plus.

Et la narration de la vie invraisemblable de Jean-Claude Romand se poursuit au tribunal qui s'intéresse désormais à la journée du 10 janvier. Romand la passe seul chez lui. Rien de particulier, il continue sa vie dans cette maison vide où gisent les corps de Florence, Antoine, et Caroline. Vers 4 heures du matin il sort les jerricanes d'essence qu'il avait remplis quelques jours avant le drame, après avoir acheté la bombe lacrymogène, l'arme, les munitions et les médicaments. Il ferme les portes et les fenêtres, met le feu et s'allonge près de Florence. Il avale un mélange de médicaments. Au même moment, le camion poubelle commence sa tournée, la ville se réveille, l'alerte est très vite donnée. Romand est sauvé des flammes. La tentative de suicide serait-elle, elle aussi, un mensonge ? Une ultime falsification, une dernière mise en scène, une lâcheté de plus ?

Au cinquième jour du procès, c'est sur ses lectures que Jean-Claude Romand est interrogé. Parmi les livres qu'il apprécie, un essai philosophique tient une place particulière : *La Chute* d'Albert Camus qu'il a découvert dans son adolescence et dans lequel il aime se replonger parfois. Pour ponctuer ses questions, la présidente du tribunal en lit des passages : « Comment la sincérité serait-elle une condition de l'amitié ? Le goût de la vérité est un confort, parfois. Ou un égoïsme. La vérité, comme la lumière, est aveugle. Le mensonge est un beau crépuscule qui met chaque objet en valeur. On voit parfois plus clair dans celui qui ment que dans celui qui dit la vérité. » Romand écoute, se lève, et ne trouve que quelques mots en réponse : « J'ai peut-être fonctionné dans ce sens-là. Parfois, on peut mentir, juste pour voir un peu de joie chez les autres. » Face à lui, le public reste dubitatif.

La vérité devient de plus en plus lointaine, on la perd dans la mythomanie de l'accusé. Face à lui, la mère de Florence est à la barre. Elle s'appelle Jeanne Crolet, soixante-huit ans. Elle raconte la vie de sa famille avec Jean-Claude, elle ne comprend pas comment elle a pu être bernée pendant de si longues années, elle ne comprend pas pourquoi elle a perdu sa fille et ses petits-enfants. Alors quand la justice peine à dessiner la vérité, elle invite les psychiatres à la barre, elle leur pose à chaque fois la même question : « L'accusé est-il fou ? » « Non, répondent-ils. C'est un mythomane, narcissique, intelligent, avec tout de même des troubles de la personnalité. Il aurait tué pour nier une partie de lui-même. Mais il n'est pas schizophrène. » Contrairement aux apparences.

Le verdict

Au dernier jour du procès, pendant quatre heures, l'avocat général Jean-Olivier Viout assomme Romand et la salle avec un réquisitoire tranchant, ne laissant aucune place au doute. Romand a tué cinq fois. Romand est un génie malin qui pendant près de vingt ans a trompé ses amis, sa famille, et a volé pour financer son imposture. Pour l'accusation, tout semble calculé, maîtrisé dans une mécanique bien huilée, démoniaque. Au début de l'année 1993, c'est bien parce que le mensonge allait être éventé que Romand a préféré supprimer des vies. L'avocat de la défense, lui, reste dans son rôle : il emprunte les chemins de l'intime, remonte celui de l'enfance, explore les failles qui ont amené Jean-Claude jusqu'au drame et conclut : « Jean-Claude Romand les aimait mal, comme un malade mental, à la vie à la mort. »

C'est à l'accusé qu'on donne la parole avant la délibération des jurés. Romand, comme à son habitude, a soigneusement préparé ce moment où il demande pardon. « C'est vrai que c'est le silence qui s'impose à moi. Je comprends que mes paroles et même ma survie ajoutent au scandale de mes actes. J'ai voulu assumer le jugement et le châtiment et je crois que c'est la dernière occasion que j'aurai de parler à ceux qui souffrent à cause de moi. Je sais que mes mots sont dérisoires, mais je dois les dire. Leur dire que leur souffrance ne me quitte ni jour ni nuit. » Il s'adresse ensuite aux disparus, aux victimes de ces actes : « Pardon de n'avoir pu supporter l'idée de vous faire souffrir. Je sais que je ne pourrais vivre sans vous, mais aujourd'hui je suis encore en vie et je vous promets d'essayer de vivre tant que Dieu le voudra, sauf si ceux qui souffrent à cause de moi me demandent de mourir pour atténuer leur peine. Je sais que vous m'aiderez à trouver le chemin de la vérité, de la vie. Il y a eu beaucoup, beaucoup d'amour entre nous. Je vous aimerai encore en vérité. Pardon à ceux qui pourront pardonner. Pardon aussi à ceux qui ne pourront jamais pardonner. Merci, madame la présidente. »

Le 2 juillet 1996, la cour d'assises de l'Ain condamne Jean-Claude Romand, quarante-deux ans, à la réclusion criminelle à perpétuité. La peine comporte une période de sûreté de vingt-deux ans, jusqu'en 2015. Il est donc théoriquement libérable cette année. Désormais, la vie de Romand ne lui appartient plus. Elle entre dans le grand livre des « faits divers » de notre temps, ceux que nous n'arrivons toujours pas à expliquer et qui pour cette raison, probablement, continuent de nous tourmenter.

Témoignage : Gilles Cayatte,

auteur avec Catherine Ethel du documentaire intitulé *Le Roman d'un menteur* réalisé en 2000

« Je crois que Romand est un travailleur du mensonge. À partir du moment où il a décidé de mentir sur ses examens en médecine, il construit un personnage de médecin parfait, un homme parfait qui réussit tout ce qu'il entreprend. C'est ainsi qu'il trompe ses amis médecins jusqu'à son ami d'enfance, généraliste ! Il aurait pu rater son mensonge mais il détient un outil parfait pour susciter la compassion et l'admiration : il a un cancer qui le fait aller, venir, disparaître, réapparaître au gré de ses besoins. Par exemple, le premier cancer lui sert à séduire Florence, qui devient sa femme. Il s'invente cette maladie lorsqu'il est étudiant, déjà. Et on le croit, comme on le croit à chaque fois que cette pathologie revient, après bon nombre de rémissions. On le plaint, on a peur pour lui, on ne questionne jamais ce qu'il dit. On peut affirmer que sa vie s'est vraiment

arrêtée le jour de sa deuxième année d'études quand il a raté son examen et quand il a décidé de ne pas aller à l'épreuve de rattrapage qu'il aurait sans doute réussie d'ailleurs. Je suis allé voir son instituteur. Sa révélation me trouble encore aujourd'hui. Il m'a dit que le principal souci de Romand était de ne pas décevoir ses parents. Et toute sa vie se déroulera dans cette optique-là : il ne veut jamais décevoir. C'est ça l'homme parfait. Ce point indique un narcissisme ultime mais pas de la mythomanie. Le mythomane croit en ses mensonges. Romand, non.
Dans mon documentaire, l'une de ses amies témoigne : "Nous avons passé une journée chez Florence et Jean-Claude. Très fière de son mari, Florence nous a montré la nouvelle carte de visite de Jean-Claude. Il y était mentionné les fonctions de chef de clinique à l'hôpital cantonal de Genève, de maître de recherche, de maître de conférences et d'interne des hôpitaux de Paris. Un autre ami précise : 'OMS, hôpital de Genève, hôpital à Lyon... Pour moi il était un expert en son domaine.' Et un troisième confirme : 'Il disait travailler également dans un laboratoire à Dijon. Il était souvent en déplacement. Ça nous paraissait logique et acceptable.'" Nous avons voulu rendre "justice" aux personnes de son entourage, victimes du mensonge et brocardées lors du procès pour leur naïveté. Dans cette région du pays de Gex, où tant de personnes vivent en France et travaillent en Suisse où ils occupent des postes importants, on respecte le statut social. On ne se pose pas de questions. Et Romand prenait tout en charge. Il s'est arrangé pour que sa femme ne tombe jamais sur la déclaration d'impôts de la famille où il était mentionné "revenus 0". Et le frère du propriétaire de la maison que louaient les Romand déclare que le bail a été accordé sans problème parce que Romand était médecin, qu'il présentait bien et que

sa femme était pharmacienne à Prévessin-Moëns. Pour le bailleur, ces références étaient suffisantes.
Juste avant le meurtre, autour de Romand, les gens qui travaillaient dans les organisations internationales commençaient à avoir de sérieux soupçons et Romand le savait. L'une de ces personnes, et je ne peux pas dire laquelle, qui avait regardé dans les archives de ces organisations pour voir si Romand y figurait, avait découvert son secret. Des gens qui mentent, on en voit tous les jours, mais cette idée que le mensonge ait tenu aussi longtemps et qu'il se termine de façon aussi dramatique, c'est sans doute unique dans la période de l'après-guerre. Il n'y a pas d'affaire équivalente. »

1993

Le suicide de Pierre Bérégovoy
La meute

Le 1er mai 1993, en fin d'après-midi, Pierre Bérégovoy, encore Premier ministre quelques semaines auparavant, se suicide d'une balle dans la tête. L'émotion collective qui envahit les Français, ses partisans comme ses adversaires politiques, est à la mesure de la dimension historique et dramatique du geste. Cet événement, unique dans l'histoire de la Ve République, marque les esprits et nourrit les rapports ambigus que le public entretient avec la presse pour ce qu'elle est, à la fois élément indispensable de la démocratie et moyen de pression qui peut pousser les plus fragiles ou les plus touchés vers le désespoir, ces journalistes que François Mitterrand appelle, dans cette affaire, les « chiens ».

Les adversaires politiques de Pierre Bérégovoy, ceux qui ont soufflé sur les braises, sont également montrés du doigt, ainsi que la justice et son supposé acharnement. L'opprobre tombe sur tous ceux qui d'une façon ou d'une autre ont animé, des mois durant, la chronique du déshonneur. Car ainsi fonctionne la démocratie, dans la transparence, jusqu'à la dictature de la transparence.

Tous se rejettent la responsabilité du suicide, en alimentant au passage les hypothèses les moins crédibles, pourvu qu'elles soient spectaculaires, dans une démarche qu'on appelle la théorie du complot. Certains parlent même de crime d'État ou d'assassinat politique.

À travers le destin tragique de Pierre Bérégovoy, c'est une histoire de la gauche française qui se raconte, le récit de l'élan de la victoire en 1981 jusqu'à la fin crépusculaire du second mandat du président Mitterrand : les années du socialisme au pouvoir, sa volonté de changer la vie puis son allégeance aux lois du marché… Ou comment le destin de Pierre Bérégovoy épouse le chemin des illusions perdues.

LES PROTAGONISTES

Pierre Bérégovoy, Premier ministre socialiste d'avril 1992 à mars 1993
Gilberte Bérégovoy, son épouse
François Mitterrand, président de la République
Roger-Patrice Pelat, homme d'affaires, ami de François Mitterrand, qui prête de l'argent à Pierre Bérégovoy
Thierry Jean-Pierre, juge d'instruction dans une enquête sur Roger-Patrice Pelat

Ambition

Le parcours de Pierre Bérégovoy réunit à lui seul l'idéal républicain et socialiste. Fils d'un immigré ukrainien, il gravit tous les échelons du parti socialiste avec pour seul diplôme un brevet élémentaire et un CAP d'ajusteur. Il milite très tôt à la SFIO[1], puis rejoint le PSU[2] où il s'oppose à la guerre d'Algérie et devient collaborateur de Pierre Mendès France. À la fin des années soixante, il se rapproche de François Mitterrand.

Rapidement, il tranche par sa double culture ouvrière et syndicale. Au sein du parti, il est le spécialiste des questions sociales. Il est apprécié pour sa capacité à gérer les dossiers de manière pragmatique et efficace. Suivre le chemin de Pierre Bérégovoy, c'est prendre la trajectoire idéale d'un militant : il participe à la campagne présidentielle de 1974 auprès de Mitterrand, puis à celle de la victoire, en 1981. Il est nommé secrétaire général de l'Élysée, et en 1983, ministre des Affaires sociales, puis ministre de l'Économie et des Finances.

Il ne cache pas son ambition de devenir un jour Premier ministre. Il pense y accéder en 1988, après la réélection de François Mitterrand dont il a dirigé la campagne. Raté, c'est Michel Rocard qui décroche le poste. Puis, en 1991, lors du remaniement, c'est Édith Cresson qui est nommée. Son tour arrive in extremis en 1992, dans un contexte difficile, entre les affaires politico-financières qui touchent les socialistes, la libéralisation économique accentuée et la poursuite de la construction européenne. Le pouvoir en place est vivement critiqué. Pierre Bérégovoy ne reste qu'un an à son poste. Il doit quitter le gouvernement après la défaite historique des socialistes aux législatives d'avril 1993. Il cède la place à Édouard Balladur.

Quelques semaines plus tard, le 1er mai, il met fin à ses jours, à Nevers, dans la ville dont il est le maire. Le drame se noue aux alentours de 19 heures alors qu'il

1. Section française de l'Internationale ouvrière, ancêtre du PS.
2. Parti socialiste unifié.

vient de célébrer la Fête du travail avec ses administrés. Il s'y est présenté en famille, le visage marqué par le rude combat politique qu'il vient de mener. On le voit également bouleversé par les attaques personnelles qu'il a subies et qu'il doit encore affronter à propos de ses accointances supposées avec le cercle des affairistes de l'entourage amical de François Mitterrand. Rumeurs et scandales brisent la stature d'honnête homme qu'il avait patiemment construite tout au long de son parcours politique.

Lors de cette funeste journée, son chauffeur et son garde du corps l'accompagnent aux différentes manifestations auxquelles il doit assister. Dans la soirée, après avoir pris l'arme de son vigile dans la boîte à gants de la voiture, il confie son désir de marcher seul le long du canal de Nevers. C'est là qu'il se suicide d'une balle dans la tempe. Quelques minutes plus tard, les deux hommes de sa garde rapprochée le retrouvent dans le coma. L'évacuation s'organise. Un hélicoptère arrive pour l'emmener à l'hôpital du Val-de-Grâce. Pierre Bérégovoy meurt dans l'appareil. Il s'en faut de peu pour que sa femme, Gilberte, n'apprenne la nouvelle à la radio ou à la télé. Mais d'autres membres de sa famille la découvrent en écoutant les informations – premier signe d'un emballement médiatique qui joue un grand rôle dans cette affaire. Je me souviens du choc ressenti par Pierre Joxe lorsque Ivan Levaï me demanda de recueillir sa réaction pour France Inter sur le coup de 20 heures, ce dimanche 1er mai 1993. Je me souviens de la voix de l'ancien ministre de l'extérieur à qui, en fait, j'annonçais la nouvelle, sans ménagement. Lui non plus n'était pas au courant ! Quel choc ! La France tout entière s'interroge après la mort d'une telle personnalité publique. Elle a besoin de réponses et tente de les trouver en se replongeant dans les derniers mois de la vie de Pierre Bérégovoy.

Une gauche marquée par les affaires

Lorsque ce militant socialiste accède enfin à Matignon, il réalise le rêve d'une vie. C'est un symbole fort : un fils d'immigré, ancien ouvrier, décroche l'une des plus hautes fonctions de l'État. L'accueil de la nouvelle par l'opinion est plutôt favorable. L'image de Pierre Bérégovoy et son action précédente plaident en sa faveur. Intégrité, fidélité, austérité, effort, sont les mots qui reviennent le plus souvent pour qualifier le nouveau Premier ministre. Il porte en lui une fibre républicaine et sociale dans laquelle de nombreux Français se reconnaissent.

Hélas pour lui, c'est l'époque de l'affairisme rose et du discrédit moral de la gauche au pouvoir. Alors dans son discours de politique générale, le nouveau Premier ministre insiste sur trois points : la lutte contre le chômage, l'insécurité, mais aussi et surtout la corruption en politique. C'est un peu l'hôpital qui se moque de la charité pour la droite qui vocifère, pendant le discours, aux cris de : « Tapie ! Urba ! Boublil ! Naouri ! » Autant de noms plus ou moins liés aux affaires récentes qui ont touché le parti socialiste, y compris Pierre Bérégovoy. Agacé, peut-être un peu déstabilisé, devant toute l'Assemblée à qui il explique ses objectifs, il brandit une feuille et déclare : « Dans nos sociétés d'information, les exigences de transparence sont fortes. Si le pays veut retrouver confiance en lui-même, il faut d'abord qu'il retrouve confiance en ceux qui le représentent et en ceux qui le dirigent. On soupçonne certains hommes publics de s'être enrichis personnellement de manière illégale. S'ils sont innocents, ils doivent être disculpés. S'ils sont coupables, ils doivent être châtiés. Dans tous les cas, la justice doit passer. Je vous demande, les yeux dans les yeux, de m'entendre. J'ai ici une liste de personnalités dont je pourrais éventuellement vous parler. Je m'en garderai bien (…) »

C'est le faux pas. Il s'en excuse dans la foulée et reprend son discours face à un hémicycle vidé de ses députés de droite. Ce geste est aussi une rupture. Pour la première fois, un chef de gouvernement dénonce la corruption au cœur même de la démocratie française. Pierre Bérégovoy entame alors son action à la tête de Matignon, avec toute l'énergie et la volonté d'un homme qui sait pertinemment qu'il a peu de temps pour redresser la barre. Une action principalement occupée par la mobilisation en faveur du traité de Maastricht qui passe de justesse par référendum en septembre 1992. Puis arrive la campagne des législatives pendant laquelle tout bascule.

Un prêt qui passe mal

Le 3 février 1993, *Le Canard enchaîné* publie un article avec ce titre en une : « Ce chèque d'un million qui empoisonne Béré… » Ce million de francs, c'est l'homme d'affaires Roger-Patrice Pelat qui le lui a prêté, sans intérêts, pour l'achat d'un appartement. C'est une opération parfaitement régulière. Le problème, c'est que Roger-Patrice Pelat, ami intime de François Mitterrand, a été inculpé pour délit d'initiés dans le cadre d'une affaire retentissante : l'affaire Pechiney[1]. La réputation de ce personnage, mort en 1989, est sulfureuse. Dès le mois de novembre 1992, le Premier ministre sait que cette information va sortir. On lui a dit que le juge Thierry Jean-Pierre enquête depuis plusieurs mois sur une affaire de commissions versées par Roger-Patrice Pelat dans le cadre d'un contrat avec la Corée du Nord. Au cours de cette investigation, le magistrat s'est penché sur les droits de succession de l'homme d'affaires. Il a demandé à consulter tous les chèques émis, égaux ou supérieurs à un million de francs depuis 1982. Et c'est ainsi qu'il aurait découvert le prêt consenti à Pierre Bérégovoy en plus d'autres traces de coups de pouce financiers lui permettant de partir en vacances avec sa femme, d'offrir des cadeaux à cette dernière ou d'aider sa fille. Le juge aurait aussi appris l'existence d'impressionnants découverts accordés par une filiale du Crédit lyonnais au ministre. Mais seule l'information concernant le prêt d'un million de francs sort à ce moment-là dans la presse.

Pierre Bérégovoy défend la légalité de l'opération face à l'assaut des médias : « Je n'ai pas remis ma démission. Mesdames et messieurs, vous êtes libres de vos commentaires. Si vous voulez que je vous dise que je lis des choses qui me font de la peine, je vous le dis. Et je suis convaincu que ceux qui me connaissent ne seront pas troublés par l'exploitation qui est faite de ce prêt, tout à fait légalement enregistré et normalement remboursé. »

Mais la mécanique est en place. La presse fait son

1. Groupe industriel nationalisé qui a lancé une OPA sur la société américaine Triangle, alors que certains hommes d'appareil d'État, au courant de l'opération, sont acquéreurs de titres Triangle.

travail, même s'il peut être cruel parfois. L'information est reprise partout, fait la une, rythme la campagne des législatives. Les *Guignols*, le *Bébête show* tournent chaque jour en dérision le Premier ministre. Dans le *Paris Match* du 18 février 1993, Pierre Bérégovoy fait publier une lettre qu'il a envoyée le 6 février 1984 à Laurent Fabius, Premier ministre à ce moment-là. Dans ce courrier, il se prononçait contre le crédit en faveur des sociétés de Roger-Patrice Pelat sur le dossier coréen.

Trop tard. La moralité du Premier ministre est atteinte et renvoie de la gauche une image gênante. Voilà un politique qui a érigé la lutte contre la corruption comme étendard et qui se retrouve cité aux côtés de personnalités impliquées ou soupçonnées de malversations financières. Un article en particulier traduit ce sentiment, celui de Jean-Michel Helvig, publié le 17 février 1993 dans *Libération*. « Qu'un homme comme Pierre Bérégovoy, dont on veut bien admettre l'intégrité exemplaire que vantent ses amis, finisse par accepter le cadeau d'un homme d'argent, et pas des plus transparents, comme Roger-Patrice Pelat, et que jamais il ne lui effleure l'esprit qu'il transgresse la prudence minimale, est pour le moins consternant. Si aucun signal d'alarme ne fonctionne dans la tête de cet homme-là, c'est que des ressorts se sont dangereusement distendus s'ils ne sont définitivement cassés. Dans quel monde vit désormais celui qui, issu d'un milieu populaire, ne s'étonne même plus de se voir offrir cent briques ? Est-il si ingénu pour croire que l'on ne suspectera jamais la moindre contrepartie ? »

L'effondrement d'une image

C'est sans doute l'article de trop pour Pierre Bérégovoy. Que même la presse de gauche s'attaque directement à lui, à sa personnalité, à ses principes, c'est un coup de massue. À ses proches, il confie son angoisse : « Ils ne me lâcheront jamais… » Depuis plusieurs mois déjà, le Premier ministre s'est engagé à corps perdu dans la bataille des législatives. Il sait que la défaite est inévitable. L'objectif est de limiter la casse. Alors il sillonne la France pour soutenir les candidats socialistes. L'affaire du prêt transforme la campagne en un véritable chemin de croix. Dans les meetings, il est de plus en plus chahuté, hué, villipendé. Une fois de plus, l'emprunt d'une telle somme sans intérêts est un slogan de contestation tout trouvé : « Béré t'as pas cent briques ? », « Béré du blé à 0 % », peut-on entendre.

Le roc s'effrite, l'idée d'être considéré comme malhonnête et profiteur par les classes populaires le détruit à petit feu. Pierre Bérégovoy garde le cap, tient bon pendant ces meetings mouvementés mais laisse échapper son amertume. « Chers amis, ne vous trompez pas d'adversaires. Non, les autres seront à notre place si vous n'êtes pas solidaires de notre action, nous nous manifesterons avec vous mais nous n'oublierons pas quel a été votre comportement ce soir. » Non seulement il y a le prêt qui agit comme du curare, goutte après goutte, mais aussi son remboursement dont Pierre Bérégovoy affirme qu'il s'est effectué en deux temps, une première moitié par un versement de 500 000 francs, et une seconde par la remise d'un certain nombre d'objets et de livres anciens de grande valeur. L'opinion, déjà, s'était moquée en sourdine que l'amateur de romans policiers et de livres d'histoire d'éditions standard possède de tels ouvrages. En coulisses, le Premier ministre y revient sans cesse, en parle à tous ses proches. Cette histoire l'obsède. L'idée que son image soit à ce point écornée l'afflige.

L'ampleur de la défaite des législatives accentue son sentiment de culpabilité. C'est un bouleversement total du paysage politique qui ressort du premier tour de ces élections. « À droite toute », titre *Le Parisien*. « Raz de marée », écrit *Libération*. « Le rejet franc et massif », pour *Le Figaro*. Avec ses alliés du MRG, le Mouvement des radicaux de gauche, le parti socialiste ne recueille que 19 % des suffrages, presque quinze points de moins qu'en 1988. La gauche ne remporte que 90 sièges alors que la droite en compte plus de 480, son meilleur score depuis 1958 ! Pierre Bérégovoy se sent responsable de cette bérézina. D'après certains de ses collaborateurs, après les résultats, il n'arrête pas de répéter que « tous ceux qui ont perdu de moins de 5 %, c'est [de sa] faute ». Pourtant, sur ses terres, Pierre Bérégovoy est réélu avec 53,69 % des voix.

Dépression

Ce sentiment profond de culpabilité pousse de plus en plus l'ancien Premier ministre à l'isolement. Après la défaite, il a l'impression que ses amis et camarades le fuient ou pire, l'ignorent. Lors de la réunion du Comité directeur du parti socialiste, le 3 avril 1993, au moment où il prend la parole, certains quittent la salle avec insistance. « Je mesure ma part de responsabilité », déclare-t-il à la tribune. Ses proches commencent à s'inquiéter de l'obsession qu'il prête à l'affaire, mais aussi de son éloignement progressif. Mais tous estiment que c'est une mauvaise passe, que l'homme va rebondir. Il vient juste de quitter son poste et c'est connu, les premiers mois de la vie après Matignon sont toujours difficiles. Finis, l'emploi du temps de ministre, les charges liées au métier, l'action constante, la déférence des uns et des autres. Cependant, la dépression de Pierre Bérégovoy persiste et s'accentue, jusqu'à ce 1er mai 1993 où il met fin à son existence.

Ses funérailles se déroulent trois jours plus tard à Nevers. Devant la cathédrale, de nombreuses personnalités politiques de droite comme de gauche sont présentes pour la cérémonie, ainsi que des centaines de badauds venus rendre un dernier hommage au maire de leur commune. Tous assistent au discours de François Mitterrand qui lâche une bombe : « Je parle au nom de la France lorsque je dis, devant son cercueil, qu'avec Pierre Bérégovoy elle a perdu l'un de ses meilleurs serviteurs, et qu'elle en prend conscience sous le choc d'un drame où se mêlent grandeur et désespoir. La grandeur de celui qui choisit son destin, le désespoir de celui qui souffre d'injustice à n'en pouvoir se plaindre, à n'en pouvoir crier. Toutes les explications du monde ne justifieront pas qu'on ait pu livrer aux chiens l'honneur d'un homme, et finalement sa vie, au prix d'un double manquement de ses accusateurs aux lois fondamentales de notre République, celles qui protègent la dignité et la liberté de chacun d'entre nous. L'émotion, la tristesse, la douleur, qui vont loin dans la conscience populaire depuis l'annonce de ce qui s'est passé samedi en fin de journée près de Nevers, sa ville, notre ville, au bord d'un canal où il était souvent venu goûter la paix et la beauté des choses, lanceront-elles le signal à partir duquel de nouvelles façons de s'affronter tout en se respectant donneront un autre sens à la vie politique ?

Je le souhaite, je le demande, et je rends juges les Français du grave avertissement que porte en elle la mort voulue de Pierre Bérégovoy. »

« Livré aux chiens… » L'expression fera date, autant que le ton, empreint d'une émotion palpable et inhabituelle chez François Mitterrand. Et « une mort voulue » conclut ce discours qui pointe ostensiblement la responsabilité du suicide de Pierre Bérégovoy en direction de ceux qui ont mis en cause l'honneur de cet homme. Au premier rang, les médias et la campagne de presse autour du fameux prêt. Les mots sont durs, violents et les attaques ciblées, comme dans cette tribune de François Léotard, adversaire politique de la gauche au pouvoir, qui s'en prend directement au *Canard enchaîné*, dans des termes qui traduisent l'atmosphère de l'époque : « Au commencement, il y a un meurtre. Et le meurtre de Pierre Bérégovoy a ceci de particulier qu'il n'est pas signé et qu'il ne le sera jamais (…). Il est furtif, sans traces, échappant à toute sanction. Avion noir dans un ciel noir. Pierre Bérégovoy est la première victime d'une nouvelle culture. À sa manière, il préfigure un holocauste à venir. Non pas celui de la haine, mais celui plus raffiné, plus modeste aussi, de la dérision. Fascisme élégant du quant-à-soi, charme discret de la calomnie, refus revendiqué de toute responsabilité, de tout engagement qui ne soit pas ironie. Lorsqu'un canard est enchaîné à son mensonge, il peut courir, comme le font tous les canards, sans sa tête. Il continue de vivre après la mort. Ainsi vont quelques médias d'aujourd'hui : sans tête, ils tournent sur eux-mêmes avant de s'abattre au fond de la cour, là où s'entassent nos espérances. »

Face à cette attaque d'une extrême violence, *Le Canard enchaîné* réplique, rappelle le principe de la liberté de la presse et dénonce l'affairisme qui gangrène la politique française depuis plusieurs années, les relations troubles qu'entretiennent les hommes politiques avec le milieu de l'argent. D'autres personnalités politiques dirigent leurs accusations vers le juge d'instruction, Thierry Jean-Pierre, qui aurait fait preuve d'un zèle un peu trop prononcé dans l'exercice de ses fonctions et qui serait à l'origine de la fuite, ne respectant pas le secret de l'instruction.

Dans les jours qui suivent la mort de son mari, Gilberte Bérégovoy reçoit plus de deux cent mille lettres ! Cette réaction des Français dit toute l'émotion qui gagne le pays face à ce geste dramatique. Un représentant de la République qui met fin à ses jours, et la société civile tout entière est gagnée par le remords.

Au-delà des raisons du suicide de Pierre Bérégovoy qui, comme tout suicide, garde sa part de mystère et d'intimité, cette histoire traduit les relations complexes qu'entretiennent le pouvoir politique et les contre-pouvoirs judiciaires et médiatiques sous la Ve République. Les récentes affaires confirment, encore aujourd'hui et avec force, ces rapports houleux et compliqués qui rythment la vie démocratique. Démocratie et République, deux mots chevillés au corps de Pierre Bérégovoy, à son esprit et à son action politique, jusqu'à la mort.

Témoignage : François Laumonier,

ancien chef de cabinet de Pierre Bérégovoy

« C'était un homme très agréable à côtoyer, d'humeur égale. La tension était forte dans les fonctions qu'il occupait et il lui arrivait quelquefois d'élever un peu la voix. Dans ces cas-là, il m'appelait par mon nom, de façon assez sèche ; mais le lendemain, il me disait : "François, j'étais un peu énervé hier. Naturellement vous aviez raison, mais je n'avais pas totalement tort." Cet homme était doué de multiples talents, il était d'une intelligence brillante, rapide, pratiquant l'art de la synthèse. Il était donc normal qu'assez tôt, il espère avoir un destin particulier. En 1988 et en 1991, il a voulu être nommé à Matignon. Et quand cela arrive enfin en 1992, il nous dit : "C'est trop tard, je ne pourrai pas faire grand-chose."

Avec les journalistes en revanche, il n'avait pas une relation facile. Il ne pouvait pas s'empêcher, sur des dossiers techniques, de prendre son téléphone pour préciser : "Dites-moi, Untel, vous avez dit ça ce matin, c'est idiot et inexact. Je vais vous expliquer pourquoi."

Chacun a son interprétation d'un acte aussi effroyable. Je crois que dans le suicide, il y a une souffrance immense qui débouche sur une volonté absolue de ne plus l'endurer. C'est ce cheminement qui a dû se produire dans le courant du mois d'avril 1993. Pierre subit d'abord le grand silence fracassant de l'après-Matignon. En quelques jours, il se retrouve dans son petit bureau de la rue de l'Université dans les dépendances de l'Assemblée nationale. Il a été élu, il a son bureau, mais le téléphone ne sonne pas. Il est seul. C'est un des éléments qui peut expliquer son geste. Ensuite, bien sûr, il y a ce tourment considérable qu'a été l'atteinte portée à son honneur. Il avait le sentiment d'une injustice profonde, d'autant plus qu'il avait fait de la lutte contre la corruption l'un de ses objectifs. D'ailleurs, il a fait voter à l'automne 1992 un dispositif permettant d'instaurer un meilleur contrôle de l'intervention des entreprises dans le financement des partis politiques. Son action est concrète, elle se trouve

sur le terrain. Et puis je crois qu'il n'y a pas eu autour de lui des amis, un entourage politique qui puissent le rassurer, le consoler.
On a beaucoup dit "le président n'a pas appelé" ou "il n'a pas fait ce qu'il fallait". Mais Pierre Bérégovoy n'est pas du premier cercle. François Mitterrand n'appelle pas Pierre Bérégovoy pour lui demander si ça va. Ce n'est pas dans ses habitudes. (...) L'épisode au parti socialiste a été très dur, très sévère. Le mois d'avril a été absolument terrible. Parfois, il ne voulait pas s'habiller, ou il ne voulait pas sortir. Il était dans un état d'abattement extrême et les derniers jours ont accéléré ses tendances au suicide.
Accepter le prêt de Pelat a été une maladresse, une imprudence. Il aurait probablement dû s'abstenir. Je me souviens d'une scène lors d'un déjeuner où Mme Bérégovoy dit : "Nous avons des difficultés à acheter un appartement. Mais enfin, on va y arriver, la banque va s'en occuper." M. Pelat répond : "Mais qu'est-ce que c'est que cette histoire ? Un homme comme vous, de l'âge qui est le vôtre, parlant aux ministres, avec les responsabilités que vous avez, comment se peut-il que vous soyez en difficulté pour acheter un appartement ?" C'est ainsi que les choses se sont faites. Pierre Bérégovoy aurait dû rétorquer : "Merci, je note cette proposition, mais je ne peux pas", et son destin en eût peut-être été changé. »

1993

HB
Mon nom est personne

Neuilly-sur-Seine, 13 mai 1993. Pour la première fois dans le monde, vingt et un enfants âgés de trois à quatre ans sont pris en otage dans leur école. Pendant quarante-six heures, les médias suivent cet événement minute par minute. Mais comment peut-on informer quand les autorités ne laissent rien filtrer ? Comment faire pour que les médias ne servent pas de caisse de résonance aux demandes du preneur d'otages ? Et quels sont les risques d'informer quand on sait que dans la classe de maternelle qu'il retient, le malfaiteur est branché vingt-quatre heures sur vingt-quatre sur France Info ?

L'affaire de cette prise d'otages va au-delà du simple fait divers. C'est une histoire médiatique où les journalistes doivent faire face à une loi du silence imposée par les autorités, et même devenir acteurs du drame. C'est aussi une affaire politique et personnelle entre Nicolas Sarkozy, maire de Neuilly, et Charles Pasqua, ministre de l'Intérieur, à qui, dix ans plus tôt, il avait soufflé la mairie de Neuilly. C'est surtout l'avènement de ce même Nicolas Sarkozy qui endosse dans cette affaire le costume de l'audacieux et celui du jeune homme plein d'avenir.

LES PROTAGONISTES

Nicolas Sarkozy, ministre du Budget et maire de Neuilly à l'époque, premier négociateur d'HB
Charles Pasqua, ministre de l'Intérieur de 1993 à 1995
Érick Schmitt, alias HB, preneur d'otages
Laurence Dreyfus, institutrice de la classe prise en otage
Procureur Pierre Lyon-Caen, second négociateur auprès du ravisseur
Jean-Pierre About, journaliste de TF1 au moment des faits

Breaking news

Dans les salles de rédaction des radios et des télévisions, une journée ordinaire commence. Il n'y a rien de spécial à traiter si ce n'est l'ouverture du quarante-sixième festival de Cannes et le comportement du nouveau gouvernement. Depuis le 28 mars, la défaite historique du parti socialiste aux dernières législatives, François Mitterrand est contraint à une seconde cohabitation. Le nouveau Premier ministre, Édouard Balladur, s'est entouré d'hommes d'expérience et de jeunes loups de la droite RPR et UDF. Place Beauvau, Charles Pasqua retrouve ses pénates. À Bercy, un certain Nicolas Sarkozy, l'un des petits protégés d'Édouard Balladur, s'assoit sur le strapontin du Budget. La gauche, rejetée dans l'antichambre d'une opposition très minoritaire, regarde le train passer.

Soudain, tous les téléscripteurs des agences de presse crépitent et transmettent cette dépêche : « 13 mai 1993. 11 h 27. AFP. Un homme armé retient en otage des enfants dans une classe de l'école Commandant-Charcot à Neuilly-sur-Seine. La police et les pompiers sont sur place. » Dans les salles de rédaction, c'est l'effervescence. Tout est chamboulé à moins de deux heures du journal de la mi-journée, « breaking news » comme on dit chez les professionnels de la profession. Autrement dit, prenez stylo, micro et caméras, tous à Neuilly ! Les reporters de France Info – seul média d'information en continu à l'époque – arrivent avant tous les autres. Ils prennent l'antenne en direct de l'école et dès les premiers flashs infos, les parents d'élèves concernés accourent. Les forces de police installent des barrières de sécurité. Chaque rédaction envoie plusieurs équipes sur place et les poste près des deux entrées de l'école. On sait encore très peu de choses, alors on inspecte les lieux, on scrute le ballet des voitures, l'arrivée des responsables de la région, on tend le micro aux parents : « J'ai un enfant à l'intérieur mais il est en primaire. Apparemment il est en sécurité puisqu'ils ont évacué les classes. Mais tant que je ne l'aurai pas récupéré… J'ai été avertie par un voisin. Le RAID est là, la police et les pompiers aussi. La classe [de maternelle] est toujours prise en otage. C'est d'une lâcheté infinie. Je l'ai su en arrivant ici. On n'était pas prévenus. La police n'a rien dit. J'ai retrouvé mon enfant. J'ai eu très peur. On nous a juste dit qu'il y avait un dingue qui avait pris en otage une maternelle. » L'école se situe à quelques pas de la Seine et du bois de Boulogne, près de la porte Saint-James, dans le quartier huppé de la ville si tant est qu'il en existe qui ne soient pas huppés.

L'établissement a ouvert ses portes vers 8 heures, et comme les six cents élèves, l'homme a dépassé la grille de l'entrée. Il s'est dirigé vers la classe numéro 8 au rez-de-chaussée, celle de l'institutrice Laurence Dreyfus.

Place Beauvau, c'est l'alerte générale. Dès que Charles Pasqua, l'homme de main du gouvernement Chirac, apprend la nouvelle par son chef de cabinet, il en fait part au Premier ministre, Édouard Balladur, et à Nicolas Sarkozy, maire de Neuilly mais aussi ministre du Budget. Ce dernier file vers sa ville.

Devant le bâtiment, vers midi, le préfet des Hauts-de-Seine, Charles-Noël Hardy, s'exprime pour la première fois : « Il tient dans une main une arme qui semble être un pistolet d'alarme. Mais il s'agit peut-être d'un faux. Par contre, il porte à la ceinture des explosifs avec des fils qui en sortent. (…) Est-ce qu'ils sont fictifs ? On n'en sait rien. » « Avec ça, on est bien avancés », rétorquent les journalistes. Il n'y a plus d'enfants dans l'école ; seuls ceux de la classe numéro 8 poursuivent leurs jeux avec l'institutrice à côté du preneur d'otages qui se fait appeler par deux initiales énigmatiques : HB.

Les hommes du RAID s'activent. Deux groupes entrent dans l'un des bâtiments pendant que trois tireurs d'élite se placent sur les hauteurs. Les balcons des immeubles alentour sont fermés aux journalistes et on interdit le survol de Neuilly aux hélicoptères. Très vite, le contact est établi avec le ravisseur. Les premières négociations portent leurs fruits. On envoie le père d'un enfant discuter avec le preneur d'otages. Ce dernier accepte de l'écouter mais formule des demandes étonnantes, dont la carte d'identité de Charles Pasqua. Il veut être certain que le ministre de l'Intérieur suit l'affaire personnellement. Requête absurde, mais quand un homme détient des otages, surtout en bas âge, il vaut mieux céder. Alors on fait le voyage du VIIIe arrondissement de Paris à Neuilly. La carte d'identité arrive après. Les premiers enfants sont libérés. En échange, on accorde au preneur d'otages l'installation d'une radio. Car monsieur veut entendre ce qu'on dit de lui dans les médias. On voit les parents porter les premiers petits rescapés dans leurs bras et on mesure leur soulagement. Les journalistes fondent sur eux. Images répétitives, l'émotion fait le reste : « J'ai appris la nouvelle et j'ai accouru. Par la radio. Je ne vivais plus et maintenant je suis folle de joie. Je suis soulagée. Il a trois ans mon fils, comme tous les enfants de la classe. Il m'a dit qu'il y avait un monsieur qui avait des pistolets et un truc qui fait boum », confie une mère.

Aucun agent de presse du ministère n'étant là pour répondre aux questions des journalistes, on livre l'info au conditionnel et à l'émotionnel comme le veut la règle. Qui est ce preneur d'otages ? Le bruit court qu'il s'agit d'un sans-papiers, d'un homme noir, d'un Chilien, d'un terroriste, d'un membre d'Action directe. Que se passe-t-il vraiment derrière ces grilles ? Les médias n'en savent rien mais ils doivent combler leur ignorance tout au long de la journée. Cette affaire préfigure la généralisation des chaînes d'information continue, pour le meilleur et pour le pire.

« Donne-moi le petit Noir »

À 13 h 30, Nicolas Sarkozy arrive, plus précisément il entre en scène. L'homme maîtrise l'exercice. Il sait où se placer devant une caméra, comment s'y tenir et surtout quoi dire au bon moment. Un orfèvre ! Le maire de Neuilly s'est fait connaître en 1983 lors de l'élection municipale de la ville. À seulement vingt-huit ans, auteur d'un coup de Jarnac bien ficelé, ce jeune militant du RPR avait ravi la mairie à Charles Pasqua, baron gaulliste, figure charismatique, intouchable en son royaume… croyait-on. Se faire berner de cette façon par un jouvenceau n'est pas facile à vivre.

Dix ans plus tard les deux hommes siègent dans le même gouvernement et doivent régler ensemble, sans fausse note, cette affaire délicate. L'un décide dans le secret de son ministère de l'Intérieur, l'autre agit dans la lumière.

À peine une heure après son arrivée, Nicolas Sarkozy, muni de la carte d'identité de Charles Pasqua, frappe à la porte de la classe, entre et dit au preneur d'otages : « On peut avoir confiance l'un en l'autre. Pourquoi non ? Qu'est-ce que je vous ai fait moi ? J'essaie de vous sortir de la panade. J'essaie de trouver le pognon. J'essaie de vous trouver la voiture. Je vais porter tout ça chez le ministre de l'Intérieur. Qu'est-ce que je peux faire de plus ? C'est bien parce que je suis votre ami que je fais ça ! Sinon, je ne le ferais pas. Donne-moi le petit Noir. Donne-moi le petit Noir. » C'est la fameuse séquence où l'on voit le maire de Neuilly sortir de la classe avec un enfant dans les bras. Image multi-rediffusée, formidable viatique pour une carrière qui n'en est qu'à ses débuts. En ressortant de la salle, Nicolas Sarkozy déclare à la presse, dans son approche très personnelle de la langue française : « J'ai parlementé un quart d'heure avec lui. Il est très calme. Les enfants s'amusent, il n'y a pas de problème. Il demande à voir le ministre de l'Intérieur pour discuter et porter un message. J'ai dit que je ne voulais pas.

Parce que si je porte le message maintenant, qu'est-ce que j'ai après ? Hein ?

J'ai amené aussi de l'argent. Il en veut plus. Je lui ai dit que je lui en amènerai plus que si je sortais moi-même les enfants. »

Reclus dans la classe, le forcené se rend très vite compte qu'il est impossible de gérer tant d'enfants sans perdre le contrôle de la situation. À 15 heures, Nicolas Sarkozy quitte l'école pour apporter le courrier que lui a transmis le preneur d'otages à l'intention de Charles Pasqua. Dans les bureaux de France Info, la sonnerie du téléphone de Pascal Delannoy, le directeur de la station, retentit. C'est le ministre de l'Intérieur. Il lui apprend que le preneur d'otages écoute sa fréquence et lui demande d'être prudent dans les commentaires, d'éviter tout superlatif qui pourrait envenimer la situation. Dont acte. Mais il y va de la sécurité de plusieurs enfants, alors… Les journalistes, malgré eux, participent à l'écriture du récit en cours.

Une heure plus tard, Nicolas Sarkozy est de retour à l'école. Le forcené continue de négocier avec lui. Il réclame 100 millions de francs mais il accepte la venue d'un médecin du SAMU pour soulager l'institutrice qui s'occupe des enfants depuis le début de la matinée. À 17 h 30, il libère un élève contre un téléviseur. Les journalistes s'interrogent. Qui est ce HB ? Les enquêteurs également sont dans le flou. Depuis l'annonce de la prise d'otages, les commissariats et la mairie de Neuilly reçoivent des dizaines d'appels de personnes qui affirment connaître le malfaiteur. Mais les pistes s'effondrent, les unes après les autres. Ils répertorient l'ensemble des plaques d'immatriculation à proximité de l'école, comparent les identités, cherchent des noms commençant par H ou par B. Pourquoi ces lettres ?

Pendant un moment, les inspecteurs pensent qu'il s'agit d'une personne atteinte de l'hépatite B. Bon an mal an, Le RAID réussit à installer des micros dans la classe. Tout est désormais enregistré, à l'affût d'une confidence, d'un lieu, d'un nom. En vain.

Dernières négociations

Neuf heures après la prise d'otages, Nicolas Sarkozy apporte un premier versement d'argent au mystérieux HB. Mais celui-ci formule une nouvelle demande : il souhaite s'entretenir avec un journaliste de TF1. À l'époque, le 20 heures de cette chaîne est un rendez-vous incontournable, suivi par plus de dix millions de téléspectateurs chaque soir. Alors, va pour TF1 ! Nicolas Sarkozy accepte et c'est au journaliste Jean-Pierre About que revient la tâche de rencontrer l'énigmatique HB. Lorsqu'il entre dans la salle de classe, l'homme se tient en face de lui, près du lavabo, assis sur une chaise d'enfant. Il a de grosses bottes et il porte une combinaison foncée. La discussion dure une quinzaine de minutes. Jean-Pierre About regarde une dernière fois les élèves qui jouent et parlent près des fenêtres avec l'institutrice. À la sortie de l'école, le journaliste devient l'interviewé, le témoin, le confrère qui est passé de l'autre côté : « Ce que j'ai pu voir, c'est que ce preneur d'otages a une sorte de bobine à la main. Il prétend qu'il s'agit d'un détonateur. Il porte sur la poitrine un sac assez gonflé dans lequel il prétend avoir mis des explosifs. Il a une cagoule mais on peut voir ses yeux. J'ai vu sa peau. Il ne semble pas, comme on a pu le dire au début, que ce soit un Africain mais plutôt un Français. »

Deux psychiatres écoutent attentivement les bandes sonores de la pièce où se trouve HB. L'un parle de paranoïa, l'autre de délire messianique. À 18 heures, quatre voitures arrivent en trombe. L'une d'elles, une fourgonnette immatriculée dans les Yvelines, transporte trois malles de fer bleues dans lesquelles pourraient se trouver les 100 millions de francs réclamés par le preneur d'otages. En fin de journée, on demande à Nicolas Sarkozy de ne plus entrer dans la salle de classe au risque d'être séquestré lui-même. Peut-être les autorités veulent-elles mettre un terme à l'exposition médiatique du ministre dont l'omniprésence irrite Charles Pasqua. C'est donc le procureur Pierre Lyon-Caen qui négocie avec HB. Celui-ci revoit ses exigences à la baisse et ne demande « plus » que 40 millions de francs. Mais contrairement à ce que la police escomptait, HB ne tente pas une sortie avec son magot.

À Neuilly, une longue nuit s'annonce. Les journalistes sur place restent vigilants, se battent contre le sommeil. Ce soir, ils doivent dormir pour la plupart dans leur véhicule, comme les parents, avec pour compagnons l'angoisse et l'espoir, l'un chassant l'autre dans le mouvement de balancier classique qui ponctue ce genre de situation. À 2 heures du matin, le procureur clôt les négociations. Il reste six enfants dans la salle de classe.

La libération

Le preneur d'otages doit maintenant combattre la fatigue, une piste en or pour la police. Charles Pasqua donne l'ordre d'assaut à 5 h 30. Dans le matériel vidéo qui a été apporté la veille dans la salle, les policiers ont glissé une caméra. Ils n'ont plus qu'à observer l'homme et attendre qu'il s'endorme. Avec le somnifère placé dans le café qu'on lui apporte, ça ne devrait plus tarder. Évelyne Lambert, le médecin qui s'occupe des enfants, est mise dans le secret. Une fois que Schmitt est endormi, elle doit faire le signal, déboutonner sa veste devant l'objectif de la caméra, pour signifier aux policiers qu'ils peuvent intervenir. Quand cela arrive enfin, elle secoue l'homme et fait bouger bruyamment des meubles par les enfants pour vérifier qu'il dort bien. Il reste inerte. Elle fait alors le signal convenu, deux policiers du RAID pénètrent dans la classe et abattent le forcené de trois balles dans la tête. Dix autres s'empressent de sauver les enfants et l'institutrice.

Quarante-six heures de prise d'otages, de direct et de tension prennent fin. HB est mort. Tous les enfants sont libérés. Il n'y a aucun blessé. Désormais l'information se libère. Les hommes politiques, silencieux hier, se révèlent bavards. Chacun leur tour, ils débarquent à Neuilly pour saluer cette fin heureuse. Mais la presse ne s'intéresse qu'à Nicolas Sarkozy qui prend tout l'espace et qui déclare, sa fierté en bandoulière : « Mon sentiment, c'est que la vie est belle. Depuis quarante-huit heures, c'est le seul moment où je n'ai plus ce poids épouvantable. Le sentiment, c'est le visage de ces gosses qui sont tous sortis en pleine forme. Je suis heureux. Les six derniers, ça a été le plus dur, parce que tout d'un coup [HB] s'est bloqué, il s'est dit que ces enfants, c'était sa protection. Il ne voulait plus en sortir, il ne voulait plus rien entendre. On a tout essayé. J'ai été chercher l'argent, on a envoyé le procureur de la République qui a été très courageux, qui a négocié lui-même. Parce que moi, il ne voulait plus me voir, il ne voulait plus me parler, il disait que je l'avais trahi. Il y a eu des discussions irréelles. On ne sait pas encore qui est cet homme. Mais peut-être que tout à l'heure, on en saura un peu plus. Pour l'instant, on est heureux. Vous savez ce que c'est, être heureux ? C'est de voir que le ciel est bleu, que les enfants sont chez eux, et que nous on peut ressortir tranquillement de cet enfer. »

Pendant la nuit, HB a noirci un carnet. Ce sont ses dernières déclarations. Sur les pages qu'on retrouve, on peut lire : « Prisonnier de mes rêves les plus fous, je suis mal assis sur une petite chaise de bambin. Il est 4 heures. (…) Mort je suis, il fallait l'être, je m'y suis préparé. Ont-ils réalisé le danger d'une bombe humaine telle que moi ? » HB.

HB comme *Human Bomb* !

Le lundi suivant, dans le journal de 20 heures de TF1, on apprend que HB s'appelle Érick Schmitt. Il est né en Algérie en 1951. Son casier judiciaire est vide. Chômeur en fin de droits, il s'estimait en fin de vie.

Érick Schmitt

À seize ans, Érick Schmitt s'engage dans l'armée, apprend le maniement des armes et des explosifs, obtient le grade de sergent chef. « Vingt ans plus tard, il n'a rien oublié de son expérience. » raconte un policier du RAID, nous avons compris que nous avions affaire à un spécialiste. » Dans le civil, il devient inspecteur de la maintenance chez IBM, homme sans relief perdu dans l'anonymat de la banlieue parisienne. Il se lance dans les affaires, crée des sociétés d'informatique mais fait faillite. Il perd tout. Son ambition est celle de tout le monde. Il voulait devenir quelqu'un mais « il n'est personne », écrit de lui *Le Nouvel Observateur* dans son article du 13 mai 2013 intitulé « Comment devient-on Human Bomb ? ». L'hebdomadaire poursuit : « Comme Érostrate incendiant le temple d'Éphèse, croyait-il accéder à l'immortalité par un geste dont l'énormité frappe toutes les consciences ? La principale justification de son acte fou était l'acte lui-même, dont il attendait un écho mondial. Il savait qu'en s'attaquant à cette école, il atteindrait les riches et les puissants, ceux qu'il jugeait responsables de son naufrage. Surtout, il était sûr du retentissement médiatique. Dans son délire paranoïaque, il a voulu organiser ce qui serait, selon l'expression de Pascal Cormier, "l'apothéose de lui-même" ou son apocalypse. Les policiers du RAID en ont tenu compte. Sur les conseils des psys, ils ont joué sur la corde narcissique pour le calmer. Pendant les quarante-six heures de la prise d'otages, ils ont accepté le jeu de la médiatisation. Érick Schmitt, un homme déçu qui a raté sa vie, un informaticien déchu qui a programmé sa mort. »

Mais sa mort va être au cœur d'une autre affaire qui concerne Charles Pasqua et le RAID : l'hypothèse d'une exécution sommaire. L'essentiel tient au fait qu'il n'y a aucun autre témoin que les deux policiers du RAID. D'où l'idée qu'Érick Schmitt aurait pu être tué dans son sommeil alors qu'il ne représentait pas un danger direct. Dès lors, la qualification de « légitime défense » des policiers ne tient plus. Connaîtra-t-on un jour la vérité ?

Le 6 mai 2007, Nicolas Sarkozy est élu président de la République.

Témoignage : Jean-Pierre About,
grand reporter de TF1, qui a pu entrer dans la salle de classe et parler avec le preneur d'otages, Jean-Pierre About est l'auteur du livre *HB : 46 heures qui ont bouleversé la France* publié chez Calmann-Lévy en 2005

« Ma rencontre avec HB m'a marqué à jamais. Quand la porte de la classe s'est ouverte, la première image que j'ai eue, c'est celle des enfants autour de la maîtresse, Laurence Dreyfus, en train de chanter des comptines. La salle était plongée dans une obscurité presque totale parce que le preneur d'otages avait demandé à ce que l'on mette des dessins d'enfants sur les vitres pour que les tireurs d'élite du RAID ne puissent pas le voir et tirer. (...) L'homme se tenait dans le coin de la pièce, derrière l'armoire qui servait à mettre les jouets des enfants. Il était accroupi sur une petite chaise alors qu'il était grand et assez costaud, et il avait sur le ventre une espèce de musette avec des fils qui sortaient. Il tenait cette plaquette en bois avec une lumière qui est passée au rouge quand on est entré dans la salle. Louis Baillon, le patron du RAID, m'avait dit que cet objet permettait de déclencher immédiatement l'explosion et de faire sauter tous les bâtons de dynamite disposés dans la classe.
L'angoisse était très grande. Est-ce que cet homme voulait me garder également en otage ? Est-ce qu'il voulait passer en direct au journal de 20 heures ? Est-ce qu'il voulait une rançon de la chaîne ? On n'en savait rien. Nicolas Sarkozy m'a expliqué qu'en échange de ma venue, il libérerait un enfant. C'était le deal à chaque fois. Les petits, eux, avaient l'air serein. La maîtresse a été assez extraordinaire. Elle détendait l'atmosphère. Je savais qu'il y avait des tireurs d'élite du RAID à l'extérieur, énormément

de forces spécialisées et que le preneur d'otages n'avait pas beaucoup de chance de s'en sortir. Mais il semblait très décontracté. Il m'a parlé d'une manière très calme. Il ne m'a pas du tout paru cinglé. D'ailleurs, c'est ce que m'avait dit le psychiatre avant que je rentre : "Maintenant, vous n'êtes plus le journaliste témoin, vous êtes le journaliste acteur, et n'oubliez pas que ce monsieur, d'après nous, est profondément dépressif." Ils avaient très peur qu'en faisant venir la télé, Érick Schmitt veuille terminer en beauté. Avec toutes les caméras de télévision braquées sur l'école, la faire exploser pendant le direct du 20 heures aurait pu être son objectif. »

1993

L'affaire OM-VA
Carton rouge

Évoquer l'affaire OM-VA, c'est parler football et notamment de deux équipes. D'un côté Valenciennes, le Petit Chose du championnat, de l'autre, Marseille, l'ogre. Mais se souvenir de l'affaire OM-VA, c'est aussi se rappeler une triste soirée durant laquelle l'argent l'a emporté sur le sport. L'épilogue judiciaire l'a confirmé : on achète ce soir-là un match de foot et des joueurs, comme dans une république bananière. C'est une histoire où se croisent hommes d'affaires, dirigeants de clubs, joueurs, élus de la nation, tous acteurs d'un scénario pathétique, vulgaire et cynique. Une histoire où l'on cache dans un jardin quelques liasses de billets comme des œufs de Pâques, au son des cloches du beffroi de Béthune. Comment en est-on arrivé là ? Comment le goût de la victoire a-t-il pu être plus fort que celui de la morale sportive ? Comment la trame judiciaire va-t-elle petit à petit remonter la filière et finir par mettre à terre l'architecte de la manigance, le matamore de la politique et du football dans les années quatre-vingt et quatre-vingt-dix, Bernard Tapie ?

LES PROTAGONISTES

Bernard Tapie, président de l'OM de 1986 à 1994
Jean-Pierre Bernès, directeur des affaires générales de l'OM de l'époque, bras droit de Bernard Tapie
Boro Primorac, entraîneur de Valenciennes en 1992 et 1993
Jacques Glassmann, Christophe Robert et Jorge Burruchaga, joueurs de Valenciennes soudoyés par l'OM
Jean-Jacques Eydelie, joueur de l'OM à qui Bernard Tapie a demandé de soudoyer les joueurs de Valenciennes
Jacques Mellick, ancien ministre socialiste et maire de Béthune, faux témoin de Bernard Tapie
Noël Le Graët, président de la Ligue nationale de football entre 1991 et 2000
Éric de Montgolfier, procureur chargé de l'affaire
Bernard Beffy, juge chargé de l'instruction

Marseille sur le toit de l'Europe

« Ils l'ont gagnée, cette putain de coupe ! »

En ce 26 mai 1993, la joie des supporters marseillais explose : l'OM vient de remporter la prestigieuse Ligue des champions, 1 à 0 face au Milan AC. C'est la première fois qu'un club français s'impose dans cette compétition qui réunit chaque année les meilleurs clubs européens. Les habitants de Marseille habitués au foot, le célébrant volontiers comme une religion, descendent par milliers dans les rues de la ville. Klaxons, cris de joie, chants, musique, c'est le joyeux vacarme des soirs de victoire, mais celle-ci est la plus belle de l'histoire du club. Une sorte de « Grand Soir » pour le football français. La nuit est animée sur la Canebière.

Au même moment à Munich, dans le stade où vient de se dérouler la finale, le président de l'OM, Bernard Tapie, descend sur la pelouse pour fêter l'événement avec ses joueurs. Il étreint Basile Boli, le buteur de la finale, puis embrasse Didier Deschamps. Il parade, Bernard Tapie, et c'est bien légitime. Le club dont il est le président vient de décrocher le Graal, la coupe d'Europe, aux dépens du club de Silvio Berlusconi qui semblait intouchable. Un club italien, pensez donc ! Didier Deschamps, milieu de terrain de l'OM, savoure : « Lever la coupe d'Europe pour la première fois en tant que joueur français, c'est rentrer dans la légende. Je ne m'arrête pas à ça, mais je sais que j'ai eu un privilège sans égal ce soir. » Cinq ans plus tard, le même Didier Deschamps brandira, au Stade de France, un trophée encore plus prestigieux : la Coupe du monde.

En ce 26 mai 1993, la victoire de l'OM, c'est donc aussi celle de Bernard Tapie, la reconnaissance qu'il cherche depuis son entrée dans le monde du football. C'est pour elle qu'en avril 1986, il a racheté l'Olympique de Marseille, alors club de seconde zone au classement du championnat. Il l'achète pour un franc symbolique, méthode qu'il a employée auparavant dans le cyclisme et dans le cynisme et qui repose sur un principe a priori très simple : construire une équipe et gagner des titres ! Il est vrai que depuis son arrivée, il a déniché de nombreux talents, comme Jean-Pierre Papin, Basile Boli, Abedi Pelé, Éric Cantona, Didier Deschamps. Grâce à ces joueurs, en l'espace de quelques années, l'OM est devenu le meilleur club du championnat de France avec quatre titres de champions consécutifs, de 1989 à 1992. Marseille, *the place to be*. C'est là qu'il faut se montrer et c'est là qu'on retrouve, à chaque match, le ban et l'arrière-ban de la sphère politique, économique et sportive du pays.

Jacques Glassmann, l'appât

Cette joie est de courte durée. En effet, quelques jours avant cette victoire, le 20 mai 1993, se déroule au stade Nungesser de Valenciennes un match de championnat de France de première division opposant Valenciennes à l'OM. À la mi-temps, un joueur valenciennois se confie à son entraîneur et lui livre une information incroyable. Deux membres de l'OM – le joueur Jean-Jacques Eydelie et le directeur des affaires générales Jean-Pierre Bernès – ont essayé de l'acheter lui et deux de ses coéquipiers Christophe Robert et Jorge Burruchaga pour qu'ils lèvent le pied contre Marseille, en échange d'une somme d'argent et l'assurance de jouer dans un club de première division l'année suivante.

Pourquoi Jacques Glassmann décide-t-il de soulager sa conscience à ce moment-là, en plein milieu du match ? C'est la question que beaucoup se poseront par la suite. Pour lui, il n'est pas question de revenir sur le terrain en sachant que les dés sont pipés et que les spectateurs qui ont payé leur place sont bernés. Il ajoutera plus tard : « [Ces accusations] sont vraies, je suis un garçon honnête. Ça s'est fait par téléphone. C'est sûr qu'il n'y aura pas de preuves. (…) C'est la parole d'un joueur contre un président, que ce soit M. Tapie ou M. Bernès qui représentent tous les deux l'Olympique de Marseille. »

C'est énorme, une véritable bombe. Les dirigeants valenciennois foncent dans les vestiaires pour voir l'arbitre et émettre des réserves sur la validité de la rencontre. On le ferait à moins. Les dirigeants de l'OM, Bernard Tapie en tête, crient à l'affabulation. Rien n'y fait. Jacques Glassmann persiste et signe. Marseille finit par l'emporter 1 à 0 mais cette victoire serait donc le résultat d'une tricherie doublée de corruption ? À quelques jours de la finale de la coupe d'Europe, personne ne veut croire les accusations venant d'un joueur moyen en fin de carrière qui évolue dans un club moyen. De quel droit vient-il gâcher la fête celui-là ? Il est impossible que l'Olympique de Marseille ait pu se livrer à de telles pratiques. Et surtout, pourquoi employer ces méthodes face à une équipe beaucoup plus faible ? Pour le sens commun, tout cela n'a aucun sens. On ne salit pas le grand club marseillais. Il y va de la cohésion nationale.

Mais à la Ligue nationale de football, on ne veut pas laisser planer le doute, l'accusation est trop grave. Parmi les rares personnes qui vont prendre très au sérieux les déclarations de Jacques Glassmann, il y a Noël Le Graët, le président de la Ligue nationale de football, chargé de gérer et de contrôler les clubs. Cela fait plusieurs années que circulent en France des rumeurs sur des matchs arrangés. Mais face à l'enjeu que représente la victoire d'un club français en Coupe d'Europe, Noël Le Graët va tempérer son action et attendre que l'euphorie de la finale soit retombée pour déclencher les premières investigations.

Le lendemain de la victoire de l'OM à Munich, il charge deux membres de la commission juridique de la Ligue de lancer une enquête préliminaire et fait auditionner les principaux protagonistes de l'affaire, tant du côté de Valenciennes avec les joueurs Jacques Glassmann, Jorge Burruchaga et Christophe Robert, que du côté marseillais, avec Jean-Jacques Eydelie et Jean-Pierre Bernès, le numéro 3 de l'OM. À la lecture du rapport que les deux experts lui remettent, le président de la Ligue n'a plus de doute. La tentative de corruption qu'a révélée Jacques Glassman est crédible, donc grave. Sans hésiter, Noël Le Graët dépose plainte contre X le 4 juin 1993 et s'explique : « Il y a un certain nombre de dirigeants, même un très grand nombre, qui gèrent leur club avec beaucoup de cœur, beaucoup de talent. Mais d'autres ont tellement envie de gagner qu'ils dépassent peut-être les limites. (...) Ce sont ceux-là qui nous gênent. (...) On veut un championnat d'une grande rigueur financière, ce qu'on commence à gagner. Et on veut un championnat d'une rigueur morale, ce qui ne se fait pas aussi rapidement. Il faut maintenant attendre que la justice aille jusqu'au bout. »

Dès lors, l'enquête va prendre une autre dimension avec l'entrée en scène du procureur Éric de Montgolfier, un magistrat courtois mais intraitable et sarcastique, à la repartie pleine d'ironie, parfois tranchante comme une lame.

Un justicier dans la ville

Le procureur Éric de Montgolfier n'est en poste que depuis quelques mois à Valenciennes mais il a déjà une solide réputation. On le dit tenace, incorruptible.

Quand le 23 juin, quelques jours après la plainte de Noël Le Graët, le président de l'OM, Bernard Tapie, demande à le rencontrer – sans doute pour le tester –, Éric de Montgolfier ne se montre pas le moins du monde impressionné. Il avouera plus tard avoir accepté cette entrevue par « simple curiosité sociologique ».

Bernard Tapie ignore que, quelques heures plus tôt, un des joueurs de Valenciennes, Christophe Robert, a été placé en garde à vue et qu'il a vite craqué face aux questions des policiers. Comme l'explique Éric de Montgolfier aux journalistes : « Sur les indications de Christophe Robert, 250 000 francs (...) ont été retrouvés » dans le jardin du domicile de ses parents, « une somme en liquide, en petites coupures », et « c'est vers Marseille que [leurs] regards vont se tourner. »

Face à la détermination des policiers venus spécialement de Lille pour traiter l'affaire, Christophe Robert a confirmé les dires de Glassmann et raconté avec force détails comment il avait été contacté par le joueur de l'OM Jean-Jacques Eydelie dont il était très proche au centre de formation de Nantes. Ce dernier aurait dit aux Valenciennois « qu'il [fallait qu'ils acceptent] sinon ce [serait] la catastrophe pour sa carrière et qu'il risquerait des ennuis ».

Sur la suite de l'histoire, les témoignages de Jacques Glassmann et de Christophe Robert divergent un peu. Pour le premier, la proposition du joueur Marseillais aurait provoqué des échanges houleux puis tous se seraient mis d'accord pour garder le secret et oublier cette conversation. À l'inverse, Christophe Robert soutient qu'après le coup de fil de Jean-Jacques Eydelie, ils sont tombés d'accord pour accepter l'offre et lever le pied le lendemain sur le terrain. Le soir même, la femme de Christophe Robert aurait rencontré Jean-Jacques Eydelie sur le parking d'un hôtel, qui lui aurait remis une enveloppe bien remplie.

Bernard Tapie entre en scène

Jusqu'à maintenant le nom de Bernard Tapie n'est pas cité dans l'affaire. Seul le numéro 3 de l'OM, Jean-Pierre Bernès, a des raisons de s'inquiéter face à la machine judiciaire qui se met en marche.

C'est le juge Bernard Beffy qui est chargé de mener l'instruction, donc l'enquête. Et quand Jean-Jacques Eydelie se présente spontanément devant lui le 27 juin 1993, il n'est pas déçu du voyage : il est immédiatement écroué.

Le 30 juin au petit matin, les enquêteurs perquisitionnent au siège de l'OM. Bernard Tapie affirme que les dirigeants de Valenciennes lui ont demandé, avant la rencontre, de faire match nul. Tiens donc. C'est de Valenciennes maintenant que viendrait la corruption ? Pour l'instant, les enquêteurs s'intéressent au cas de Jean-Pierre Bernès, celui que les spécialistes du football qualifient fréquemment de bras droit et d'homme à tout faire du président de l'OM. Il se décrit d'ailleurs lui-même comme « les yeux et les oreilles de Tapie au sein du club ». Si tentative de corruption il y a dans la chaîne de commandement de l'équipe phocéenne, il y a forcément quelqu'un qui est au courant de la transaction, quelqu'un qui pourrait sortir 250 000 francs pour les donner à Jean-Jacques Eydelie afin qu'il les remette à la femme de Christophe Robert sur le parking de l'hôtel… Or les enquêteurs ont en main un dossier de la Ligue nationale de football qui renvoie à une suspension de Bernès pour six mois en 1991 suite à des rumeurs de corruption entourant un match contre Bordeaux en octobre 1990. Est-il intervenu directement ou indirectement dans la transaction ? C'est la conviction du juge Beffy qui le met en examen et en détention provisoire dès le 6 juillet. Bernès est incarcéré pendant près de deux semaines. Mais il reste ferme : il n'a rien à dire et de toute façon il ne parlera pas. Pour le juge, il apparaît bien que Bernès protège quelqu'un, et ce quelqu'un ne peut être que son mentor : Bernard Tapie. Au bout d'une heure d'audition, Jean-Pierre Bernès sort du palais de justice, à bord d'un fourgon. Et c'est par un geste symbolique – un poing fermé – qu'il laisse entendre qu'il n'a pas craqué. Conduit directement par des policiers à la maison d'arrêt des Baumettes, le convoi est suivi par les journalistes, la famille et les amis de Bernès. Le transfert est comme une course-poursuite dans les rues de Marseille, le grand cirque. Avec son homme à tout faire derrière les barreaux, Bernard Tapie devient rapidement la cible, le morceau de choix.

L'affaire dans l'affaire : l'affaire Mellick

Nous sommes en plein cœur de l'été 1993. Devant le juge Beffy, l'ancien entraîneur de Valenciennes, Boro Primorac affirme avoir rencontré Bernard Tapie le 17 juin dans ses bureaux à Paris et l'accuse d'avoir voulu lui faire porter le chapeau pour sauver la peau de Bernès. « Faux ! » répond l'intéressé : il prétend qu'il était ce jour-là avec l'ancien ministre socialiste et maire de Béthune, Jacques Mellick. C'est le journal *Le Point* qui sort cette information. Et Jacques Mellick confirme : « Oui, J'étais bien dans le bureau de Bernard Tapie ce jour-là. » Pourtant, quelques jours plus tard, les dires de Jacques Mellick sont démentis par des témoins qui affirment au contraire qu'il était avec eux lors d'une réception à Béthune. Le chauffeur et le secrétaire de Jacques Mellick sont placés en garde à vue. Le président de l'OM, qui qualifie depuis des semaines cette affaire d'« histoire de fous », se retrouve sous le feu des projecteurs et de la justice.

Oui, histoire de fous ! Et laissez-moi vous confier ces quelques souvenirs. J'étais un jeune reporter au moment des faits et je me souviens de cette histoire à dormir debout. Je me souviens de nous tous, journalistes réunis sur la place centrale de Béthune face au vieux beffroi que nous appelions avec l'insolence de notre jeunesse, le vieux beffy. Je me souviens de chacun racontant son expérience. L'expérience la plus en vogue du moment : faire le trajet Paris-Béthune, pied au plancher, pour voir si oui ou non, Mellick avait pu être à Béthune à telle heure et à Paris à telle heure. Sauf à avoir le don d'ubiquité, nous en arrivions tous à la même conclusion, nous journalistes reporters : ce n'était pas possible. L'affaire Mellick, c'est l'affaire dans l'affaire : croquignolesque et lamentable.

Dès le 4 octobre, le procureur Éric de Montgolfier ouvre un deuxième réquisitoire supplétif contre X pour tentative présumée de subornation de témoin avec, en ligne de mire, Bernard Tapie lui-même. Plus les semaines passent, plus le témoignage de Jacques Mellick apparaît bancal.

« Avez-vous l'impression d'être l'objet d'un complot judiciaire ? demande un journaliste à Bernard Tapie. – Et vous ? lui répond le président de l'OM. – Moi je pose la question, vous vous répondez. – On ne peut pas dire ça comme ça, enchaîne Tapie, mais on a pour moi des yeux particuliers. On ne me fait pas de cadeau. »

Après avoir fait étalage dans les médias de l'acharnement dont il est victime, Bernard Tapie prend alors l'opinion de court, et demande à être mis en examen le plus tôt possible afin de s'expliquer sur cette affaire. C'est chose faite le 10 février 1994, pour corruption et subornation de témoin présumées. Il est placé sous contrôle judiciaire. « Il y a des choses beaucoup plus graves. Il y a des gens qui souffrent, il y a des misères, il y a des drames dans le monde. Donc relativisez un peu les choses et laissez cette affaire à sa dimension. C'est-à-dire pas très importante », déclare Bernard Tapie, lorsqu'il ressort du bureau du juge Beffy. Après sa mise en examen, il devra abandonner son poste de président de l'Olympique de Marseille, au moins jusqu'au procès.

Le procès

Il s'ouvre au mois de mars 1995, au palais de justice de Valenciennes. La salle est comble. Journalistes, footballeurs, dirigeants de clubs mais aussi supporters, tout le monde s'y est donné rendez-vous. On attend le dénouement d'une histoire qui agite le pays depuis près de deux ans. En France comme ailleurs, le football est une affaire sérieuse.

Le procès est à l'image de l'enquête, riche en rebondissements et en dramaturgie, toujours teintée de ridicule. Durant l'audience, le député Jacques Mellick avoue qu'il a menti sur son témoignage, qu'il n'était pas dans le bureau de Bernard Tapie le jour où l'ancien président de l'OM est accusé d'avoir reçu l'ancien entraîneur valenciennois Boro Primorac, et que c'est Bernard Tapie lui-même qui lui a demandé ce faux témoignage. L'ex-directeur des affaires générales de l'OM, Jean-Pierre Bernès, affirme lui aussi que c'est Bernard Tapie qui est l'instigateur de toute cette affaire. Lui, Bernès, le sans-grade, ne faisait qu'appliquer les directives de M. Tapie.

Face aux juges ébahis, ce dernier répond : « OK j'ai

menti, mais c'était de bonne foi. » Feydeau n'aurait pas dit mieux ! La suite du procès permet au procureur de la République Éric de Montgolfier de démontrer à quel point l'ancien président de l'OM est l'homme fort d'un système qui vise la victoire par tous les moyens, y compris à coups d'enveloppes remplies de billets.

Le 15 mai 1995, le jugement est rendu. Bernard Tapie est condamné à deux ans de prison dont un an ferme. Le tribunal reconnaît l'ancien président de l'OM coupable et double même la mise par rapport à ce que le procureur avait requis : six mois de prison. Jean-Pierre Bernès est condamné à deux ans avec sursis, un jugement qui, comme il le dit aux journalistes à la sortie du tribunal, le satisfait : « Je pense avoir adopté la meilleure ligne de défense (…). La prison c'est dur, Bernard Tapie a toujours dit que c'était facile et qu'il ne fallait pas que je l'emmerde parce que j'avais fait un mois de prison. Je crois qu'aujourd'hui il doit comprendre que quand il m'a dit ça il m'a fait beaucoup de mal. »

Abattu, KO, sans voix, le fringant Bernard Tapie sort pour la première fois d'un tribunal avec une condamnation à de la prison ferme. Ce personnage si volontiers bavard, hâbleur, file dans sa voiture sans même s'adresser aux caméras.

Quant aux joueurs incriminés, ils sont condamnés à des peines de prison avec sursis : un an pour Jean-Jacques Eydelie, six mois pour Christophe Robert et Jorge Burruchaga, trois mois pour Marie-Christine Robert, la femme de Christophe Robert. Quant à Jacques Glassmann, l'homme par qui le scandale est arrivé, il reçoit 1 franc symbolique de dommages et intérêts pour préjudice moral. 15 centimes d'euros pour une fin de carrière. On a connu des parachutes plus dorés.

Dans cette affaire, ce sont les joueurs qui ont payé

le plus lourd tribut. Ils sont les pestiférés du football, aucun d'eux ne retrouvera les pelouses de la première division. Bernard Tapie, lui, sera passé de la gloire à la honte. Mais ce qui provoque le plus gros malaise, c'est que pour beaucoup de Français, les footballeurs ne sont pas les victimes, mais les agresseurs : pourquoi n'ont-ils pas tranquillement ramassé l'argent qu'on leur offrait ? Et surtout pourquoi ont-ils parlé ? On s'en fiche complètement de Valenciennes ! L'important c'est que Marseille, le club qui représente la France gagne la coupe d'Europe. »

C'est ça le football, le sport universel le plus suivi sur cette planète, ce qui lui confère ce côté sulfureux. Il y a tellement d'enjeux financiers et politiques. En Coupe du monde, on a même vu un pays, l'Argentine, en acheter un autre, le Pérou. Il fallait que les Argentins gagnent 6 à 0. Ce qui fut fait. La junte militaire à l'époque, en 1978, avait accordé en échange aux autorités de Lima la libération de prisonniers politiques et un effacement partiel de la dette. Oui c'est cela aussi le football…

Témoignage : Éric de Montgolfier,

procureur de la République à Valenciennes au moment des faits

« Lorsque j'ai appris que j'allais devoir m'occuper de ce dossier, cela ne m'a pas réjoui. Mais je me suis dit qu'il fallait qu'on cherche, qu'on trouve et qu'on mette à mal ce système qui consiste à acheter des matchs. On ne peut pas tout acheter ! Pour le reste, c'était à la fois difficile et exaltant. Il y a eu des injures. Je me souviens aussi de l'intervention du président de la République, François Mitterrand, nous prodiguant ses conseils le 14 juillet 1993. Ses propos étaient incitatifs, du genre :

"Regardez cette affaire autrement, hein, quel est donc l'intérêt pour un club comme Marseille d'en acheter un petit comme Valenciennes ?" Je ne savais pas François Mitterrand grand footballeur. Vous qualifiez cette affaire de sensible, je dirais qu'il s'agit d'une affaire d'État ou presque. Mais c'était tout à fait motivant de se frotter à ce qu'on pourrait appeler de grandes pointures médiatiques, deux anciens ministres aussi. Ce n'est pas rien.
Bernard Tapie n'avait pas pris la mesure de ce qu'étaient la loi et la République, et de ce qu'il représentait au cœur de celles-ci. Il s'est cru au-dessus des lois. Quand il est venu me voir, il était comme une espèce de grand fauve qui ne tenait pas en place, qui, à peine assis, se levait, allait d'un coin à l'autre de mon bureau en essayant de me convaincre. Or on ne convainc pas un procureur en ces termes : "Quelqu'un m'a dit que vous étiez homme à comprendre." Il m'a asséné un certain nombre d'âneries. Après, il est passé à la flatterie la plus stupide : "Comment un grand procureur comme vous peut-il se trouver à un si petit poste ?" Sans oublier son entrée en matière qui était quand même forte : "Pardonnez-moi, Monsieur le procureur, j'arrive de l'Élysée, j'ai été un peu retenu, d'où mon retard." C'est un acteur, Bernard Tapie, surtout quand il est en difficulté. À l'époque déjà, le football permettait d'avancer en politique. C'était important pour lui.
Avec cette affaire, j'ai découvert que le football est un monde plus compliqué qu'il n'y paraît, mêlant conflits de pouvoir et d'intérêts. J'ai été stupéfait par les agents de joueurs, la façon dont ils se comportent avec les footballeurs : comme s'ils étaient des esclaves. Cette vision de notre société m'a paru détestable. »

1994

Le vol Alger-Paris
Tensions sur le tarmac

Noël 1994. La France en vacances et en famille vit, cette année-là, cinquante-quatre heures de suspense et de drame, le regard rivé sur le sort des deux cent vingt-sept passagers du vol Air France Alger-Paris, pris en otage par quatre membres du GIA, un groupe de fanatiques islamistes algériens. Les analyses des spécialistes du renseignement et celles du magistrat chargé de l'affaire, le juge antiterroriste Jean-Louis Bruguière, concordent. Les extrémistes voulaient précipiter l'avion sur un monument parisien, la tour Eiffel. Avec le recul, cette hypothèse donne le vertige. On imagine Paris vivant le même traumatisme que celui de New York le 11 septembre 2001. D'ailleurs, si ces terroristes algériens avaient pu mettre leur menace à exécution, les forces de sécurité et d'espionnage dans le monde auraient compris qu'un avion civil gros porteur pouvait se transformer en arme de destruction massive. Lors de l'assaut, pas un otage n'a été tué. Seuls les quatre extrémistes ont été éliminés ce jour, cette opération délicate est considérée comme l'une des plus grandes réussites du GIGN, à tel point que l'unité spéciale de gendarmerie a reçu des compliments de nombreux groupes d'intervention à l'étranger. Il est à mettre également au crédit des responsables politiques du moment une gestion satisfaisante de cette crise très grave. Vingt ans après, que savons-nous de ce détournement ? Quel était l'objectif des terroristes ? Ont-ils bénéficié de complicités ?

LES PROTAGONISTES

Abdul Abdallah Yahia, Mustafa Chekienne, Makhlouf Benguetaff et Salim Layadi, quatre terroristes du GIA qui prennent les passagers de l'avion en otage
Bernard Delhemme, commandant de bord du vol 8969 Alger-Paris
Denis Favier, chef du GIGN
Édouard Balladur, Premier ministre de 1993 à 1995
Alain Juppé, ministre des Affaires étrangères
Charles Pasqua, ministre de l'Intérieur
Alain Gehin, préfet de police de Marseille
Christian Blanc, président d'Air France

Détournement

Le 26 décembre 1994, peu après 17 h 15, sur le tarmac de l'aéroport de Marignane à Marseille, les membres du GIGN dirigés par le commandant Denis Favier viennent d'entrer dans l'Airbus d'Air France Alger-Paris. C'est le dénouement d'une crise qui nous renvoie aux heures sombres du terrorisme palestinien des années soixante-dix avec son mode opératoire favori, le détournement d'avion. C'est aussi la fin d'interminables discussions et de négociations entre les membres du gouvernement dirigé par Édouard Balladur et les autorités algériennes qui refusent toute forme d'aide de l'ex-puissance coloniale sur leur sol. C'est la fin d'une incroyable journée pour les Français qui ont suivi en direct les dernières heures du détournement avec l'assaut et la libération des cent soixante-treize passagers encore présents dans l'appareil.

Tout commence deux jours plus tôt à l'aéroport Houari Boumédiène d'Alger. C'est le grand départ, avec un air de fête. Ce soir, les passagers du vol AF 8969 en direction de Paris retrouveront des proches ou des amis, loin de la poudrière d'Alger. Vers 11 heures, Kenza, Ferhat, Yannick et les autres descendent de la navette pour embarquer dans l'avion situé en bout de piste. Claude, l'une des hôtesses, les accueille, les place, rien que de très habituel. Avant l'arrivée des derniers passagers, le personnel des pistes monte à bord pour effectuer un contrôle d'identité. La procédure est légitime quand on sait que deux ans auparavant, l'aéroport d'Alger a été la cible d'un attentat à la bombe. Au loin, la navette transportant les derniers passagers est en route. Puis, soudain, elle s'arrête. La tour de contrôle vient de lui donner l'ordre de retourner au plus vite à la salle d'embarquement. Des terroristes viennent de prendre en otage l'Airbus. Les hommes qui s'étaient présentés comme membres du personnel des pistes appartenaient en réalité au GIA, le Groupe islamique armé qui fait la une des journaux en Algérie et en France. C'est l'une des organisations les plus radicales, opposée à tout dialogue avec les généraux algériens qui dirigent le pays. Leur dernier fait d'armes date du

3 août 1994, lorsqu'ils ont assassiné trois gendarmes français et deux agents consulaires.

Une heure après le début de la prise d'otages, aucune information ne filtre en dehors de la tour de contrôle. Abderrahmane Meziane Chérif, ministre de l'Intérieur algérien, vient d'arriver. Les terroristes veulent s'envoler vers Paris. Or, la passerelle d'embarcation est toujours attachée à la porte avant de l'Airbus. Dans ces conditions, il est impossible de décoller. Vers midi et demi, une silhouette s'approche de la porte avant puis s'écroule sur les marches de la passerelle. C'est la première victime de la prise d'otages. Il s'agit d'un policier algérien qui tentait d'intervenir. Quelques minutes plus tard, un deuxième homme, un diplomate vietnamien, est tué au même endroit. Le commando veut terroriser d'emblée pour annoncer la couleur.

En France, aucune rédaction ne connaît encore la nouvelle. Alain Juppé, ministre des Affaires étrangères, et Charles Pasqua, ministre de l'Intérieur, demandent à leurs services de rassembler le plus d'éléments possibles sur cette prise d'otages. Côté algérien, les informations sont fragmentaires mais rassurantes. Édouard Balladur reste donc pour l'instant à Chamonix en vacances. Dans l'avion, la vie entre les terroristes et les passagers s'organise. La vie, si l'on peut dire. L'alcool et les cigarettes y sont proscrits. Les femmes doivent se couvrir. Certaines serviettes d'Air France sont utilisées comme voile. Dans le cockpit, en compagnie du commandant de bord Bernard Delhemme et de son copilote Jean-Paul Borderie, le chef présumé des terroristes entame les négociations avec la tour de contrôle. Il est le seul à parler français. Les heures défilent et les premiers passagers sont libérés. « Ils sont armés. Ils ont des pistolets automatiques, des grenades et de la dynamite.

Pour l'instant, ils sont calmes, il n'y a pas de panique, mais jusqu'à quand ? » se demande une dame relâchée.

Grâce à ces témoignages, la police algérienne commence à récolter quelques informations : les terroristes sont quatre, armés jusqu'aux dents. Et très vite, on les identifie. Le chef s'appelle Abdul Abdallah Yahia, il est âgé de vingt-six ans, bien connu des services de police. Mustafa Chekienne et Makhlouf Benguetaff, eux, ont vingt-cinq ans. Salim Layadi, le plus jeune, vient de fêter ses vingt ans. Ils sont tous nés à Alger. C'est la première fois qu'ils prennent l'avion. Ce sera la dernière.

Un bras de fer France-Algérie

En France, la pression monte. Au cœur des ministères, deux visions s'opposent. Alain Juppé souhaite que l'avion décolle et atterrisse rapidement sur le sol national pour pouvoir gérer le sort des ressortissants français. Charles Pasqua, lui, préconise de laisser les Algériens régler leurs affaires. Entre ces deux hommes ce sont deux camps, voire deux clans politiques qui s'affrontent. Dans moins de six mois, le successeur de François Mitterrand à la tête du pays va être élu. À droite, c'est la guerre des chefs entre Jacques Chirac et le Premier ministre Édouard Balladur à qui Charles Pasqua a apporté son soutien. Il pense peut-être qu'un drame sur le sol français serait préjudiciable à son candidat. Par précaution, Édouard Balladur, rentré en urgence de Chamonix, fait le choix d'envoyer une équipe du GIGN à Majorque en Espagne où un Airbus du même type que celui qui a été détourné a été mis à disposition des policiers d'élite pour préparer un assaut en cas de besoin.

La nuit tombe sur l'aéroport d'Alger. Cela fait bientôt neuf heures que les passagers du vol AF8969 sont enfermés. Le problème de la passerelle n'est toujours pas résolu. Les terroristes demandent à l'un des otages de descendre pour déplacer le véhicule aéroportuaire qui manœuvre cette passerelle. C'est un échec. Ce véhicule est un engin spécifique retenu au sol par des vérins mécaniques. Un second passager, ancien employé à Orly, propose alors ses services. Mais après quelques minutes, l'homme ne remonte pas. Il en a profité pour s'enfuir. Les terroristes sont dans une impasse et la pression devient de plus en plus forte. Puis ils libèrent soixante-trois personnes dont trente-quatre femmes et seize enfants. À Paris, toutes les chaînes de télévision et les radios suivent le détournement de l'avion heure par heure. Matignon demande que les choses s'accélèrent. Édouard Balladur propose aux autorités algériennes les services du GIGN. Il essuie un refus catégorique.

Vers minuit, le Premier ministre tranche en faveur de la suggestion d'Alain Juppé. Il propose au gouvernement algérien d'accueillir l'avion sur le sol français. Second refus. Les autorités algériennes pensent avoir dans leur jeu une dernière carte qui pourrait débloquer l'affaire. Par l'intermédiaire de la radio de la tour de contrôle, des paroles en arabe d'une femme résonnent dans le cockpit. C'est la mère du chef présumé du commando Yahia Abdallah. « Yahia, mon fils, je t'en supplie. Yahia, mon fils, je vais en mourir si tu continues. Yahia, tu vas me tuer, Yahia, Yahia. » Le commando est déterminé. Il ira jusqu'au bout.

Ultimatum

Le lendemain, il est 8 h 45 quand à Alger des petits déjeuners sont livrés au pied de l'avion. Claude Bertaud, l'une des hôtesses de l'air, est chargée d'aller chercher les plateaux-repas. Elle enjambe les corps du policier et du diplomate qui gisent en haut de la passerelle depuis plus de douze heures.

Édouard Balladur poursuit ses discussions avec les autorités algériennes et accentue la pression. Pour les Français, en ce jour de Noël, c'est une attente insupportable, car aucune évolution positive n'est constatée jusqu'au soir où, enfin, tout s'accélère. Les familles françaises et algériennes des passagers sont de plus en plus inquiètes pour leurs proches. On le serait à moins. C'est le cas de Catherine Beugnet, arrivée d'Alger le 22 décembre. Son mari, Yannick, cuisinier à l'ambassade, se trouve à bord de l'avion. Ce qu'elle ne sait pas encore, c'est qu'il est désormais dans le cockpit avec les terroristes : « Je m'appelle Yannick Beugnet. Je travaille à l'ambassade de France et notre vie est en danger. Si vous ne faites rien, ils vont nous exécuter. Il faut absolument faire quelque chose le plus rapidement possible. » Les négociations ont échoué, les terroristes ne veulent plus discuter. Un ultimatum est lancé, brutal, anxiogène, comme tous les ultimatums : si à 21 h 30 l'avion n'a pas décollé, ils tueront un otage français. Cet otage, c'est Yannick. À 21 h 31, il s'écroule, une balle dans la nuque. C'est la troisième victime. Il n'avait que vingt-huit ans.

À Matignon, le ton monte. Édouard Balladur annonce qu'il refuse le chantage de l'État algérien. Il lance un avertissement sans précédent à ses dirigeants en leur indiquant « qu'il les tient pour responsables de la vie des Français qui sont dans cet avion et qu'il prendra la communauté internationale à témoin de [leur] comportement ». L'argument fait mouche. À 2 h 20, l'avion décolle en direction de Marseille. Nicolas Poincaré, reporter envoyé par France Info et France Inter, témoigne : « Le ministre Chérif a dit qu'il regrettait que la crise n'ait pas pu se résoudre sur le sol algérien. Et comme pour justifier cet échec, il s'est livré à une très surprenante mise en cause du commandant de bord français de l'Airbus : il l'a accusé de s'être montré trop souple avec les pirates, de ne pas avoir obéi aux autorités et d'avoir fait échouer une négociation qui aurait dû mener à la libération de tous les otages. Le ministre algérien n'a pas voulu en dire plus. Il s'est contenté de ces accusations qui ont surpris les gendarmes français qui participaient aux négociations depuis trente-six heures. En tout cas, une fois la décision annoncée, (…) les lumières se sont rallumées à l'intérieur de l'Airbus, et très lentement l'appareil s'est dirigé vers la piste. »

Ce que les flashes infos ne disent pas, c'est que quelques minutes avant l'arrivée du vol Air France 8969, un autre avion a atterri discrètement à Marseille avec, à l'intérieur, l'équipe du GIGN qui arrive de Majorque où elle était positionnée.

Les négociations se déroulent désormais entre Abdul Abdallah Yahia et le préfet de police de Marseille, Alain Gehin. À côté de lui, à l'intérieur de la tour de contrôle, sont présents le préfet de région, Hubert Blanc et le président d'Air France, Christian Blanc. La revendication des terroristes est maintenant très claire : ils veulent rejoindre Paris au plus vite pour tenir une conférence de presse. Mais sans kérosène, il est impossible de s'envoler. Le dialogue entre le préfet et le chef du commando est saisissant : « Je n'arriverai pas à convaincre qui que ce soit de conduire un camion citerne vers l'avion. J'ai vraiment une difficulté, là. Je ne vais pas pouvoir obliger un chauffeur à s'approcher de l'appareil… – Tu m'entends, Monsieur le préfet ? – Oui, je vous écoute. – Vous avez une heure et demie pour nous laisser décoller vers Paris. » À Matignon, Édouard Balladur a déjà décidé qu'en aucune manière l'avion ne doit quitter Marseille. Dans la matinée, il fait le choix de l'assaut. Il faut désormais attendre que l'équipe du GIGN détermine le moment opportun. LCI, la seule chaîne d'info télévisuelle française de l'époque, a placé ses caméras aux endroits stratégiques. On peut voir l'avion de trois quarts. On distingue très clairement la porte avant de l'Airbus.

L'assaut

Vers 15 h 45, l'avion se déplace et se dirige droit vers la tour de contrôle de l'aéroport de Marignane puis s'arrête. Pour toute communication, les terroristes récitent des versets du Coran. Le dénouement est proche.

Soudain, une porte de l'avion s'entrouvre. Des coups sont tirés en direction de la tour de contrôle. Denis Favier, chef du GIGN, place ses éléments et les snipers sont prêts.

À 17 h 12, l'assaut est donné. Trois véhicules munis de passerelles s'élancent vers l'appareil. Deux vers l'arrière, l'autre à l'avant. Ils essuient des premiers tirs. Deux hommes sont chargés d'ouvrir les portes, puis le commando fait irruption dans l'appareil. Quand l'équipe de policiers entre à l'avant, les quatre terroristes se sont rassemblés vers le cockpit. Il y a un échange de tirs et une explosion à l'intérieur du cockpit où trois hommes du personnel navigant sont encore prisonniers. Jean-Paul Borderie, le copilote, profite de ces premiers échanges pour s'extraire du cockpit par une fenêtre. Il chute lourdement mais arrive à se déplacer malgré une fracture du coccyx. Les autres sont toujours à l'intérieur. Et c'est le commandant de bord qui annonce la mort des terroristes : « Arrêtez. Ils sont tous morts. Arrêtez de tirer dans le cockpit ! »

À 17 h 29, le GIGN a abattu les quatre assaillants. L'ensemble des passagers et du personnel est sauvé. Aucun policier n'a été tué. La libération est vécue en direct par des millions de téléspectateurs et les images de cet assaut feront le tour du monde.

Le GIGN superstar

Le lendemain, on célèbre les nouveaux héros. François Mitterrand reçoit l'équipe du GIGN à l'Élysée ainsi que les membres de l'équipage pendant qu'Édouard Balladur et Charles Pasqua tiennent une conférence de presse à l'aéroport de Marseille. C'est la fin de cinquante-quatre heures d'angoisse pour les victimes et une victoire politique pour le Premier ministre qui marche déjà sur l'eau tandis que son rival Jacques Chirac se morfond dans le marécage de sa défaite annoncée à la présidentielle. C'est avec une satisfaction à peine dissimulée et avec cette onctuosité cardinalice qu'on lui connaît qu'Édouard Balladur explique à la presse comment il a géré cette affaire : « Il y a eu deux décisions importantes à prendre, enfin de mon point de vue. La première, c'était de demander que l'avion se rende sur le sol français, (…) [pour] assurer le mieux possible la protection des otages. Ensuite, l'avion a atterri à Marignane. Le préfet de région et le préfet de police ont eu à conduire l'opération et à la diriger. Il est rapidement apparu que les risques étaient tels qu'il n'y avait pas d'autres solutions, pour éviter le pire, que de donner l'assaut. C'est ce que j'ai décidé, sur la proposition du ministre d'État, ministre de l'Intérieur. »

Le 27 décembre, Charles Pasqua déclare que l'objectif des terroristes était une opération suicide sur Paris. Cette thèse effrayante est ensuite confirmée par Omar Chikhi, un ancien membre du GIA, par les autorités algériennes ainsi que par Charles Pasqua. « Nous avions reçu deux informations directes dont l'une émanait d'un correspondant anonyme. (…) Ceci n'a pu que nous renforcer dans l'idée de ne pas procéder au ravitaillement en kérosène et d'empêcher l'avion de quitter l'aéroport. Il a été convenu que l'intervention se ferait à la nuit tombée, sauf si des coups de feu étaient tirés. Ce qui devait entraîner une intervention immédiate. »

Moins d'un an plus tard, le 11 juillet 1995, une vague d'attentats attribués aux islamistes algériens endeuille la France. Elle culmine le 25 juillet avec l'explosion d'une bombe au RER Saint-Michel, qui fait sept morts et quatre-vingt-quatre blessés.

Les autorités algériennes n'ont jamais laissé la justice française enquêter sur l'affaire. Le 30 décembre 1994, le magistrat antiterroriste français, Jean-Louis Bruguière, a transmis à Alger une commission rogatoire internationale pour laquelle il n'a jamais eu de réponse. Le magistrat a attendu presque cinq ans pour entendre certains témoins dont Catherine Beugnet, qui fait état d'une note de l'ambassade de France déconseillant à ses employés de voyager sur la ligne Alger-Paris au moment de Noël. Troublant. D'ailleurs, dans cette affaire beaucoup de questions restent sans réponse. Comment les terroristes ont-ils pu si facilement prendre en otage un Airbus à l'aéroport d'Alger qui était l'un des plus surveillés du monde ? Quels étaient leurs complices ?

Témoignage : Jean-Louis Bruguière,
juge antiterroriste chargé de l'affaire

« Le Groupe islamique était un groupe radical salafiste qui se revendiquait de l'idéologie d'Al-Qaida, dont on ne parlait pas à l'époque. Contrairement au Front islamique du salut, le FIS, qui était dans une logique jihadiste avérée. Il ne cherchait pas à prendre le pouvoir en Algérie mais à instaurer un califat mondial, d'abord en Algérie et ensuite en France. D'où sa stratégie d'exporter rapidement la violence en dehors du territoire algérien, en priorité contre le premier pays considéré comme l'ennemi principal, la France. C'est en 1993 que le GIA décide d'attaquer des ressortissants français, d'où les enlèvements en Algérie. La tentative de détournement de l'Airbus s'inscrit dans cette dynamique. À l'époque, en Algérie, on n'osait même pas traverser la rue le matin pour chercher du pain chez le boulanger, parce qu'on avait une chance sur deux de ne pas revenir. On était dans un climat de terreur. À Alger en particulier. Rien n'était sûr. Il y avait des faux barrages partout. Les militants du GIA ou des autres organisations étaient très présents, surtout dans le quartier d'El Harache, et aussi près de l'aéroport. Il y avait une vraie psychose, justifiée par un climat extrêmement lourd au sein duquel le GIA était tout-puissant à l'époque.
Dans l'affaire de l'Airbus, les terroristes ont forcément bénéficié de complicités au sein même de l'aéroport. Pour

le Groupe islamique armé, l'objectif de ce détournement était de faire passer un message à la France qui soutenait le régime algérien. Bref, pour le GIA, l'Algérie c'était la France. Au départ, il était prévu de faire monter dix hommes à bord de l'avion. Mais par manque de temps et par crainte de voir les services de sécurité déjouer l'opération, il a été finalement décidé de ramener le nombre de terroristes à quatre.

Outre les déclarations d'Omar Chikki et les informations qui ont été recueillies par nos services et dont a fait état Charles Pasqua lors de perquisitions à Londres dans le cadre d'une entraide judiciaire internationale, on a trouvé dans des locaux clandestins du GIA une documentation qui permet de penser que la cible était la tour Eiffel. Je ne suis pas certain pour autant que si ce scénario s'était déroulé, il aurait empêché le 11 Septembre. Parce que j'ai remarqué, malheureusement, (...) qu'on ne réagit que lorsqu'on est touché personnellement par un désastre. D'ailleurs, et sans violer des secrets, je peux dire que très peu de temps avant le 11 Septembre, j'étais en contact avec les Américains, et que c'était extrêmement difficile de les convaincre du fait qu'Al-Qaida était une menace majeure. »

1994

L'affaire Yann Piat
Au cœur du marigot varois

Cette histoire sombre et violente se déroule dans un joli coin de France, le Var, qui, dans les années quatre-vingt-dix, représente une sorte de zone franche où les effets de la décentralisation prennent un goût amer : dans ce département aux beaux paysages, il n'y a rien à jeter mais tout est à acheter, y compris les représentants de la République. Le 25 février 1994, six balles interrompent sur un bord de route le destin de conquérante de Yann Piat, députée UDF-RPR, transfuge du Front national. Ce soir-là, à bord de sa Renault Clio, l'élue du peuple quitte sa permanence électorale de Hyères et prend la direction du Mont-des-Oiseaux où elle possède une maison. Sur les lacets qui mènent à son domicile, elle est prise en chasse par deux hommes à moto. Le passager de la Yamaha ouvre le feu à trois reprises. La voiture s'immobilise. Le motard tire à nouveau, cette fois de face, en tuant Yann Piat et en blessant son chauffeur d'une balle dans la cuisse.

C'est un meurtre lourdement symbolique. Jamais une élue n'avait été assassinée en France. Elle aura payé de sa vie sa volonté de nettoyer le département, de le débarrasser de la pègre qui le gangrène depuis des années. Mais qui sont les commanditaires ? Des responsables politiques du Var sont-ils impliqués ?

LES PROTAGONISTES

Yann Piat, députée RPR-UDF du Var
Lucien Ferri et Marco Di Caro, deux voyous de la bande du bar Macama qui assassinent Yann Piat
Gérard Finale, patron du Macama à Hyères, considéré comme le commanditaire du crime
Maurice Arreckx, président du conseil général du Var de 1985 à 1994
Jean-Louis Fargette, parrain du milieu varois des années 1970 à 1993, très lié à Maurice Arreckx
Jo Sercia, vice-président du conseil général du Var, candidat UDF aux municipales de Hyères contre Yann Piat, soutenu par Maurice Arreckx et le clan de Fargette
Epifanio Pericolo et Denis Labadie, deux malfrats fidèles de Jo Sercia, sans doute aussi présents lors du crime de Yann Piat
Le juge Rolland, chargé de l'enquête sur l'assassinat de la députée

La bande du Macama

Le 4 mai 1998, quatre ans après les faits, s'ouvre le procès de l'assassinat de Yann Piat. Cent cinquante témoins sont cités. C'est un procès hors norme pour un crime sans précédent. Pendant l'enquête, tout a été imaginé. Les rumeurs les plus étranges ont circulé sur des complots en réunions secrètes avec de vrais parrains, sur des criminels chevronnés, des agents des services spéciaux, des hommes politiques d'envergure, des ministres… Mais c'est le menu fretin du port de Hyères qui se trouve sur le banc des accusés car l'instruction n'a pas pêché le gros poisson. Pourtant, tout le monde l'a cherché. Des journalistes ont mené des contre-enquêtes pour donner un écho aux doutes des policiers et à la frustration de magistrats insatisfaits du scénario retenu. Rarement affaire aura suscité autant de polémiques. Alors, qui a tué la députée du Var ?

Remontons l'enquête. La presse affirme que « Les deux motards qui ont assassiné Yann Piat s'appellent Lucien Ferri et Marco Di Caro, des demi-sel d'une vingtaine d'années qui oscillent entre la petite délinquance et le grand banditisme qui les fascine. Violents et sans scrupules, ils se prennent pour des caïds mais restent des amateurs. » Même les policiers qui les arrêtent après le meurtre ont du mal à croire qu'ils tiennent les coupables. Cependant, les charges retenues contre eux sont accablantes. Ils ont préparé l'attentat ensemble et le jour J, Marco Di Caro conduit la Yamaha tandis que Lucien Ferri, assis à l'arrière, fait feu. Au moment où ils s'échappent, leur moto dérape. Les deux criminels chutent et paniquent. En bons amateurs.

Ferri et ses copains ont établi leur quartier général dans un bar de Hyères, le Macama. À l'époque, comme le rappelle le journaliste Christian de Rungis qui a enquêté sur les mœurs varoises, « Hyères, qu'on appelait Hyères les Palmiers du fait de son littoral extraordinaire, est devenue Hyères les bombes ». Les attentats, les incendies criminels contre les restaurants ou les boîtes de nuit s'y succèdent. Le Macama lui-même a été la cible d'un contrat et a flambé. La bande de Lucien Ferri assure la garde rapprochée du patron, Gérard Finale. C'est lui qui est accusé d'être le commanditaire de l'assassinat de Yann Piat. Trois mois après le meurtre de la députée, les policiers l'arrêtent avec sa clique presque par hasard, grâce au témoignage miraculeux d'une jeune fille qui les connaît, Julie Capel, en garde à vue pour une banale affaire de vol de carte bleue. Elle leur livre une information très importante afin d'éviter la prison : le nom des deux voleurs de la moto qui a servi pour l'assassinat. Peu de temps après, elle meurt dans son lit. « Régurgitation du bol alimentaire », disent les médecins. Pourquoi ce témoin n'a-t-il pas été protégé ?

Et comment un tenancier de bar a-t-il pu se lancer seul dans un contrat de cette envergure ? Même si Gérard Finale veut devenir le nouveau roi de la ville en rachetant d'autres établissements de nuit ou en faisant éliminer certains concurrents, pourquoi assassiner la députée ? Parce que cette dernière veut imposer aux bars une fermeture à deux heures du matin ? Cela ne plaît pas au milieu bien sûr, mais ce n'est pas une raison suffisante pour la tuer. Non, la réalité est plus complexe et pour la comprendre il nous faut nous plonger dans le microcosme varois.

Un chien dans un jeu de quilles

Yann Piat a décidé de se présenter à la mairie de Hyères pour les municipales de 1995. Tous les sondages la donnent gagnante. Son programme est simple et combatif. Depuis des années, elle dénonce les magouilles locales, les relations louches entre banditisme et électoralisme, les malversations et services rendus. Elle jure qu'elle fera le ménage en s'attaquant au nerf de la guerre : l'argent trouble et les projets immobiliers douteux. Elle veut mettre hors d'état de nuire tous les petits voyous qui font régner leur loi dans la ville. Yann Piat s'accroche à cette image de chevalier blanc du Var et veut d'autant plus lutter contre la criminalité et la drogue que l'une de ses filles a plongé dans la toxicomanie. Et puis politiquement, la lutte contre la corruption dans le département est un créneau porteur, comme le confirme, énigmatique, le maire de Hyères, Léopold Ritondale : « La police peut venir, les dossiers sont ouverts, je ne rougis pas et ce n'est pas la peine. Finalement, lorsque le calme sera revenu et lorsqu'il y aura plus de sérénité, je parlerai. Et ça fera mal pour certains. »

Qui est Yann Piat ? Proche de Jean-Marie Le Pen avec qui elle finit par se brouiller, elle quitte le Front national en 1988 pour rejoindre le Parti républicain, membre de l'UDF en 1991, une famille politique qui ne l'a jamais vraiment acceptée. « J'agis en fonction d'un principe fondamental chez moi, c'est l'amour de la liberté. Je suis quelqu'un de profondément libre dans ma pensée et de parfaitement tolérant. Je suis démocrate et je ne conçois pas que l'on puisse, quelles que soient les pressions que l'on subit, dire ou faire le contraire de ce qu'on pense ou de ce qu'on croit qu'il est bon de faire, dit-elle sur France Inter en 1993. Je suis une femme de droite, une femme de dialogue et d'union de la droite. Je vais contribuer à (…) faire en sorte que la droite se retrouve, qu'elle ne se divise plus. (…) Je suis au service de mes électeurs. » Ambitieuse, elle est pressée de faire carrière et ne veut pas rester dans l'ombre. Mais elle gêne les potentats locaux habitués depuis longtemps à se partager le gâteau. Yann Piat bouscule les règles du jeu du système mis en place par Maurice Arreckx, président du conseil général et sénateur UDF, tout-puissant seigneur du Var jusqu'à son arrestation en 1994 pour des affaires de pots-de-vin.

Ici encore plus qu'ailleurs, hors des réseaux clientélistes, il n'y a pas de salut. « C'est un monde flou aux règles imprécises et à la menace facile, explique le député RPR du Var, Dominique Vescovali. Il faut être aveugle pour ne pas voir les malfrats dans la rue, avec leurs gourmettes tapageuses, leurs mouvements d'épaules avantageux… Ils ont un réseau de protecteurs et de débiteurs en tous genres. Et dans un esprit de connivence, ils soutiennent le candidat au pouvoir dont ils espèrent tirer profit. Je ne crois pas à la présence d'une organisation mafieuse dans ce département, au sens structurel du terme. Je crois à une culture mafieuse qui progresse et pénètre peu à peu le tissu social complètement déstructuré par la crise économique. On doit refuser cet avenir à la sicilienne. »

Jour après jour, la députée se rend compte que même ses plus proches collaborateurs font double jeu et que ses patrons, Maurice Arreckx et François Léotard – alors député de la cinquième circonscription du Var – ne tiennent jamais leurs promesses, qu'elle doit se débrouiller seule. Elle confie à un ami : « Tout est piégé, tout est pourri, ils finiront par m'avoir ! » Aussi, n'a-t-elle pas d'autres choix pour être élue que de se lancer à fond dans la lutte contre les politico-mafieux. Le député François d'Aubert, président de la commission de lutte anti-mafia qui a travaillé avec elle, la défend : « Je pense qu'il faut une loi (…) qui ressemble à la loi sur l'association mafieuse en Italie, avec évidemment des spécificités françaises. Il faudrait pouvoir retirer un certain nombre de pouvoirs en matière d'urbanisme dans les régions sensibles du sud de la France aux exécutifs locaux, pour que la pression sur ces derniers soit moins forte. Il y aurait moins de tentations financières, et sans doute les choses iraient-elles mieux. »

De quoi je me mêle ?

« Si elle est maire de Hyères, on ira tous pointer à l'ANPE. » C'est par ces mots que Gérard Finale, qui a de grands projets pour la ville, commente la candidature de Yann Piat aux municipales. On a connu meilleur accueil ! Le milieu sait que Toulon, jadis cité de toutes les convoitises, périclite, engluée dans un chômage terrible. L'avenir réside à Hyères, que beaucoup voudraient transformer en petite Californie. Avec ses cinq mille hectares encore constructibles, ses îles, son casino et ses immenses terrains militaires qui seront bien un jour concédés, il y a du potentiel. D'ailleurs, Hyères attire les regards de Marseille et de Toulon. Ça fait beaucoup de monde ! Et Yann Piat viendrait contrecarrer tous ces projets alors que Jo Sercia, également membre de l'UDF, vice-président du conseil général, ferait un candidat si présentable aux municipales ?

Fidèle du président du conseil général Maurice Arreckx, Jo Sercia est soutenu par le clan de Jean-Louis Fargette, l'ancien caïd du Var, personnage clé de cette histoire, inscrit au fichier du grand banditisme. C'est le parrain de la côte. Une longue histoire d'amitié et d'intérêts croisés le lie au monde politique et en particulier à Maurice Arreckx. Pendant des années dans le département, politiques et truands se sont partagés les bénéfices du racket imposé aux entreprises dans le cadre des marchés publics.

Or en 1993, un an avant l'assassinat de Yann Piat, Fargette, qui affublait la députée du surnom de « pétasse », est abattu en Italie. Une rumeur folle court alors dans la pègre varoise, jusque dans certains cénacles politiques : « C'est Yann Piat qui a fait exécuter Fargette, elle s'est alliée aux frères ennemis du milieu marseillais, elle voulait leur donner les clés du Var en échange de leur soutien. » Yann Piat aurait-elle été instrumentalisée ? D'après le journaliste Christian de Rungis, « on peut être indigné, mais sûrement pas surpris, parce qu'on sait bien que tout se mêle sur ce littoral. Les réseaux politiques, les réseaux d'amitiés, les relations d'affaires et la voyoucratie locale, tout s'imbrique, se tient et fonctionne en circuit fermé. » La bande du Macama croit dur comme fer à cette théorie. Pour la pègre de Hyères, Fargette est un mythe, un héros, une référence. Ils sont prêts à tout pour venger le boss ! Flinguer un parlementaire ou un truand du coin, après tout, quelle différence ? Selon l'accusation, c'est Gérard Finale tout seul qui aurait manipulé et poussé à l'acte la bande du Macama pour servir certains politiques que la députée gênait en se lançant à la conquête de la mairie. Et puis en se vengeant, Finale s'imposait dans le milieu local comme le successeur légitime. Comment croire ce scénario ? Il faudrait que Finale ait les moyens de ses fantasmes. À moins qu'il ne s'agisse d'une nouvelle version de la grenouille qui voulait se faire aussi grosse que le bœuf.

Ce dont on est sûrs, c'est que ce meurtre obéit à une logique mafieuse. Comme l'explique Roger Colombani, autre journaliste spécialiste des affaires varoises : « On a l'impression que la gauche et la droite ne sont pas des notions qui comptent dans ce département. C'est la règle du clientélisme, du service rendu qu'on retrouve dans les pays méditerranéens. »

Les deux motards mystère

Quelques jours avant sa mort, Yann Piat a remis au chef de cabinet de Charles Pasqua, alors ministre de l'Intérieur, un document accablant sur d'éventuels liens entre certains élus du Parti républicain et la mafia varoise.

Pourtant, pendant l'enquête, les magistrats ne cherchent pas à connaître la teneur de ce dossier et toutes les pistes ne sont pas explorées. Derrière chaque crime dans la région, on imagine une pieuvre, une justice à la sicilienne comme celle qui a abouti à l'assassinat du juge Falcone en 1992 à Palerme. L'enquête sur la mort de Yann Piat n'échappe pas à la règle car elle regorge de rebondissements, de mystères et de manipulations.

Un premier élément sème le trouble. Pendant l'enquête, la presse révèle que quelques jours après le meurtre, deux suspects sont arrêtés sur la foi du témoignage très précis d'un étudiant, Cédric Filippi, qui passait sur le Mont-des-Oiseaux le soir du 25 février. Il a vu deux hommes sur une moto, qui pourraient correspondre à une seconde équipe de tueurs. Il les décrit avec précision aux enquêteurs et les reconnaît même sur les photos qu'on lui présente. Le premier s'appelle Epifanio Pericolo, un gros bras de vingt-neuf ans connu des services de police. Le second se nomme Denis Labadie, vingt-sept ans. Tous les deux sont des fidèles de Jo Sercia et des proches du clan Fargette. Ils ont déjà été confrontés à Yann Piat : en 1993, ils étaient chargés d'organiser un chahut dans un meeting de la députée. Mais les deux hommes ont des alibis en béton pour la soirée du meurtre et ils sont relâchés.

D'autres faits étonnants renforcent l'hypothèse – soutenue par le procureur de Toulon André Viangali lui-même – d'une deuxième équipe de motards, comme l'histoire de José Murtas, adjoint au maire de Hyères jusqu'en 1995. Comme la presse le précise, « selon un témoignage parvenu au juge près de deux ans après le meurtre, cet homme aurait été vu deux fois le soir du crime au Macama où il aurait remis une enveloppe de 400 000 francs à Gérard Finale. Interrogé, l'ancien adjoint dont le frère est le chauffeur de François Léotard nie toute implication mais s'embrouille dans ses déclarations. En voulant se justifier il raconte qu'il était au courant de l'assassinat de Yann Piat dès 20 h 15 alors que, d'après l'enquête, à cette heure-là, Yann Piat agonisante venait juste d'être transportée par son chauffeur chez les pompiers de Hyères pour recevoir les premiers secours ». Son décès n'était pas encore officiel. Pourtant, José Murtas n'est ni poursuivi ni inquiété. Tous les avocats du dossier Yann Piat, ceux de la défense comme ceux des parties civiles, ainsi que les journalistes qui suivent l'enquête, estiment que le juge Rolland a trop vite abandonné cette piste.

L'Encornet et Trottinette

En 1997, deux journalistes, André Rougeot et Jean-Michel Verne, publient un livre où ils accusent sans preuves Jean-Claude Gaudin (président du conseil général de Provence-Alpes-Côte d'Azur en 1994) et François Léotard, désignés sous les sobriquets « L'Encornet et

Trottinette », d'avoir commandité l'assassinat de Yann Piat parce qu'ils auraient été associés à la mafia dans une opération immobilière. Pour que rien ne capote et que rien ne sorte, ils auraient éliminé leur collègue de l'UDF. Le livre a été retiré de la vente. Dans un nouvel ouvrage publié en 1998, deux autres journalistes, Claude Ardid et Jacques-Marie Bourget, recensent toutes les lacunes du dossier : témoignages écartés, expertises oubliées, vérifications négligées… l'accumulation est troublante. Ils expliquent que des promoteurs immobiliers et des hommes politiques véreux sont toujours en liberté.

Quand le procès des assassins de Yann Piat s'ouvre enfin en 1998, il dure six semaines. Lucien Ferri, le tireur, qui prend tout sur lui en voulant protéger le reste de la bande, affirme pour la première fois après quatre ans d'instruction que les gens qui ont eu l'idée de l'assassinat sont encore dehors : « Gérard Finale n'y est pour rien, les commanditaires sont plusieurs, des politiques et des voyous. – Qui ? » Bien entendu, il refuse de répondre. « Il y a des choses que je ne pourrai jamais dire. Il n'y a pas de deuxième équipe. »

À l'issue de la délibération, bien que les avocats des tueurs et du commanditaire mais aussi les avocats des parties civiles agitent la thèse du complot à un plus haut niveau car on n'imagine pas la petite bande du Macama prendre seule l'initiative, le tribunal de Draguignan condamne Gérard Finale et Lucien Ferri, le tireur, à la réclusion criminelle à perpétuité pour l'assassinat de la députée Yann Piat. Marco di Carro, le conducteur de la moto, est condamné à vingt ans de réclusion. Nous savons donc qui a tiré sur Yann Piat mais nous ne savons toujours pas pourquoi. Officiellement, la députée est morte parce qu'elle avait l'intention d'obliger les bars de la ville à fermer à deux heures du matin.

Seule au monde

L'assassinat de Yann Piat n'est-il pas la chronique d'une mort annoncée ? La députée se savait menacée, s'en était confiée à plusieurs amis. Appels téléphoniques, insultes, grenade lancée contre sa permanence, elle subissait d'énormes pressions et menaces. Pourtant, malgré ses demandes répétées, elle n'a bénéficié d'aucune protection. Pire encore, en 1993, un juge d'instruction marseillais qui enquêtait sur Jean-Louis Fargette a mis sur écoute un certain Daniel Savatano, ami du parrain marseillais avec qui il s'entretenait souvent par téléphone. Ces écoutes sont une mine d'or. On entend Fargette manipuler les élus locaux depuis son exil italien, donner son avis sur les investissements. Il gère son entreprise mafieuse à travers son homme de confiance. Mais on entend surtout le caïd tenter d'organiser une campagne de calomnies contre Yann Piat et ponctuer ses phrases d'insultes envers la députée. La justice n'a pas bougé.

Insultée par ses opposants, lâchée par ses alliés, détestée par le milieu, Yann Piat a mis le doigt dans une mécanique infernale. Beaucoup pressentaient les dangers qu'elle encourait. Elle avait trop d'intérêts contre elle. Longtemps, la justice a cherché un contrat en bonne et due forme prouvant son exécution. Mais cela ne se passe pas toujours ainsi. Le contrat dans cette affaire est diffus, caché, tacitement signé par tous les crocodiles du marigot varois qui s'agitent dans le sillage de Gérard Finale et sa bande de tueurs à moto.

Témoignage : Jacques-Marie Bourget,
journaliste et écrivain, coauteur avec Claude Ardid du livre *Yann Piat, l'histoire secrète d'un assassinat* paru chez Plon en 1998

« Si cette affaire avait eu lieu aux États-Unis, elle aurait fait un best-seller absolument extraordinaire. C'est une histoire trop belle pour être française. Dans le Var, il y a beaucoup de terrains à bâtir. Contrairement à la Côte d'Azur, il y a des espaces libres. C'est un Eldorado. Si on le gère bien, on peut faire des fortunes. Il y a là un certain nombre de mafieux, comme Fargette, qui avait des liens avec la mafia italienne et qui tenait Arreckx, maire de Toulon et président du conseil général, dans le creux de sa main. Les affaires de Fargette, ce n'était pas uniquement du racket de bistrot, c'était de l'industrie, c'était les marchés publics. Arreckx régnait sur le Var. Il verrouillait le département avec François Léotard, cet ancien ministre de la Défense, très puissant, qui avait beaucoup d'entregent et qui n'était pas non plus un enfant de chœur.
Des mafieux se sont dit, avec d'autres hommes politiques, que s'ils arrivaient à se débarrasser de Fargette, Arreckx et Léotard, le département leur appartiendrait. C'était le jackpot. Et de fait, on assiste d'abord à l'élimination de Fargette, dit la "Savonnette", le prince des voyous du Var. Quant à Léotard, il est assez facile de lui dire : "Écoute, François, l'âge arrive, il est temps de profiter de la retraite, de prendre du recul." Léotard a compris le message, il s'est retiré. Exit Léotard, exit Fargette, le Var est à nous !
Puis arrive Yann Piat, instruite par le Front national, dont la théorie est de faire plus blanc que blanc, de

nettoyer. Elle est sincère dans ses intentions et se rend compte qu'elle se met terriblement en danger. Elle va à Paris, rencontre le directeur de cabinet de Charles Pasqua. Et lorsqu'elle rentre dans le Var, elle écrit une lettre sur sa petite machine Olympia où elle dit : "Si j'ai bien compris, Monsieur le ministre, il faut se taire ou disparaître." C'était une gêneuse.
Dans cette affaire, on assiste à une conjonction politico-mafieuse à un très haut niveau. Depuis les sommets de la République, il y a un personnage qui a tout manipulé, avec des conseillers, des réseaux et une petite mafia locale. »

2000

Concorde
Une mort prématurée

Le 25 juillet 2000, le Concorde d'Air France qui assure la liaison entre Paris et New York, vol AF 4590, se crashe au décollage au-dessus de Gonesse, au nord de Paris. Tous les passagers et membres d'équipage périssent. Le bilan est de cent treize morts.

Avion aussi révolutionnaire qu'expérimental, sans précédent et sans successeur, le Concorde a volé pendant trente ans, plus vite que tous ses concurrents. Il était aussi le plus contesté sur les plans commercial et écologique. À la fois futuriste et dépassé, le Concorde est un paradoxe avec deux ailes, ces fameuses ailes delta qui lui donnaient ce look si particulier, si élégant. Quel panache et quel prestige pour ses créateurs, la France et le Royaume-Uni, qui pour une fois, avec ce projet, ont regardé dans la même direction !

C'est à la manière d'une tragédie grecque que meurt le Concorde un jour de juillet 2000. Moins de deux ans plus tard il disparaît complètement des pistes et des tarmacs.

Mais cet accident, le seul dans lequel un Concorde aura été impliqué, n'efface pas quarante ans de prouesses technologiques et d'audace. On avait dit le *Titanic* insubmersible. On croyait le Concorde infaillible. Que s'est-il passé ? Quelle est, au-delà du crash de Roissy, la véritable histoire du programme Concorde ? Pourquoi cet avion continue-t-il de fasciner aujourd'hui encore ?

LES PROTAGONISTES

André Turcat, Jacques Guignard, Henri Perrier et Michel Rétif, respectivement le pilote, le copilote, le directeur du programme et le mécanicien à bord du premier Concorde qui décolle
Georges Galichon, président d'Air France de 1967 à 1975
Christian Marty, Jean Marcot et Gilles Jardinaud, le commandant, le copilote et le mécanicien du Concorde qui se crashe le 25 juillet 2000
John Taylor, le mécanicien de Continental Airlines à l'origine de l'accident à cause d'une lamelle métallique tombée sur la piste

Franglais

Dans les années soixante, les États-Unis et l'Union soviétique sont obnubilés par la conquête de l'espace. Deux pays européens font, eux, un autre pari : celui des voyages intercontinentaux à haute vitesse. C'est le cas de la France avec la Super-Caravelle et du Royaume-Uni avec le Bristol 223. Des deux côtés de la Manche, on expérimente les vols supersoniques qui dépassent la vitesse du son. Le défi est de taille. Il faut réussir à maîtriser les perturbations que provoque l'air sur les ailes des appareils, à plus de 1 000 km/h.

Le temps passe, les coûts de développement explosent, quand enfin un accord de coopération internationale amène la France et le Royaume-Uni à participer à la création d'un avion supersonique. L'idée est de mettre à profit toute l'expérience technologique acquise par Sud Aviation d'un côté et par British Aircraft Corporation de l'autre. Mais il s'agit surtout de partager les coûts pharaoniques du projet et de raccourcir les délais de développement.

L'accord franco-britannique est signé le 29 novembre 1962. Il donne naissance au projet Concord, écrit à l'anglaise. Après d'intenses négociations, on rajoute un « e » pour faire plus français. Et c'est ainsi que le Concorde est baptisé, portant le nom de la célèbre place parisienne.

En 1962, les premières photographies du prototype circulent. Ce nouvel avion commercial se présente comme une fusée et ressemble étonnamment à l'avion X15 américain. C'est un quadriréacteur.

Sur les grandes lignes, l'appareil doit être capable de transporter une centaine de passagers, assez peu finalement, mais dans le plus grand confort et surtout sur une distance de 6 000 kilomètres à la vitesse Mach 2, en toute sécurité. Voilà pour le cahier des charges. Encore faut-il réussir à transformer ce qu'on voit sur les planches à dessin en une structure capable de prendre son envol sur une piste de décollage. Le pari technologique engagé par les ingénieurs français de Toulouse et leurs collègues britanniques de Filton dépasse de loin tout ce qui se faisait avant. En effet, avec Concorde, un appareil supersonique civil, il faut presque tout inventer. Le marqueur le plus évident de cette évolution, c'est cette aile delta modifiée, plus communément appelée aile gothique, qui permet d'éviter les perturbations aérodynamiques passé Mach 1.0 et qui offre des réservoirs suffisants pour le carburant. C'est aussi le nez de l'avion qui s'abaisse pour permettre au pilote de voir la piste au moment de l'atterrissage. Les moteurs également sont révolutionnaires, tout comme les freins, le système de postcombustion et les pneumatiques qui doivent supporter la chaleur des accélérations et décélérations fulgurantes du Concorde. Les pneus ! Quarante ans plus tard, ce sont eux qu'on retrouve au cœur de la tragédie de Gonesse.

Mach 2

Au début de l'année 1966, les premiers tests de roulage sont effectués. Mais les approches française et anglaise sont sensiblement différentes. Là où le général de Gaulle ne regarde pas à la dépense, car il y va du prestige de la France face aux États-Unis, les Anglais sont très pointilleux sur la ligne budgétaire. Bon an mal an, sept ans après le lancement du projet, les 180 tonnes d'alliage aluminium du nouvel avion s'apprêtent à décoller.

Le dimanche 2 mars 1969, le prototype Concorde 001 est tracté jusqu'en bout de piste sur l'aéroport de Toulouse-Blagnac. Prennent place dans le cockpit le pilote André Turcat, son second, Jacques Guignard, le directeur du programme Henri Perrier et le mécanicien Michel Rétif. À ce moment-là, ils ont conscience d'effectuer un voyage vers l'inconnu. Malgré les nombreux tests en soufflerie et les calculs des bureaux d'études, personne ne sait comment va réellement se comporter l'avion une fois en vol. La machine a beau être révolutionnaire, elle n'en reste pas moins expérimentale.

La tour de contrôle donne son feu vert. André Turcat actionne la manette des gaz. Dans un fracas magnifique, l'appareil s'élance. Concorde lève le nez et décolle, majestueux, agile. Après sept ans de test et cinq mille trois cents heures d'essais, l'avion atteint l'espace pour lequel on l'a construit : le ciel. Ce premier vol est une réussite. Il dure vingt-neuf minutes. L'objectif de Concorde, c'est de voler à Mach 2.02, autrement dit deux fois la vitesse du son, soit un peu plus de 2 000 km/h, à 18 000 mètres d'altitude. À cette vitesse il ne faut que deux secondes pour parcourir 1 kilomètre. Traverser la France du nord au sud ne nécessiterait qu'une demi-heure. Le trajet Paris-Dakar se ferait en deux heures cinquante, et Paris-New York en trois heures et demie ! À chaque fois, Concorde bat à plate couture les avions traditionnels, en divisant les temps de transport par deux !

Mais pour atteindre ces vitesses qui font rêver, il y a encore du chemin à parcourir. L'avion est confronté à des difficultés techniques jusque-là inconnues sur les autres appareils. Il faut régler les problèmes de poussée des moteurs, la chaleur sur le fuselage, l'équilibre des masses au décollage, gérer la technique du nez rétractable. Avec Concorde, l'homme réapprend à voler.

De l'autre côté de l'Atlantique, cela fait plusieurs années que les Américains du programme Boeing se cassent les dents sur la stabilisation d'un avion au-delà de la vitesse du son. Du côté de Concorde, les choses avancent. Quelques mois seulement après son premier essai dans les airs, en octobre 1969, le supersonique passe le test ultime, le fameux mur du son. Et le 4 novembre 1970, Concorde 001, modifié, affiné, perfectionné, atteint enfin Mach 2, à l'occasion de son cent deuxième vol. Une fois l'appareil posé, André Turcat, le pilote, donne ses impressions devant un parterre de journalistes : « Le calme de cet avion est impressionnant. Le franchissement de Mach 1 a été encore plus calme qu'on ne pouvait l'imaginer. Il n'y a eu aucune anomalie pendant le vol. Nous sommes extrêmement satisfaits. »

Le pari technologique dans lequel se sont lancés Français et Anglais est en passe d'être tenu. Pourtant l'avenir de Concorde se joue aussi sur un autre terrain. Celui du développement commercial. Inventer une telle machine est un pari audacieux, mais encore faut-il la vendre et, pour l'instant, les acheteurs potentiels ne se bousculent pas.

Coup de poker commercial

Le général de Gaulle ne cache pas son attachement au projet pour lequel, il le répète, « le coût financier doit être le dernier des problèmes ». Au diable ces Britanniques qui en sont à compter leurs billets et à ralentir les décisions et les investissements communs. En 1971, quelques mois après la fin des essais, Georges Pompidou est le premier président de la République à voyager dans le Concorde. S'il salue la réussite technique, il est conscient des incertitudes qui pèsent sur l'avenir financier du supersonique et déclare que « lorsque le gouvernement français et le gouvernement britannique ont pris la décision d'entreprendre ensemble la construction d'un appareil de transport supersonique, ils savaient qu'ils s'engageaient sur une voie difficile. Les dépenses à prévoir étaient énormes. Les problèmes techniques à résoudre sont considérables. Les possibilités commerciales très mal connues. C'est donc bien d'un pari qu'il s'agit. Il sera tenu ».

En 1971, le nouvel avion joue sa carte maîtresse : la séduction. Le Concorde 002, celui des Anglais, est envoyé au Moyen-Orient et en Asie pour des démonstrations. À chaque atterrissage ou décollage, la foule est au rendez-vous. Dans le monde entier on est fasciné par cet appareil à la technique révolutionnaire. Et les commandes s'enchaînent, de la part de British Airways et d'Air France évidemment, mais aussi de Qantas, la compagnie australienne, ou de la Japan Airlines. Pan Am et TWA en achètent également, ainsi qu'Air Canada. En tout, seize compagnies internationales signent un accord pour soixante appareils. Le carnet de commande est plein. Technologie et commerce, tout concorde.

Sauf que moins d'un an après, c'est la douche froide. La quasi-totalité des commandes est annulée. Le premier choc pétrolier est passé par là, fragilisant le marché du transport aérien. Il y a aussi le débat créé par les autorités aéroportuaires de l'aéroport JFK de New York autour des contraintes environnementales et surtout sonores de l'appareil. Au bout du compte, toutes les compagnies semblent voir en Concorde un avion qui a plus de défauts que de qualités. Le président d'Air France, Georges Galichon, reste tout de même optimiste et mise sur la différence que propose Concorde : « Nous le rentabiliserons en essayant de le commercialiser de manière aussi originale que possible et en fournissant aussi bien un service au sol qu'un service à bord exceptionnels. Des taxis ou des trains spéciaux qui conduiraient les voyageurs directement à l'avion, etc. Ce sont les études que nous menons actuellement. Nous comptons offrir un produit tout à fait nouveau et très attractif. »

Seize appareils sont finalement construits. Le premier vol commercial du supersonique a lieu le 21 janvier 1976 avec Air France qui effectue sa première liaison vers Rio, via une escale à Dakar. Dans le même temps, un Concorde de la British Airways assure la rotation Londres-Bahreïn. Un journaliste de France Inter, Pascal Delannoy, a pris place à bord de l'appareil d'Air France et témoigne en direct, lors de la phase d'approche à Rio. « Ce premier vol a tenu ses promesses. Après un décollage parfait qui nous a tous scotchés sur notre siège, en nous donnant l'impression d'être à bord d'une fusée, Concorde s'est dirigé vers la Bretagne. Puis une fois au-dessus de l'océan, les pilotes ont poussé les gaz. À Mach 1, tout le monde a applaudi, puis nous avons passé Mach 2 dans l'indifférence générale. On était trop occupés à prendre des photos et à visiter chaque recoin du supersonique. Concorde est un peu bruyant, les hublots sont petits, mais cela mis à part, le vol est vraiment fantastique. Jamais on ne ressent la vitesse et puis surtout, à dix-huit mille mètres d'altitude, on se rend compte que la terre est vraiment ronde et le ciel vraiment bleu. C'est un spectacle dont on ne se lasse pas, sinon le temps de prendre, comme entre Paris et Dakar, un repas exceptionnel : foie gras, caviar et champagne. "C'est tout cela la France", s'est exprimé mon voisin, un industriel américain spécialement venu de Los Angeles pour vivre cette heure historique. Et croyez-moi, il n'a pas été déçu. »

Effectivement, en 1977, New York est enfin disposé à accueillir Concorde. Air France et British Airways recentrent alors progressivement leurs lignes vers l'aéroport JFK que l'appareil réussit à atteindre en trois heures et demie.

Grandeur et servitudes

Durant les années quatre-vingt et quatre-vingt-dix, les Concorde français et anglais volent en dehors de leur liaison routinière vers New York. Ils assurent des vols spéciaux. Dans cette configuration, la rentabilité de l'appareil est bonne. Certaines agences de voyages vont même jusqu'à proposer des tours du monde.

Et puis c'est un outil diplomatique qui permet aux négociateurs de se rendre rapidement sur les points chauds de la planète. Prestige.

En revanche, si l'appareil peut effectivement voler à Mach 2, son carnet de bord est moins convaincant. L'entretien entre chaque vol nécessite près d'une journée et une équipe de spécialistes. Par ailleurs, les ingénieurs ont des soucis avec les retours d'expériences si précieux dans l'aéronautique. On a du mal à les analyser. C'est le cas pour les pneumatiques, soumis à l'échauffement et à la brutalité des procédures de décollage et d'atterrissage. À plusieurs reprises des éclatements se produisent, à Washington ou à Dakar. Serait-ce le talon d'Achille de l'avion ? Pourtant, l'exploitation de Concorde continue, sans modifications, et tout se déroule bien jusqu'à ce sinistre 25 juillet 2000.

À 15 h 58, le Concorde d'Air France, vol AF 4590, est posté au bout de la piste 26 droite. Le commandant Christian Marty, son copilote Jean Marcot et leur mécanicien Gilles Jardinaud sont aux commandes. À eux trois, ils comptabilisent près de quatre mille heures de vol sur le supersonique. À 16 h 42 minutes et 17 secondes, la tour de contrôle autorise l'avion à s'élancer. Mais à peine a-t-il décollé qu'il laisse derrière lui une traînée de fumée noire et des flammes. L'un des moteurs du supersonique semble avoir pris feu. L'appareil est trop loin sur la piste pour s'arrêter. Le délai est dépassé. Le commandant Marty cabre et décolle. Il continue sur sa trajectoire, mais manifestement, le problème est sérieux. L'équipage du supersonique annonce à la tour de contrôle qu'il va tenter de se poser au Bourget en urgence. L'avion entame alors un virage, mais s'écrase sur un hôtel.

Immédiatement le plan rouge est déclenché sur Gonesse, lieu de l'accident. Dans l'heure qui suit, les journalistes sont sur place. Éric Valmir, de France Inter, témoigne : « On a pu s'approcher. Je peux vous assurer que c'est difficile à décrire pour la simple et bonne raison qu'on a du mal à imaginer que ce qu'on a sous les yeux était un avion et un hôtel. Tout est calciné, il n'y a plus rien. » Cent treize personnes trouvent la mort dans la catastrophe, les cent passagers, les neuf membres de l'équipage ainsi que quatre personnes au sol.

Dans les jours qui suivent, le Bureau d'enquêtes sur les accidents, le BEA, entame son investigation qui s'oriente très vite vers un côté de la piste où une lamelle appartenant à un avion de la compagnie Continental Airlines qui a décollé juste avant Concorde a été retrouvée. Selon leurs conclusions, c'est bien cette pièce en titane de l'appareil américain qui est à l'origine de la catastrophe. À son contact, à plus de 200 km/h, le pneu du Concorde explose, en projetant des éclats métalliques de plus de quatre kilos contre le réservoir. Ensuite, le flot de carburant s'enflamme au contact du flux d'éjection des moteurs. L'un de ces moteurs, en feu, s'éteint, rendant le pilotage de l'avion impossible, puis le Concorde passe sur le dos… et c'est le crash. Compte tenu de ce que révèlent les boîtes noires de l'appareil, l'équipage a très vite compris qu'il y avait un problème. Il a gardé son calme mais il ne pouvait plus annuler sa procédure de décollage. Il y a deux minutes d'enregistrement du moment fatidique entre le démarrage et l'arrêt du son. La tour de contrôle prévient : « Attention, vous êtes en feu ! – On sait, répond l'équipage, on coupe un moteur. » C'est l'instant où il s'aperçoit que l'avion perd de l'altitude et qu'il va se crasher. Ensuite, silence complet.

L'appareil qui s'est écrasé à Gonesse le 25 juillet 2000 était le plus vieux Concorde utilisé par Air France. Quatre jours avant la catastrophe, il sortait d'une révision complète. Pendant toute la durée des investigations des enquêteurs du BEA, l'intégralité de la flotte des Concorde d'Air France reste « clouée » au sol. Idem pour ceux de British Airways.

Comme un avion sans ailes

En mai 2001, Air France signe un accord global d'indemnisation avec les familles des victimes de la catastrophe pour un montant de 115 millions d'euros. Dans le même temps, le 7 novembre, les vols de Concorde reprennent chez Air France et British Airways, après modification de l'appareil. Les réservoirs ont été renforcés avec du kevlar, les systèmes électriques ont été changés et les pneus sont plus résistants. Mais moins d'un an après, un Concorde de la British Airways connaît un souci majeur lors de sa descente sur l'aéroport JFK de New York. L'appareil perd un élément de gouverne. Pour les compagnies, c'en est assez. Et puis le contexte n'est pas favorable : baisse du trafic aérien après les attentats du 11 Septembre, hausse des prix du kérosène, nouvelles normes contre la pollution et le bruit… Tout joue désormais contre l'appareil supersonique. Les Concorde coûtent cher à l'entretien, certains vols sont à peine rentables. C'est la chronique d'une mort annoncée. Air France et British Airways décident de mettre fin à l'exploitation de leurs appareils au cours de l'année 2003.

Au mois de mars 2005, cinq ans après la catastrophe, la compagnie Continental Airlines est officiellement mise en examen dans le cadre du crash du Concorde, à cause de cette maudite lamelle métallique retrouvée sur la piste. Elle est bien à l'origine de la réaction en chaîne qui a conduit au crash du supersonique. Henri Perrier, le père du programme Concorde à l'Aérospatiale est mis en examen pour « homicides et blessures involontaires ».

Le 6 décembre 2010, le tribunal correctionnel de Pontoise rend son jugement. Continental Airlines écope d'une amende de 200 000 euros et doit verser 1 million de dommages et intérêts à Air France. De son côté, le mécanicien John Taylor de Continental Airlines est condamné à quinze mois de prison avec sursis. Henri Perrier est relaxé.

Avant même la fin du procès, le supersonique ne volait plus. Il aura vécu quarante ans. Il en reste un exemplaire qui trône sur l'aéroport Charles-de-Gaulle. Lorsqu'on arrive en voiture à Roissy, on le voit parfaitement. Il a été scellé à un emplacement stratégique pour qu'on puisse l'admirer. Alors regardez-le. Regardez sa ligne effilée, sa petite taille, sa sveltesse et son nez pointu. Il ressemble à une gravure de mode. Il n'est pourtant qu'une relique, un vestige d'un autre temps, celui de l'audace que notre monde en crise et la révolution écologique ont rangé au rayon des souvenirs.

Témoignage : Gérard Feldzer,
ancien pilote de ligne, consultant en aéronautique auprès des médias

« C'est vrai que c'est le seul avion depuis que le transport aérien existe qu'on reconnaît du premier coup d'œil. Il n'y en avait pas d'autres, ou sinon militaires, qui avaient cette forme, cette gothique flamboyante de l'aile qui a marqué tous les esprits. C'était un avion piloté à l'ancienne. Il a été conçu avec la règle à calcul. Il n'y avait même pas d'ordinateur, ou alors vraiment les prémices de l'ordinateur. C'était donc un record technologique pour l'époque. Concorde n'avait pas de joystick mais des commandes de vol électriques. Ce qui était déjà une petite révolution. Il était équipé de l'ABS, qu'on connaît désormais sur les voitures. Car les innovations de Concorde se sont appliquées en dehors du champ aéronautique.
Quand on construit un avion, il faut choisir entre le bruit et la puissance. C'est très difficile de concilier les deux. Et il y a le bang supersonique, difficile à réduire. Il fallait donc que cet avion soit à cette vitesse supersonique au-dessus de zones désertes, l'océan en l'occurrence, ce qui l'a handicapé. Il ne pouvait pas assurer la ligne Paris-Tokyo par exemple. Les Russes ne l'ont jamais autorisé à survoler la Sibérie alors qu'il y avait un marché.
J'ai perdu deux copains extraordinaires. Christian Marty, le pilote, qui avait traversé l'Atlantique en planche à voile. On était commandants de bord tous les deux sur l'Airbus A340 avant qu'il n'aille sur le Concorde. Il emmenait toujours son vélo à bord. C'était un garçon

fantastique. Il devait remplacer Nicolas Hulot à bord de mon ballon à pédales, quand j'ai traversé l'Atlantique. Il a bien fait de ne pas venir parce que je me suis crashé, mais on en est sortis vivants.

Je pense que l'avenir de l'aéronautique passe à la fois par la taille et la vitesse des avions. Airbus a fait le choix du gros porteur avec son A380, économique et silencieux. Mais les constructeurs étudient des solutions pour des avions qui pourront voler à Mach 5, Mach 6. C'est toujours dans les tuyaux et ça devient de plus en plus sérieux avec des motorisations différentes, probablement à l'hydrogène. On partira également à plus de cent kilomètres d'altitude pour aller plus loin, plus vite. Peut-être pas à 28 000 km/h, qui est la vitesse de libération pour se satelliser, mais en tout cas suffisamment pour faire Paris-Tokyo en une heure et demie. C'est l'héritage du programme Concorde. »

2004

Le *Bugaled Breizh*
Le pot de terre contre le pot de fer

Le 15 janvier 2004 à 13 h 23, le *Bugaled Breizh*, un chalutier breton de vingt-quatre mètres, sombre en trente-sept secondes au large des côtes britanniques avec cinq marins à bord. Aucun survivant n'est retrouvé, et après dix ans d'enquête, les familles continuent de réclamer justice. Dix ans pendant lesquels différentes pistes sont avancées, étudiées, puis à chaque fois abandonnées. Le *Bugaled Breizh* n'est pas une simple histoire de naufrage que l'on se raconte aux comptoirs des bars dans les ports. Depuis toutes ces années, elle tourmente la mémoire des proches des victimes et pose de nombreuses questions : le *Bugaled Breizh* a-t-il été coulé par un sous-marin ? A-t-on vraiment essayé de sauver ces hommes ? Pourquoi n'avoir rien dit, si ce n'est au titre du secret-défense, cette arme de dissuasion que pourtant toutes les démocraties utilisent comme une loi d'exception dans une logique qui n'a rien à envier aux pratiques d'un régime totalitaire ? Que valent les vies de cinq marins-pêcheurs face aux enjeux militaires et géostratégiques de plusieurs grandes puissances occidentales ? Dans cette affaire, la mer demeure plus que jamais le monde du silence.

LES PROTAGONISTES

Georges Lemétayer, Pascal Le Floch, Éric Guillamet, Yves et Patrick Gloaguen, les cinq marins naufragés du *Bugaled Breizh*
Michel Douce, armateur du *Bugaled Breizh*
Dominique Bussereau, secrétaire d'État aux Transports et à la Mer
Jean-Louis Battet, chef d'état-major de la marine
Jean-Marc Schindler, directeur du bureau d'enquêtes sur les événements de mer
Andrew Coles, commandant du *HMS Turbulent*, sous-marin nucléaire, au moment des faits

Cinq hommes à la mer

En ce 15 Janvier 2004, Georges, Pascal, Éric, Yves et Patrick ont embarqué dans le *Bugaled Breizh* (« les enfants de la mer » en breton) depuis plus d'une semaine. Éric est le dernier arrivé de la bande. Cela fait à peine un an qu'il a choisi de devenir matelot, de s'inviter quelques jours par mois dans les humeurs de l'océan. Après une brève escale en Angleterre pour éviter le mauvais temps, l'équipage est impatient d'arriver à la maison, au chaud, à Loctudy, dans le Pays bigouden.

Mais à 13 h 23, à la VHF[1] de *L'Éridan*, un autre bateau breton lui aussi réfugié près de l'Angleterre (au

1. Radio maritime.

sud du cap Lizzard précisément), la voix du patron du *Bugaled Breizh*, Yves Gloaguen, résonne : « On chavire, vite ! » Yves a juste le temps de donner sa position, puis plus rien, juste des parasites.

Serge, le capitaine de *L'Éridan*, lance l'alerte auprès des centres de sauvetage anglais et français. Son bateau est à cinq miles[1] de la position du naufrage. Le temps de remonter le chalut et d'atteindre le lieu, il lui faut une quarantaine de minutes. C'est trop juste. Le vent souffle en rafales serrées. La mer vient d'engloutir cinq marins.

De l'autre côté, sur les terres bretonnes, on ne sait rien encore du drame. Dans les ports, la nouvelle se propage. Michel Douce, l'armateur du *Bugaled Breizh*, finit de déjeuner avec sa femme. C'est une journée comme les autres jusqu'à ce coup de fil dont il se souvient comme si c'était hier : « C'est ma femme qui décroche, elle me dit : "Tiens c'est Andrew, c'est pour toi." Andrew, c'est le capitaine du port de Newlyn, on s'appelle régulièrement. Je pensais qu'il téléphonait pour les vœux de début d'année. Et puis il me dit : "Mich, on a un problème, le *Bugaled* a chaviré." Sur le coup je n'y ai pas cru. Je lui ai demandé si les gars avaient été récupérés. Il ne savait pas. Il était 13 h 45 environ. Quand j'ai raccroché j'ai rappelé le bateau tout de suite, en vain. J'ai dit à ma femme : "À tous les coups ils se sont tapé un sous-marin militaire." La météo n'était pas si mauvaise, et connaissant le sérieux d'Yves à la passerelle, je ne voyais pas d'autre explication. »

Pendant ce temps, par 49 degrés nord et 5 degrés ouest, les recherches sont lancées. Dans les airs, deux hélicoptères de la Royal Navy survolent la zone du

1. Environ huit kilomètres.

naufrage. Un remorqueur et un patrouilleur arrivent également. Enfin, de façon surprenante dans ce genre de situation, un sous-marin néerlandais, le *Dolfin*, émerge puis replonge, se faufilant subrepticement parmi les équipes de sauveteurs. Pour le procureur de Quimper, le *Bugaled Breizh* a vraisemblablement été éperonné par un navire de très grande stature, un porte-conteneurs ou un bateau de commerce relativement puissant. « Les éléments que nous avons recueillis me laissent penser que les règles de navigation dans cette zone n'ont pas été respectées. Je vais ouvrir une information judiciaire. »

Deux corps tatoués sont repêchés. On reconnaît le poulbot qui orne l'épaule d'Yves Gloaguen, quarante-quatre ans, et la croix sur le bras gauche de Pascal Le Floch, bientôt cinquante ans. Les trois autres marins, Georges, Patrick et Éric, ont disparu.

Première piste

À plus de quatre-vingt-dix mètres de fond, l'épave emprisonne secrètement les indices de son naufrage. Face aux sanglots des pêcheurs de Bretagne, la justice et les politiques ne peuvent pas perdre de temps. Le BEAmer[1] commence ses investigations. Un robot muni d'une caméra part à la rencontre du *Bugaled*. En surface, Michel Douce scrute l'écran. Dans l'opacité des fonds marins se dessine peu à peu l'ombre de son bateau. L'avant bâbord du chalutier en acier est enfoncé et la barre antiroulis gravement endommagée. Le procureur de Quimper parle d'homicide involontaire.

Lors d'une visite à Brest, le président Jacques Chirac,

1. Le Bureau d'enquêtes sur les événements de mer.

accompagné par Dominique Bussereau, secrétaire d'État aux Transports et à la Mer, conclut son discours sur les futures mesures contre les « voyous de la mer ». André Lebert, du Comité régional des pêches, parle d'assassins. « Un bateau comme le *Bugaled*, on ne l'aborde pas, même d'une façon frontale. C'est vraiment un manque de conscience professionnelle, c'est inadmissible. Il y a eu un message de détresse (…) donc ce porte-conteneurs a dû l'entendre. Ça n'est ni plus ni moins qu'un assassin. Lorsqu'un médé (message de détresse dans le jargon des marins) est lancé, on fait en sorte de pouvoir porter secours dans les plus brefs délais ! »

Sur toutes les mers du globe, la traque du bateau chauffard est lancée. Après quelques jours d'enquête, un nom revient avec insistance : le *Seattle Trader*. Ce cargo philippin devient très vite le coupable idéal, le voyou des mers recherché par toutes les autorités et les politiques. À la sortie du conseil des ministres, Dominique Bussereau annonce à la presse que tous les moyens seront mis en place pour le retrouver : « La France attend que ce bateau arrive dans le port d'un pays avec lequel nous avons de bonnes relations. C'est le cas avec la Chine vers laquelle le *Seattle Trader* se dirige. Nous pourrons l'inspecter dans ce pays. » Après un mois de traque, les gendarmes français débarquent en Chine. Le résultat des analyses sur les traces de peinture est sans appel : le *Seattle Trader* n'est pas le responsable. On ne trouve sur le cargo philippin aucune trace de la peinture bleue du *Bugaled*. C'était une fausse piste.

Les marins se sentent bernés par le gouvernement et par Dominique Bussereau. Pourquoi cette traque ? Pourquoi avoir annoncé que le bateau de pêche avait été éperonné par un cargo de passage ? La colère monte, exprimée par l'épouse de l'un des marins du *Bugaled* : « On nous cache trop de choses dans cette affaire, il faut que la lumière soit faite et le plus vite possible. On a le droit de se reposer un peu aussi. Alors messieurs les juges s'il vous plaît, autorisez le renflouement et le plus vite possible. Trois corps sont encore dans le bateau ! Le *Bugaled* porte les traces de l'accident et c'est comme ça qu'on trouvera les coupables. Ces assassins, ils sont toujours dans un port en train de se cacher. Comment peut-on avoir la conscience tranquille quand on a tué cinq personnes ? »

Le 10 juillet 2004, le *Bugaled Breizh* est renfloué. Certains membres des familles sont autorisés à survoler la zone dans un petit avion. Ils ont tous les yeux rivés sur l'eau. Et puis une ombre remonte doucement vers la surface. Le chalutier apparaît, dans la baie de Falmouth. Le bleu de sa proue est désormais recouvert de taches blanches. Tractée sur une barge, l'épave fait route vers la France. C'est sa dernière traversée. Le *Bugaled* n'est plus qu'un cercueil qu'on vient enterrer sur ses terres. On attend son arrivée à Brest où on le pose sur le quai. Il ne touchera plus l'océan. À l'intérieur, on ne retrouve qu'un seul corps, celui de Patrick Gloaguen.

Manœuvres

Avec le retour du chalutier, les questions s'accumulent. L'avant du bateau est enfoncé non pas sur un côté mais sur les deux. Et une réalité qu'on a trop vite évacuée apparaît : le *Bugaled* a sombré en trente-sept secondes alors que le temps était plutôt calme. Comment chavire-t-on aussi vite ? Y a-t-il eu des témoins, ce 15 janvier 2004 à 13 h 23 ? Quelques jours après le naufrage, le ministère de la Défense avait indiqué la présence de bâtiments de guerre et de sous-marins. Mais la possibilité d'un accident lors de cet exercice avait été tout de suite écartée devant la presse, en France comme en Angleterre. En une phrase, Tim Cook, coordinateur des forces de l'Otan, avait résumé : « Nous sommes convaincus que la disposition des forces était éloignée de ce chalutier. » En résumé, cherchez ailleurs ! Pourtant, Serge Cossec, le patron de l'*Éridan*, qui a reçu l'appel de détresse au moment du drame avait été surpris de la présence d'un sous-marin lors des opérations de sauvetage. Aujourd'hui, on sait qu'il s'agissait du *Dolfin*. D'autres documents évoquent la présence d'un sous-marin allemand U22, de deux britanniques, l'US *Tornay* et le *Turbulent* ainsi que de deux français, le *Rubis* et le *Saphir*. Embouteillage ! Le responsable du naufrage était-il sous l'eau ?

En 2005, alors que l'épave gît toujours sur les quais de Brest, on apprend dans la presse qu'une autre opération militaire avait lieu le jour de l'accident. Chaque jeudi, nos alliés anglais jouent à la guerre pendant leur traditionnelle *Thursday War*. Pendant que les pêcheurs traînent leurs chaluts pour remplir les étalages des poissonneries, une autoroute silencieuse parcourt les fonds marins. Yves, Georges, Pascal, Patrick et Éric connaissaient les risques du métier et les histoires qu'on se racontait des deux côtés de la Manche. En 1982, déjà, le *Seralga* avait été coulé par un sous-marin et en 1984, le *Jean de Lorraine*, un chalutier breton, avait été traîné sur une centaine de mètres.

En mai 2005, le chef d'état-major de la marine, Jean-Louis Battet, déclare à la presse : « Ce n'est pas un sous-marin français et il est facile de le vérifier. Les journaux de navigation ont été transmis à la justice.

Deuxième chose : il n'y a pas de complot. Pour quoi faire ? Qu'est-ce que ça nous apporterait ? Et puis (...) le pouvoir d'inquisition de la presse fait que si on voulait cacher quelque chose, il y aurait obligatoirement une conscience qui se réveillerait. Si un sous-marin avait accroché un chalutier en pleine traction, il y aurait eu un choc énorme. Donc tout le monde dans le sous-marin s'en serait rendu compte. Vous imaginez qu'un secret d'État détenu par une centaine de personnes puisse tenir ? Moi je n'y crois pas un instant. Ce n'est pas nous. »

Qui alors ? Peut-il s'agir d'un sous-marin allié ? Les pêcheurs du Pays bigouden ne sont pas loin de le penser. La justice, elle, hésite.

Une enquête à contre-courant

Le 27 novembre 2006, c'est le grand jour : toutes les familles sont convoquées au palais de justice. Le directeur du BEAmer, Jean-Marc Schindler, vient présenter les conclusions de son rapport sur l'accident du *Bugaled Breizh*. « Je comprends maintenant beaucoup mieux quelle a été la position des militaires et des gouvernements français depuis l'origine de cette affaire, à savoir la volonté de masquer la réalité. » La mer a bon dos. Elle ne peut être la seule responsable de la mort des cinq marins. Les familles, elles, bataillent contre l'adversaire le plus coriace qui soit : le secret-défense ou la raison d'État, mutuellement au service l'un de l'autre. Le pot de terre contre le pot de fer.

En janvier 2007, les familles des marins disparus déposent plainte contre X pour entrave au fonctionnement de la justice. Elles dénoncent le manque de coopération des autorités hollandaises, allemandes et britanniques sur les exercices militaires du jour de l'accident. Les reproches s'orientent notamment sur les contradictions des autorités anglaises au sujet de la présence ou non du sous-marin *HMS Turbulent* sur les lieux du drame. En Angleterre, du côté des Cornouailles, on ne croit pas non plus à l'avarie en mer, en particulier au scénario selon lequel le *Bugaled* aurait pris ses filets dans un banc de sable. Jusque dans la Chambre des communes, on s'interroge, comme le député Andrew George qui dénonce les pressions que subissent les marins-pêcheurs des Cornouailles de la part des autorités. Enfin, le 31 juillet 2008, à Quimper, les juges Richard Foltzer et Muriel Corre convoquent les familles pour leur annoncer que « seule l'intervention d'un sous-marin permet de donner une explication cohérente avec les éléments du dossier, mais [que] la poursuite des investigations pour connaître la position des sous-marins d'attaque paraît illusoire. » C'est une première victoire mais on ne tient toujours pas les coupables.

L'enquête se poursuit sous le spectre du secret-défense. Autant dire qu'elle est difficile. Pendant l'été 2010, on découvre que Le *Navy News*, le journal officiel de la Royal Navy, datant de septembre 2004, indique que le *HMS Turbulent* qui n'était pas en mer selon les autorités, devait en réalité « infiltrer un exercice militaire au large des Cornouailles sans révéler sa présence », et que le sous-marin a subi des dommages lors de cet exercice. Puis, en octobre 2010, on apprend qu'un sous-marin anglais vient de s'échouer sur une plage écossaise. Le commandant de bord, Andrew Coles, commandait déjà le *HMS Turbulent* en janvier 2004. Il est surnommé par ses confrères le « pataud ».

En juin 2011, maître Tricaud, l'avocat de Thierry Le Métayer, fils du chef mécanicien du *Bugaled*, convoque la presse : « Le commandant Andrew Coles a confié à quelqu'un que lorsqu'il était en plongée avec le *Turbulent*, son sous-marin avait accroché les câbles du chalutier du *Bugaled Breizh* et qu'il l'avait entraîné au fond avec une vitesse telle que la cale aux poissons avait implosé. » Mais Andrew Coles et la Royal Navy nient et affirment que le *HMS Turbulent* était à quai le jour du naufrage. Alors, quand le sous-marin britannique a-t-il donc subi des dommages ? Pourquoi avoir émis une vingtaine de messages d'avarie le 15 janvier si celui-ci était à quai ? Une partie de la vérité file à l'anglaise…

Le 27 mai 2014, les juges d'instruction nantais concluent à un non-lieu. Depuis dix ans, à chaque fois que l'enquête a été relancée, un sous-marin est apparu dans les eaux troubles de l'instruction. Après le *Dolphin* néerlandais et le *HMS Turbulent* anglais, les autorités américaines ont également été dans le viseur des juges d'instruction. Le rapport d'expertise de l'ancien amiral Dominique Salles affirme la présence d'un sous-marin américain dans la zone lors du naufrage. Celui-ci effectuait une mission secrète d'observation autour d'une opération de transport de déchets nucléaires en direction du Japon. Les autorités américaines démentent et l'investigation sur ce terrain ne va pas plus loin. Aujourd'hui encore, il reste de nombreuses zones d'ombre. La recherche de la vérité s'est heurtée à l'implacable secret d'État, un moyen de défense utilisé par tous les pays mis en cause dans cette affaire. En France, les ministres de la Défense, de Michèle Alliot-Marie à Jean-Louis Le Drian, n'ont jamais tenu leurs promesses de mettre sur la table l'ensemble des pièces militaires.

Les familles des victimes poursuivent leur combat. Elles viennent de lancer une association, SOS *Bugaled Breizh*, et réfléchissent avec quelques parlementaires à une proposition de loi pour remettre en question le secret-défense. Elles lèvent des fonds pour lancer une procédure en Angleterre et tenter de faire auditionner Andrew Coles. En attendant, le malaise persiste et rien ne semble pouvoir l'apaiser, comme en témoigne l'armateur du *Bugaled Breizh* Michel Douce : « J'aurais dû être sur le *Bugaled Breizh* le jour de l'accident, mais j'étais en arrêt maladie. Quand ils sont partis en mer le 4 janvier, c'est la dernière fois que j'ai vu mon bateau à l'état de bateau. (…) Il était tout neuf. Qu'on vienne me dire que le naufrage est dû au mauvais temps, non, ce n'est pas vrai ! Le *Bugaled Breizh* a été tiré au fond par un sous-marin, c'est clair. Les gars qui étaient à bord étaient compétents et expérimentés. Ils connaissaient parfaitement la zone de pêche. Ce jour-là, des marins n'ont pas porté assistance. En mer, même face à son pire ennemi, on ne cherche pas à savoir, on fonce, on vient le chercher. Même pour un bateau militaire, les pêcheurs apporteraient leur aide. Mais pour le *Bugaled Breizh*, personne n'a bougé. C'est une affaire militaire, un accrochage avec les câbles d'un sous-marin. Était-il néerlandais ? Peut-être. Anglais ? Peut-être. Mais la marine française est plus impliquée qu'elle veut nous le faire croire. »

Le 4 juillet 2013, les juges nantais chargés de l'enquête refusent de prolonger les investigations demandées par les avocats des parties civiles, notifiant ainsi la fin de l'instruction.

Témoignage : Yann Queffelec,
romancier breton, prix Goncourt 1985 pour *Les Noces barbares,* auteur du *Dictionnaire amoureux de la Bretagne* et du livre *Adieu Bugaled Breizh* publié en 2009, réédité en 2014 sous le titre *On l'appelait Bugaled Breizh*

« Je fais partie de ceux qui depuis le 15 Janvier 2004 découpent dans les journaux tout ce qui se rapporte au *Bugaled Breizh,* et plus j'en ai découpé, plus j'ai vu l'enquête s'enferrer dans une direction volontairement erronée, plus j'ai eu envie d'écrire ce livre. Il était temps car l'opinion publique commençait à se désintéresser de cet épisode, malgré le travail remarquable de la presse. Je pense notamment à l'article du *Point* qui dénonçait la série des erreurs commises par la justice tout au long de l'instruction. Avec mon livre, la littérature est venue au secours de la presse. C'est parce que j'ai raconté de manière romanesque l'histoire vraie du *Bugaled Breizh* que l'intérêt du public s'est réveillé.
Dans cette affaire, on s'est moqué du monde ! À l'évidence, il y a eu une collision avec un sous-marin. De guerre lasse, après avoir systématiquement écarté cette piste, la justice a fini par le reconnaître. Et malgré tout, après six ans d'enquête, on continue à dire aux familles qu'il n'y avait pas de submersible. C'est absurde et scandaleux ! Il est sûr que pour chacun de ces pêcheurs disparus, il y a à terre des drames humains.
Il est vrai qu'il y a eu un sous-marin américain envoyé par la CIA, voire par le pouvoir politique lui-même, pour sécuriser un convoi de plutonium au départ de la Hague à destination du Japon. Trois ans après les attentats de New York, les Américains sont dans un état de nervosité

extrême. Ils estiment que ce convoi nucléaire peut faire l'objet d'un attentat d'Al-Qaida. Et il est certain que leur appareil était sur zone le jour de l'accident. Mais on n'en sait pas plus. Secret-défense. Face aux enjeux géostratégiques, la peine et la colère des familles de marins-pêcheurs ne pèsent strictement rien ! Quand au commandant du *HMS Turbulent* britannique, Andrew Coles, toutes ses déclarations ont été un tissu de contradictions. Il s'est vanté d'avoir coulé le *Bugaled Breizh* puis il s'est rétracté.

En revanche, je ne crois pas du tout à l'implication d'un sous-marin français. Cette histoire me désole. J'ai essayé comme j'ai pu de dire ma part de vérité et de conviction dans mes deux livres sur le sujet et maintenant j'attends la suite. Il y a eu un non-lieu, ce qui est une honte. Les parties civiles vont vraisemblablement faire appel auprès de la chambre d'instruction de Rennes, ou bien elles iront devant les instances européennes, voire devant les tribunaux anglais. À ce moment-là, évidemment, s'il faut reprendre la plume, je le ferai. »

Remerciements

Merci à l'équipe d'« Affaires Sensibles » : Jérôme Chelius, Khoi N'Guyen, Gaylord Van Wymeersch, Léa Dupouy Hennequin, Anaëlle Verzaux, Thierry Dupin ;

à l'Institut national de l'audiovisuel ;

à Jérôme Collombat, grand reporter à France Inter, pour ses conseils ;

à Emmanuelle et Marc Dugain.

Bibliographie

Les Micros du *Canard*

Les Micros du Canard, Claude Angeli et Stéphanie Mesnier, Les Arènes, 2014

L'affaire Ranucci

Le Pull-over rouge, Gilles Perrault, Le Livre de poche, 1980

L'Affaire Ranucci, Karin Osswald, J'ai lu, 2001

Le Sang et l'Encre. Et si Christian Ranucci était innocent ?, Yann Le Meur, L'Harmattan, 2013

L'Affaire du pull-over rouge, Ranucci coupable, Gérard Bouladou, France Europe Éditions, 2005

L'assassinat du juge Renaud

Justice pour le juge Renaud : victime du gang des Lyonnais, Francis Renaud, Éditions du Rocher, 2011

Enquête sur un juge assassiné. Vie et mort du magistrat lyonnais François Renaud, Jacques Derogy, Robert Laffont, 1977

La revue dessinée #5 – L'assassinat d'un juge qui a fait trembler la République, Étienne Davodeau et Benoît Collombat, LRD Sas, 2014

L'affaire Gary-Ajar

Vie et mort d'Émile Ajar, Romain Gary, Gallimard, 1981
L'homme que l'on croyait, Paul Pavlowitch, Fayard, 1981
La Vie devant soi, Romain Gary, Gallimard, 1974

Giscard et les diamants

Le Pouvoir et la Vie : tome 3, Choisir, Valéry Giscard d'Estaing, Le Livre de Poche, 2007

L'assassinat du juge Michel

Qui a tué le juge Michel ? Éric Pelletier et Jean-Marie Pontaut, Michel Lafon, 2014
Le Juge Michel. Pourquoi est mort celui qui allait révéler les secrets de Marseille, Alain Laville, Presses de la Cité, 1982
La Mort du juge Michel, contre-enquête sur l'assassinat d'un incorruptible, Thierry Colombié, La Martinière, 2014

Les Irlandais de Vincennes

Les Mots volés, Edwy Plenel, Stock, 1997
Verbatim. Chronique des années 1981-1986, Jacques Attali, Fayard, 1993
Aux services de la République. Du BCRA à la DGSE, Claude Faure, Fayard, 2004

Le *Rainbow Warrior*

Histoire politique des services secrets français – De la Seconde Guerre mondiale à nos jours, Jean Guisnel, Rémi Kauffer et Roger Faligot, La Découverte, 2012
Amiral Lacoste : Un amiral au secret, Amiral Pierre Lacoste et Alain-Gilles Minella, Flammarion, 1998

Au service secret de la France, Jean Guisnel et David Korn-Brzoza, La Martinière, 2014

Le Carrefour du développement

Enquête sur un carrefour dangereux, Jean-Marie Pontaut et Jacques Derogy, Fayard, 1987

La République corrompue, Yves Chalier, Robert Laffont, 1991

L'affaire Patrick Dils

L'Affaire Dils-Heaulme, la contre-enquête, Emmanuel Charlot et Vincent Rothenburger, Flammarion, 2014

Action directe

RG, La traque d'Action directe, Serge Savoie, Nouveau Monde Éditions, 2011

La Longue traque d'Action directe, Roland Jacquard, Albin Michel, 1987

Les Stores rouges, Jean-Pierre Pochon, Éditions des Équateurs, 2008

L'affaire Jean-Claude Romand

L'Adversaire, Emmanuel Carrère, P.O.L, 1999

Le suicide de Pierre Bérégovoy

Bérégovoy, le dernier secret, Jacques Follorou, Fayard, 2008

Un crime d'État ? La mort étrange de Pierre Bérégovoy, Éric Raynaud, Éditions Alphée, 2008

Pierre Bérégovoy en politique, Noëlline Castagnez et Gilles Morin, L'Harmattan, 2013

Human Bomb

HB, 46 heures qui ont bouleversé la France, Jean-Pierre Abou, Calmann-Levy, 2005

Chroniques d'une prise d'otages, Laurence Dreyfus et Béatrice Casanova, Flammarion, 1998

Le vol Alger-Paris

Ce que je n'ai pas pu dire : entretiens avec Jean-Marie Pontaut, Jean-Louis Bruguière, Robert Laffont, 2009

54 heures d'angoisse : Noël 1994, l'airbus d'Alger, une hôtesse témoigne, Claude Bertaud, J.-C. Lattès, 1997

L'assaut : le GIGN au cœur de l'action, Roland Môntins, Oh ! Éditions, 2010

L'affaire Yann Piat

Yann, la vie commence demain, Laëtitia Castel, Fixot, 1996

L'Affaire Yann Piat : des assassins au cœur du pouvoir, André Rougeot et Jean-Michel Verne, Flammarion, 1997

Pour l'honneur, François Léotard, Grasset, 1997

Concorde

Concorde, Michel Fraile et Frédéric Beniada, EPA Éditions, 2005

Demain je serai pilote, Gérard Feldzern, Gallimard, 1999

Concorde, Jean Fusil, Éditions France-Empire, 1968

Le *Bugaled Breizh*

On l'appelait Bugaled Breizh, Yann Queffélec, Éditions de l'Archipel, 2014

Le Bugaled Breizh, les secrets d'états autour d'un naufrage, Laurent Richard et Sébastien Turay, Éditions First, 2007

RÉALISATION : NORD COMPO À VILLENEUVE-D'ASCQ
IMPRESSION : CPI FRANCE
DÉPÔT LÉGAL : AOÛT 2016. N° 131187 (3018354)
IMPRIMÉ EN FRANCE